우리나라 구석구석
지도 위 한국사

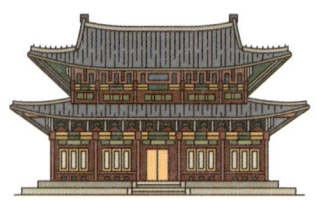

왜, 역사는 과거와 현재의 끊임없는 대화라고 불릴까요?
우리 역사를 지도 위에서 펼쳐놓고 상상해본 적이 있나요?

우리나라 구석구석 지도 위 한국사

정일웅 · 표정옥 글

이케이북

· 들어가는 말 ·

역사는 길 위에서 만들어지고, 수많은 길은 지도로 기록되게 마련이에요
길 위에 차곡차곡 쌓인 역사를 짚어보아요

우리나라 사람이 살다간 이야기, 우리 역사를 알아보아요

사전에서는 역사를 '인류 사회의 변천과 흥망의 과정. 또는 그 기록'이라고 정의해요. 영어로 역사는 '히스토리history'라고 해요. 이 말의 어원은 '알다'와 '보다'의 뜻을 가지고 있는, 고대 그리스어 '히스토리아(ἱστορία)'에서 유래했어요.

우리나라에서 처음 쓰인 역사책인 《삼국사기》(1145년)는 고려 시대 김부식이 중국의 사신으로 가서 선물로 받은 사마천의 《사기》의 영향을 받았어요. 중국에서 돌아온 김부식은 당시 많은 학자와 함께 《삼국사기》를 집필했어요. 신라·고구려·백제의 역사와 열전을 나누어 썼어요. 열전은 여러 사람의 전기傳記를 차례로 펼쳐서 기록한 책이에요. 《삼국사기》의 열전 역시 《사기》에서 《사기 열전》을 따로 적은 것을 모방한 것이라고 할 수 있어요.

고려 충렬왕 때 일연 스님은 우리나라가 중국으로부터 자주적인 민족임을 역사책으로 기록하고자 했어요. 역사 이야기가 나라 사람을 하나로 묶고 스스로 자주성을 느끼게 할 수 있다고 생각한 것이지요. 그래서 우리나라 사람이 남겨둔 우리만의 이야기를 오랜 시간 동안 모아서 《삼국유사》(1281년)라는 역사책을 썼어요. 《삼국유사》에는 신라·고구려·백제의 역사를 기록했을 뿐 아니라 불교에 관한 기사·신화·전설·시가 따위를 풍부하게 실었어요.

역사는 과거와 현재의 끊임없는 대화라고 해요

2019년 이 책을 쓰던 중에, 김해 지역에서 가야의 건국 신화인 〈구지가〉의 의미가 그려진 구슬들이 무덤에서 발견되었어요. 《삼국유사》를 통해 신화라고만 알고 있었던 김수로왕의 이야기가 700여 년이 지난 오늘날에야 비로소 역사로 확인된 거예요.

유명한 역사학자 E. H. 카는 "역사는 과거와 현재의 끊임없는 대화"라고 말했어요. 역사의 사건이나 이야기가 과거에만 한정되지 않고 현재와 미래에도 영향을 미친다는 이야기지요. 역사는 오랫동안 침묵하다가 어느 날 갑자기 우리 앞에 나타나 오늘날 우리가 과거와 끈끈하게 연결되어 있음을 확인시켜주기도 해요.

우리나라 역사책이면서 지도책이에요

《우리나라 구석구석 지도 위 한국사》는 우리나라의 역사 100장면이 지도 위에 펼쳐져요. 이야기를 읽고 지도를 보다 보면 마치 시간 속으로 빨려 들어가 우리나라 여기저기 구석구석을 여행하는 듯하게 느낄 거예요. 또한 체험학습을 할 수 있도록 지도 위 길을 따라서 유산과 유적을 다양하게 소개해요. 더욱 재미있고 친숙하게 우리 역사를 탐험할 수 있답니다.

이 책은 시대별 4부분으로 나누어 우리나라 역사를 설명해요.
1부는 문명의 시작과 고대사예요. 선사 시대의 흔적부터 초기 역사 시대인 고구려·백제·신라·가야 등에 관해서 이야기해요. 영토와 국경이 역동적으로 변하는 고대 국가의 모습을 지도에서 확인할 수 있어요.
2부는 불교 중심의 고려 시대를 담았어요. 원나라와 왜구와 갈등, 무역로를 통한 해외 진출 이야기도 지도 위에서 설명해요.
3부는 유교 중심의 조선 시대를 담았어요. 조선 시대에는 한글이 창제되고, 문화와 문명이 꽃을 피웠어요. 그러나 일본과 청나라의 침입으로 전쟁을 겪기도 했지요.
4부는 외세가 밀려들기 시작하는 때부터 우리나라의 험난한 역사인 일제 강점기, 그리고 한국 전쟁 후 대한민국 건국까지를 살펴요.

우리나라 곳곳에 펼쳐진 흥미진진한 역사 여행을 떠나봐요

어린이뿐만 아니라 가족이 함께 보면서 우리나라 곳곳을 직접 여행하길 바라는 마음으로 이 책을 썼어요. 역사는 길 위에서 만들어지고, 수많은 길은 지도로 기록되게 마련이에요. 우리 역사가 지도 위에서 함께 펼쳐지길 바랄게요.
자, 그럼 이제 지도 위 한국사 여행을 즐겁게 떠나볼까요.

2019년 4월
표정옥

· 차례 ·

들어가는 말 · 4

1부 문명의 시작과 고대사

구석기 시대 · 10   신석기 시대 · 12   청동기 문화와 고조선 · 14   부여와 고구려 · 16   옥저, 동예, 삼한 · 18
가야 · 20   광개토 대왕 · 22   장수왕과 고구려의 명장들 · 24   연개소문과 고구려의 멸망 · 26
백제의 전성기 · 28   백제의 불교문화 · 30   백제의 웅진 시대 · 32   백제의 사비 시대 · 34
황산벌 전투와 백제 멸망 · 36   박혁거세 · 38   지증왕과 법흥왕 · 40   진흥왕과 화랑 · 42   골품 제도 · 44
선덕 여왕 · 46   신라 불교의 스타들 · 48   삼국 통일과 그 주역들 1 · 50   삼국 통일과 그 주역들 2 · 52
장보고 · 54   후삼국 시대 · 56   해동성국 발해와 대조영 · 58

못다 한 이야기 ① 삼국 시대의 전투 3 · 60

2부 고려 시대

고려 건국과 후삼국 통일 · 64   태조 왕건의 부인이 29명인 이유 · 66   광종의 개혁 정치 · 68
개방적인 나라, 고려 · 70   성종의 개혁과 최승로의 시무 28조 · 72   거란의 1차 침입과 서희의 외교 · 74
거란의 2~3차 침략과 강감찬 장군 · 76   여진족 정벌과 윤관 장군 · 78   서경 천도 운동과 묘청의 난 · 80
무신의 난 · 82   만적의 난 · 84   몽골의 침입과 고려의 항쟁 · 86   〈팔만대장경〉 · 88
고려는 불교의 시대 · 90   삼별초 · 92   원나라의 간섭 · 94   벽란도 · 96   고려청자 · 98
실패로 끝난 공민왕의 개혁 · 100   《직지심체요절》 · 102   고려를 괴롭힌 왜구 · 104
역사 속으로 사라진 고려 · 106

못다 한 이야기 ② 고려의 못생긴 불상들 · 108

3부 조선 시대 전기와 중기

이성계 · 112　한양과 사대문 · 114　조선의 5대 궁궐 · 116　종묘 · 118　태종 · 120
과거 시험 · 122　파발과 봉수 · 124　《조선왕조실록》· 126　세종 대왕 · 128　훈민정음 · 130
장영실 · 132　이종무의 대마도 정벌 · 134　단종 · 136　선비의 시대와 서원 · 138　임꺽정 · 140
허난설헌 · 142　임진왜란 · 144　이순신의 활약 · 146　《하멜 표류기》· 148　대동법 · 150
광해군의 중립 외교 · 152　병자호란과 남한산성 · 154　통신사 · 156　역관 · 158
영조와 정조의 개혁 정치 · 160

못다 한 이야기 ③ 제주 여인의 금강산 여행과 홍어 장수의 표류 · 162

4부 조선 시대 후기부터 일제 강점기, 그리고 근대로의 움직임

강화도 조약과 조선·일본·중국의 개항 · 166　흥선 대원군 · 168　갑신정변 · 170
배재학당과 이화학당 · 172　동학과 천도교 · 174　동학 농민 운동 · 176　을미사변 · 178　아관 파천 · 180
우리글과 우리 역사 지킴이 · 182　우리나라 최초의 철도·전기·전차 · 184　을사조약 · 186
의병운동과 애국 계몽운동 · 188　파란만장한 1907년, 국채 보상 운동·헤이그 특사 파견·대한제국 군대 해산 · 190
안중근 · 192　대한제국의 수도 한성, 조선의 경성부로 바뀌다 · 194　대한 독립 만세 운동 · 196
상하이에 대한민국 임시 정부를 세우다 · 198　김구 · 200　청산리 대첩 · 202
6.10 만세 운동과 광주 학생 항일 운동 · 204　구인회와 《상록수》· 206　민족 말살 정책 · 208
8.15 광복과 모스크바 삼국 외상 회의 · 210　남북 분단과 대한민국 수립 · 212

못다 한 이야기 ④ 청산해야 할 역사와 기억해야 할 역사 · 214

1부 문명의 시작과 고대사

약 70만 년 전~ — 구석기 시대

기원전 8000년경~ — 신석기 시대

기원전 2333년~ — 고조선

기원전 18년~서기 660년 — 백제

기원전 37년~서기 668년 — 고구려

기원전 57년~서기 935년 — 신라

기원전 69년~서기 4년 — 박혁거세 (신라 시조 재위)

기원전 18년~서기 27년 — 온조왕 (백제 1대 재위)

179~197년 — 고국천왕 (고구려 9대 재위)

346~375년 — 근초고왕 (백제 13대 재위)

371~384년 — 소수림왕 (고구려 17대 재위)

391~412년 — 광개토 대왕 (고구려 19대 재위)

540~576년 — 진흥왕 (신라 24대 재위)

538~660년 — 백제 사비 시대 (성왕~의자왕)

527년 — 불교 공인

600~641년 — 무왕 (백제 30대 재위)

612년 — 살수 대첩

632~647년 — 선덕 여왕 (신라 27대 재위)

641~660년 — 의자왕 (백제 31대 재위)

645년 — 안시성 싸움

901~918년 — 궁예 (후고구려 시조 재위)

901~918년 — 후고구려 (고려로 이어짐)

892~935년 — 견훤 (후백제 시조 재위)

892~936년 — 후백제

- **기원전 2000년경~** 청동기
- **기원전 4세기경~** 철기 시대 
- **기원전 2세기경~?** 부여
- **기원전 2세기경~?** 옥저
- **기원전 1세기경~562년** 가야
- **기원전 1세기경~?** 변한
- **기원전 1세기경~?** 진한
- **기원전 1세기경~?** 마한
- **기원전 2세기경~?** 동예
- **413~491년** 장수왕 (고구려 20대 재위)
- **455~475년** 개로왕 (백제 21대 재위)
- **475~538년** 백제 웅진 시대 (문주왕~성왕)
- **479~501년** 동성왕 (백제 24대 재위)
- **500~514년** 지증왕 (신라 22대 재위)
- **523~554년** 성왕 (백제 26대 재위)
- **520년** 율령 반포
- **514~540년** 법흥왕 (신라 23대 재위)
- **503년** 신라 국호 지정
- **501~523년** 무령왕 (백제 25대 재위)
- **654~661년** 태종 무열왕(김춘추) (신라 29대 재위) 
- **660년** 황산벌 전투 백제 멸망
- **661~681년** 문무왕 (신라 30대 재위)
- **668년** 고구려 멸망
- **818~830년** 선왕 (발해 10대 재위)
- **698~719년** 고왕(대조영) (발해 시조 재위)
- **698~926년** 발해
- **676년** 삼국 통일

구석기 시대 약 70만 년 전~

연천 전곡리 구석기 축제

우리나라 구석기 유적지

연천군 전곡리 선사 유적지에서 아슐리안 주먹도끼가 발견되었어요

1978년 고고학을 공부한 미군 병사가 한탄강 주변을 산책하다가 우연히 아슐리안 주먹도끼를 발견했어요. 연천군 전곡리 선사 유적지에서는 아슐리안 주먹도끼 등 다양한 구석기 유적을 살펴볼 수 있어요.

경기도 연천군 전곡리 선사 유적지

충청북도 단양군 단양 금굴

충청북도 청주시 두루봉 동굴

충청남도 공주 석장리 선사 유적지

두루봉의 홍수골에서 흥수아이가 발견되었어요

우리나라에 구석기 유적은 많지만 남한에서 사람 뼈가 나온 곳은 두루봉뿐이에요. 그곳에서 어린아이의 뼈가 꽃가루와 함께 발견되었어요. 아이의 장례를 치르던 구석기인들의 슬픔이 느껴져요.

동굴을 옮겨가며 살았어요

우리는 아파트나 단독 주택에서 살아가요. 아주 오래전 구석기인도 추위와 더위, 눈비를 피하기 위해 동굴을 집 삼아 살았어요. 추운 겨울에도 동굴 안에서 불을 피우면 꽤 아늑했을 거예요. 구석기인은 맹수의 공격을 막아내고 사냥하기 위해 여럿이 함께 무리 지어 살았어요. 근처에서 먹을 것을 더 이상 구할 수 없으면 다른 동굴로 옮겨가서 살았어요. 70만 년 전부터 한반도에는 구석기인이 살기 시작했는데 그 흔적이 여러 동굴에 남아 있어요.

채집과 사냥으로 먹고살았어요

구석기인은 농사를 지을 줄 몰랐기 때문에 열매나 나물, 풀뿌리 등을 채집했어요. 때로 물고기를 잡거나 동물을 사냥해서 다 같이 나누어 먹었어요.

돌을 깨뜨려서 뗀석기를 만들었어요

구석기인들은 돌을 깨뜨려서 도구를 만들어 사용했어요. 큰 돌을 다른 돌로 깨뜨려 조각을 떼어내는 방법으로 석기를 만들었다고 해서 큰 돌에서 떼어낸 석기, 즉 뗀석기라고 불러요. 구석기인들은 뗀석기를 가지고 사냥하고 풀뿌리를 캐고 나무를 다듬었을 거예요.

뗀석기는 종류가 다양해요

짐승을 사냥할 때는 주먹도끼나 찌르개를 사용하고, 가죽을 벗기고 다듬을 때는 긁개를 쓰고, 나무를 다듬을 때는 찍개를 이용했어요.

긁개
ⓒ 국립중앙박물관

주먹도끼

아슐리안 주먹도끼

주먹도끼는 구석기인이 만능으로 쓴 도구예요. 그중에서도 아슐리안 주먹도끼는 양면을 날카롭고 정교하게 다듬은 앞선 기술의 석기예요. 유럽과 아프리카 등에서만 발견되다가 동아시아에서는 처음으로 우리나라에서 발견되었어요. 프랑스 생아슐 Saint Acheul 지방에서 발견되어 아슐리안 주먹도끼라고 불러요.

아슐리안 주먹도끼

신석기 시대

기원전 8000년경~

우리나라 신석기 유적지

울산 반구대 암각화

암각화巖刻畫는 바위나 절벽에 새기거나 칠한 그림을 말해요. 울산 반구대 암각화에는 넓은 바위에 다양한 동물과 사냥, 고래잡이 모습이 마치 병풍처럼 그려져 있어요. 신석기 말에서 청동기까지 오랫동안 그려진 그림으로 오래전의 생활상을 볼 수 있어요. 고래 그림이 상당히 많은데 여러 종류의 고래를 특징을 잘 잡아서 그렸어요. 신석기인들이 배를 타고 나가 거대한 고래를 잡았다는 것을 알 수 있어요.

농경을 시작했어요

시골에서 수박이나 참외를 먹고 텃밭에 씨앗을 버리면 그다음 해에 참외나 수박이 자라나는 것을 볼 수 있어요. 신석기 사람들도 곡식이 같은 자리에서 다시 자란다는 것을 알게 되었어요. 구석기 시대에는 먹을 것을 찾아서 여기저기 이동해야 했지만, 이제는 농사를 지을 수 있으니 식량을 찾아 헤맬 필요가 없었어요. 이렇게 사냥과 채집 등 자연이 주는 대로 살아가던 사람들이 자연을 이용하여 스스로 먹을거리를 생산할 수 있게 된 것이지요. 이것을 농업 혁명 또는 신석기 혁명이라고 불러요. 한반도의 신석기인들은 농경지를 일구어 조, 수수, 기장 등의 농사를 지었어요.

빗살무늬 토기를 만들어 식량을 저장했어요

농사를 지으니 생산량이 늘어 음식을 담거나 요리할 그릇이 필요하게 되었어요. 그래서 여러 가지 토기를 만들었는데, 그중 가장 대표적인 것이 빗살무늬 토기예요.

신석기 사람들이 물가에서 조개를 먹고 버린 껍데기가 쌓여 있는 곳이 있어요. 패총貝塚이나 조개무지라고 부르는데, 일종의 쓰레기 터인 셈이지요. 그곳에 조개껍데기와 같이 버려진 동물 뼈와 토기 등을 통해 신석기의 일상생활을 짐작해볼 수 있어요.

움집을 짓고 정착했어요

신석기인들은 나뭇가지나 갈대 등으로 지붕을 엮어 움집을 지었어요. 고깔 모양의 움집 안에는 불을 피울 수 있는 작은 화덕을 만들어 요리를 하거나 추울 때는 집을 덥히기도 했어요. 움집 안에는 한 가족이 살기 좋은 아늑한 공간이 마련되었어요. 구석기 시대에는 동굴에서 무리 지어 살았지만 신석기 시대에는 가족 단위로 살게 되었어요.

돌을 갈아 간석기를 만들었어요

큰 돌에서 돌을 떼어내 만든 뭉툭한 도구는 다소 불편했어요. 정교한 작업을 하기에는 적합하지 않았죠. 그래서 신석기인들은 뗀석기를 강가의 돌에 비벼 갈아서 더욱 섬세하고 날카롭게 만들었어요. 간석기로 농기구와 생활 도구를 만들었어요. 사냥과 고기잡이 도구도 간석기로 만드니 구석기 시대의 뗀석기보다 더 많이 잡을 수 있었어요.

여러 가지 간석기 ⓒ 국립중앙박물관

빗살무늬 토기의 바닥이 뾰족한 모양인 이유

빗살무늬 토기는 바닥이 뾰족해서 바닥에 잘 세워지지 않을 것처럼 보여요. 신석기 사람들은 강가나 바닷가에 많이 살았기 때문에 토기의 바닥을 모래에 꽂아 세우기 좋게 뾰족하게 만들었어요.

빗살무늬 토기 ⓒ 국립중앙박물관

청동기 문화와 고조선

고조선 기원전 2333년~
청동기 시대 기원전 2000년경~

고창 고인돌박물관

🍀 우리나라 청동기 유적지

고조선

▲백두산
●랴오시
랴오허강
압록강
●평양
강화 부근리의 지석묘
●서울
고창의 고인돌 유적지

우리나라는 고인돌의 왕국이에요

청동기 시대의 대표적 유적은 고인돌인데 덮개돌의 무게만도 수십 톤이 넘어요. 여러 사람이 힘을 합쳐야만 세울 수 있기 때문에 지배층의 무덤으로 추측되고 있어요. 전 세계 고인돌의 40퍼센트가 우리나라에 있어요. 전라북도 고창 지역은 우리나라 최대의 고인돌 유적지로, 유네스코 세계문화유산으로 등재되어 있어요.

🟠 벼농사를 지었어요

농사 기술이 발달하면서 조, 기장, 수수 외에 벼와 콩, 보리 등을 심게 되었어요. 수확량이 많아지면서 강을 따라 들어선 마을이 점점 커졌지요. 그러면서 자연스럽게 재산을 많이 가진 사람들이 생겨나고 사람들 사이에 계급이 생겨났어요. 사람들은 더 많은 땅을 차지하기 위해 전쟁도 벌였어요.

🟠 청동기를 발명했어요

석기보다 단단하고 쓸모 있는 도구를 금속 광물로부터 발명했어요. 구리, 아연, 주석은 아궁이에 장작불을 때면 녹일 수 있는 종류의 금속이에요. 구리에 아연과 주석을 섞으면 보다 단단한 청동기가 만들어진다는 것도 알아냈어요. 하지만 청동기는 만들기 어려웠기 때문에 상당히 귀했어요. 청동기로는 주로 무기와 제사에 쓰는 그릇을 만들었어요. 생활 도구나 농기구는 여전히 나무나 돌로 만들었어요. 현악기인 비파 모양의 동검과 이삭을 베는 반달 모양의 돌칼, 무늬 없는 민무늬토기는 우리나라 청동기 시대의 대표적 유물이에요.

🟠 한반도 최초의 국가, 고조선

단군왕검이 지금의 한반도 북쪽 지방을 중심으로 기원전 2333년 고조선을 건국했다고 《삼국유사》에 기록되어 있어요. 환인의 아들 환웅이 세상을 이롭게 하기 위해(홍익인간弘益人間) 땅으로 내려와 곰에서 여자로 변신한 웅녀와 결혼해서 단군을 낳았다고 전해져요. 단군은 제사장을 의미하고 왕검은 정치적 지도자를 상징해요. 단군 신화는 단군왕검을 따르는 부족과 곰을 숭배하는 부족이 힘을 합쳐 나라를 세운 이야기라고 볼 수 있어요. 고조선의 원래 이름은 조선이에요. 《삼국유사》를 지은 일연 스님이 단군 조선을 위만 조선과 구분하기 위해 고조선이라고 불렀어요. 근래에는 이성계가 세운 조선과 구분하기 위해 고조선이라고 불러요.

> **고조선의 8조법**
>
> 사람을 죽인 자는 사형에 처하고, 남을 다치게 한 자는 곡식으로 배상하고, 도둑질한 자는 그 집의 노비로 삼았다는 3개의 조항만 전해지고 있어요. 사람의 생명을 존중하고 사유 재산을 인정하고 신분제 사회였다는 것을 알 수 있어요.

비파형 동검   반달 돌칼   민무늬토기

부여와 고구려

철기 시대 기원전 4세기경~
부여 기원전 2세기경~
고구려 기원전 37년~서기 668년

우리 역사상 두 번째로 등장한 나라, 부여

고조선이 멸망하기 얼마 전인 기원전 3세기에 만주 쑹화강 유역의 넓은 평야에 부여가 세워졌어요. 건국 신화에 따르면 시조인 동명은 탁리국의 시녀가 낳은 알에서 태어났으며 활을 잘 쏘았어요. 동명은 자신을 시샘해서 박해하는 사람들을 피해 남쪽으로 내려와 부여를 세웠지요. 부여는 나중에 고구려에 흡수되기까지 600년이 넘게 지속됐어요.

부여는 4부족이 연맹한 나라로, 가축을 잘 기르는 것으로 유명했어요

농사와 목축을 함께 하는 반농반목(半農半牧)의 사회였어요. 목축이 발달해서 말, 돼지, 소, 개 등을 잘 길렀어요. 목축을 어찌나 중요하게 여겼는지 나라를 5개 지역으로 나누어 중앙 지역을 왕이 다스리고, 나머지 지역들은 최고위직 관리에게 마馬(말)가, 우牛(소)가, 저猪(돼지)가, 구狗(개)가라는 동물의 이름을 붙였어요.

왕이 죽으면 왕을 모시던 시종과 후궁을 함께 매장하는 부여의 풍습, 순장

부여는 순장을 치를 만큼 왕권이 강하기는 했지만 중앙 집권제의 왕만큼 강하지는 않았어요. 심한 홍수나 가뭄으로 백성이 살기 어려워지면 왕에게 책임을 물었어요. 왕의 자리에서 쫓겨나거나 죽임을 당하기도 했어요.

부여의 제천 행사, 영고

부여 사람들은 흰색을 숭상해서 흰옷을 입었어요. 흥이 많아서 길거리에는 노래를 부르며 다니는 사람이 많았다고 해요. 12월에는 영고라는 제천 행사가 열렸어요. 며칠간 온 백성이 하늘에 제사를 지내고 노래하며 춤을 추었어요. 영고迎鼓는 북을 두드려 신을 맞이한다는 뜻이에요.

주몽은 부여를 떠나 고구려를 세웠어요

고구려 건국 신화에 따르면, 부여의 금와왕은 어느 날 강가에서 유화라는 여자를 만났다고 해요. 유화는 결혼하지 않은 채 하늘신의 아들인 해모수의 아이를 임신해서 그녀의 부모에게 쫓겨났지요. 금와왕을 따라 궁에 온 유화는 알을 낳았어요. 왕은 불길하게 여겨 내다버리게 했는데, 짐승들이 지켜주었어요. 그 알에서 주몽이 태어났어요. 금와왕의 왕자들은 활을 잘 쏘는 등 능력이 뛰어난 주몽을 시기해서 죽이려 했어요. 주몽은 자신을 추종하는 사람들과 부여를 탈출해 졸본(압록강 근처의 만주 요령성 일대)에 고구려를 세웠어요.

부여에는 고조선의 8조법처럼 4조목이 전해지고 있어요

도둑질을 하면 12배로 갚아야 했어요(1책 12법). 살인한 사람은 사형에 처하고 그 가족을 노비로 삼았어요. 간음한 사람을 사형에 처하고, 질투심이 심한 부인도 사형에 처하는 등 매우 엄격한 법이 있었어요.

고구려의 건국 신화는 부여의 것과 아주 비슷해요

부여에서 갈라져 나온 고구려가 부여의 건국 신화를 빌려다 썼기 때문이에요. 주인공이 둘 다 알에서 태어나고 활을 잘 쏘아요. 주위의 박해를 피해 남쪽으로 내려와 나라를 세우는 이야기도 같아요.

옥저, 동예, 삼한

옥저 기원전 2세기경~?
동예 기원전 2세기경~?
마한 기원전 1세기경~?
진한 기원전 1세기경~?
변한 기원전 1세기경~?

의림지 역사박물관

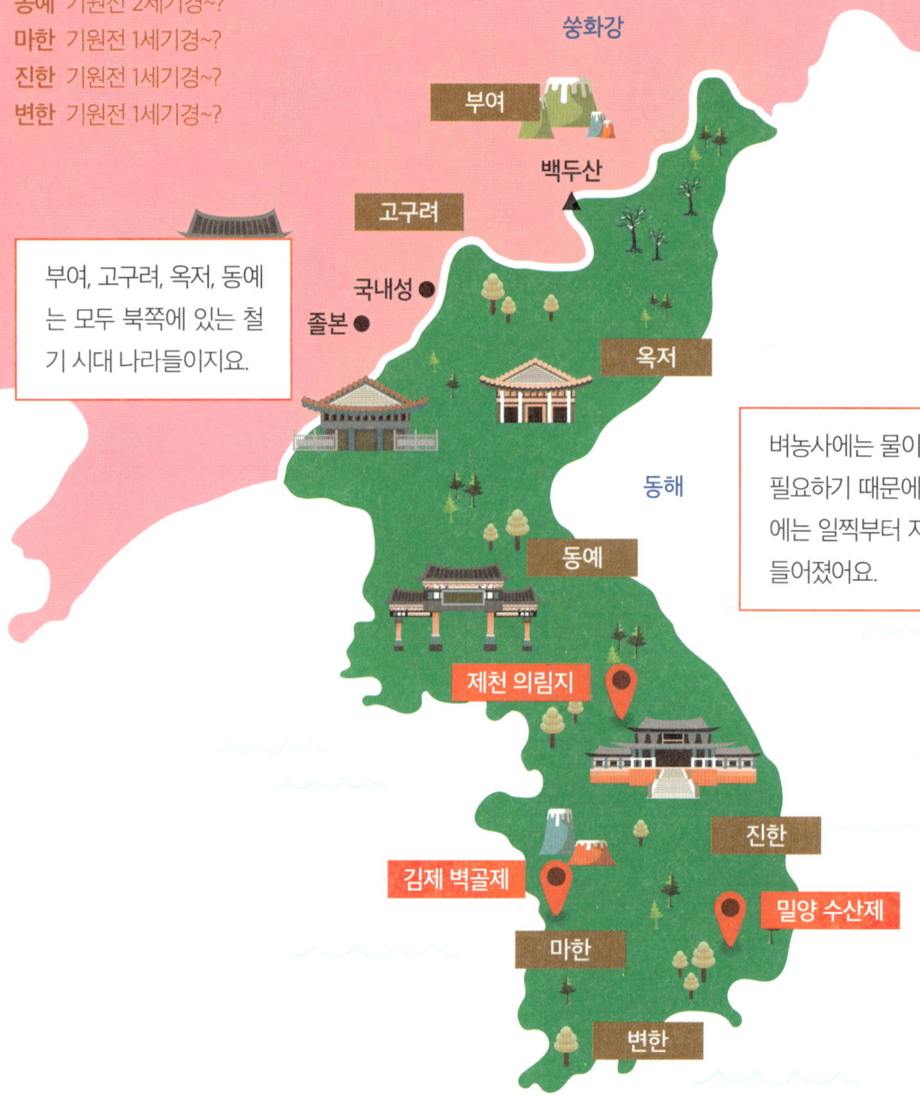

부여, 고구려, 옥저, 동예는 모두 북쪽에 있는 철기 시대 나라들이지요.

벼농사에는 물이 무척 많이 필요하기 때문에 철기 시대에는 일찍부터 저수지가 만들어졌어요.

철기 시대 남쪽 땅에 있던 80여 개의 작은 나라들을 마한, 진한, 변한의 삼한이라고 구분하여 불러요. 마한은 경기도, 충청도, 전라도 부근의 54개 나라가 모인 연합이었어요. 진한은 대구와 경주의 12개 나라, 변한은 김해와 마산의 12개 나라가 모인 연합으로, 철을 많이 생산해 낙랑과 일본에 수출했어요. 54개 나라가 모인 마한이 가장 세력이 컸고, 마한의 나라 중 목지국의 지배자가 삼한 전체를 이끌기도 했어요.

◈ 옥저와 동예는 땅이 비옥했고 동해에 인접해 있어 해산물이 많이 났어요

옥저는 고구려의 남쪽인 함경도 부근, 동예는 강원도 북부 지방에 있던 나라였어요. 두 나라는 왕이 없고 족장들이 각 부족을 따로 다스리는 작은 나라로, 고구려의 압박을 많이 받았어요. 옥저는 고구려에 조공을 바치기도 했어요. 결국 두 나라는 강한 고구려에 흡수되었어요.

◈ 옥저에는 민며느리제가 있었어요

옥저에서는 장차 며느리가 될 어린 여자아이가 신랑이 될 사람의 집에 가서 살았어요. 그러다가 여자아이가 자라 성인이 되면 신랑이 신부의 집에 예물을 치르고 혼인을 했어요. 아마도 고대 사회에서 노동력을 중요시하다 보니 그러한 풍습이 생기지 않았을까 추측한답니다. 가까운 고구려에서는 반대로 사위가 신부의 집에 가서 생활하는 서옥제(데릴사위제)라는 결혼 풍습이 있었어요.

◈ 삼한에서는 철제 농기구를 사용해서 벼농사를 많이 지었어요

삼한에서는 해마다 씨를 뿌리는 5월과 추수를 하는 10월에 하늘에 제사를 지내며 술을 마시고 춤추며 노래를 불렀다고 해요. 북쪽의 동예에서도 매년 10월에 모든 사람이 함께 모여 하늘에 제사를 지내고 춤을 추며 노래를 불렀다는 기록이 남아 있어요. 이 행사를 무천舞天이라고 하는데, 이는 춤으로 제사를 지낸다는 의미예요.

소도와 솟대

고조선의 단군왕검은 정치와 종교를 도맡아 다스렸어요. 정치와 종교가 일치된 것이지요. 하지만 삼한은 정치와 종교가 분리되어 정치적 지배자와 제사장이 따로 있었어요. 제사장인 천군은 소도라는 신성 지역에서 제사를 지냈어요. 죄를 지은 사람이 소도로 도망치면 잡아갈 수 없었다고 해요. 예전에 마을 입구에 세우던 솟대는 소도에서 기원했어요.

제천 의림지
충청북도 제천시의 의림지는 삼한 시대의 인공 저수지예요. 대표적인 농업 유적이랍니다.

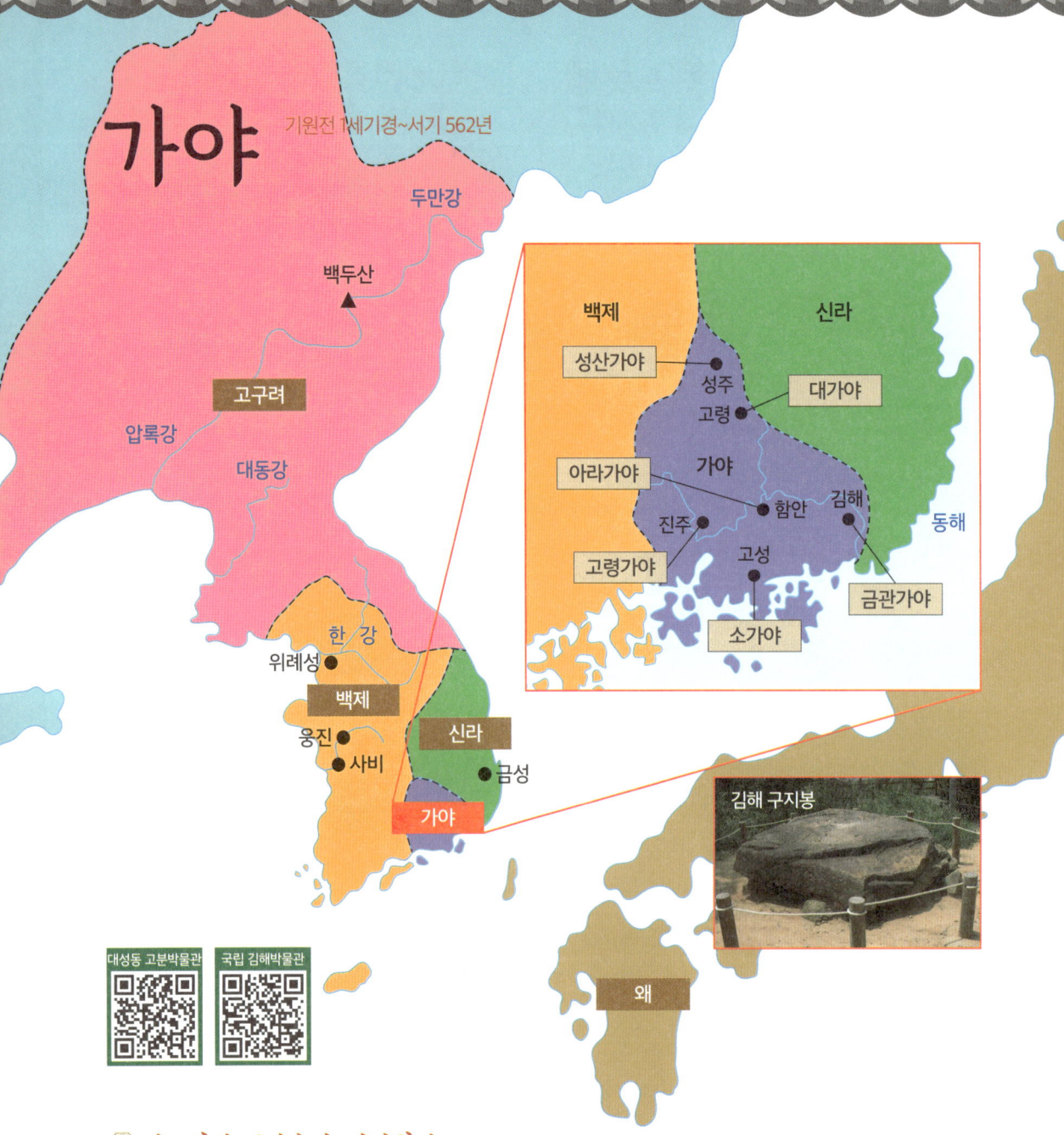

수로왕이 구지봉에 내려왔어요

　　가야는 오랜 역사를 가진 나라지만 안타깝게도 기록은 많지 않아요. 고려 시대 일연이 쓴 《삼국유사》의 〈가락국기〉에 가야에 관한 이야기가 나와요.
　　아홉 우두머리가 다스리는 마을 북쪽 구지봉에서 어느 날 이상한 소리가 들려왔어요. 구지가를 부르면 왕을 맞이할 수 있다는 것이었어요. 사람들은 구지봉에서 구지가를 부르며 춤을 추었어요.

"거북아, 거북아, 머리를 내어라. 내놓지 않으면 구워서 먹으리."

그러자 하늘에서 6개의 알이 함에 담겨 내려왔어요. 알에서 여섯 아이가 나와서 각각 나라를 세웠어요. 알에서 가장 먼저 나온 김수로는 여섯 가야를 이끈 금관가야를 세워서 가야의 시조가 되었어요. 김수로왕은 인도의 공주인 허황옥과 결혼했다고 전해져요. 인도 아유타국에서 바다를 무사히 건너오기 위해 허황옥이 배에 실어 가져왔다는 파사석탑은 김해에 아직도 남아 있어요.

가야는 철을 생산하고 중계 무역으로 발전했어요

가야는 낙동강 유역의 김해 평야를 중심으로 6가야가 연맹체를 이룬 국가였어요. 땅이 기름져 농사가 잘되었고, 변한이었던 김해 지역에서는 철이 풍부하게 생산되었어요. 그 철을 제련하여 갑옷, 무기, 농기구 등 우수한 철제품을 만들었어요. 낙동강과 바닷길이 이어진 김해는 외국과 중계 무역을 할 수 있는 지리적 이점도 있었어요. 가야는 철의 생산과 중계 무역으로 발전하고 문화를 꽃피웠어요.

소국들의 연맹 국가인 가야는 중앙 집권 국가로 나아가지는 못했어요

가야가 철제품으로 발전해갔지만 고구려, 백제, 신라 역시 가야 못지않게 철 기술을 발전시켜 가야를 자주 침략했어요. 고구려, 백제, 신라 세 나라는 강력한 중앙 집권 국가로 성장했지만, 가야는 작은 영토를 차지한 소국들이 연합한 연맹 국가의 한계를 넘지 못했어요. 고구려의 광개토 대왕은 신라에 들어온 왜구를 물리쳐줄 때 인근의 가야 땅에도 상당한 타격을 입혔어요. 서로 인접했던 백제 역시 가야와 자주 분쟁을 일으켰지요.

결국 562년 신라 진흥왕 때에 신라의 장군 이사부의 지휘 아래 가야 땅의 대가야가 멸망했고, 점차 가야 전체가 약화되어 신라에 흡수되었어요. 신라에 정복당한 금관가야의 10대 왕 구형왕은 김유신의 증조할아버지였어요. 김유신의 아버지는 신라의 귀족으로 편입되었고, 이후 김유신은 화랑이 되었어요.

임나일본부설

일본은 조선을 식민지화하면서 임나일본부설을 내세웠어요. 즉 4세기에서 6세기에 가야에 임나일본부를 세우고 한반도 남부 지역을 일본이 다스린 적이 있으니 일본이 조선을 식민지로 삼는 것은 침략이 아니라 원래대로 돌아가는 것이라 주장했어요. 그러나 임나일본부설이 기록된《일본서기》는 가야가 망한 후인 7세기에 써진 것이라 사관 등이 기록하는 실록과는 달리 내용이 허구일 가능성이 높아요.

광개토 대왕

고국천왕 ?~197년(9대 재위 179~197년)
소수림왕 ?~384년(17대 재위 371~384년)
광개토 대왕 374~413년(19대 재위 391~413년)

고구려대장간마을

광개토 대왕릉비

중국의 지린성 지안 지역에는 광개토 대왕을 기리기 위해 아들인 장수왕이 세운 광개토 대왕릉비가 있어요. 여기에는 광개토 대왕이 한강 이북 지역까지 영토를 확장했고, 일본이 신라를 침략했을 때에는 군사를 보내서 물리쳐주었다고 기록되어 있어요. 이 대왕릉비에는 광개토 대왕의 훌륭함을 본받아 고구려를 잘 다스리겠다는 아들 장수왕의 마음가짐이 담겨 있어요.

고국천왕은 백성을 위해 진대법을 실시했어요

주몽이 세운 고구려는 점점 번성했지만 때로 흉년이 들면 백성 가운데는 굶주리다 못해 귀족의 노비가 되는 사람이 많았어요. 특히 곡식이 나지 않는 봄에는 더 많은 사람이 고통을 받았어요. 고국천왕은 이를 안타깝게 여기고 재상인 을파소의 건의를 받아들여 진대법(194년)을 시행했어요.

소수림왕은 고구려의 기틀을 마련했어요

소수림왕은 고구려가 큰 어려움에 빠져 있을 때 왕위에 올랐어요. 바로 아버지인 고국원왕이 평양성까지 쳐들어온 백제군에게 죽임을 당한 사건이지요. 위기에서 벗어나기 위해서는 나라의 체제를 개혁하고 발전의 토대를 마련해야 했어요.

먼저 전진에서 불교를 받아들여(372년) 전쟁으로 흩어진 민심을 하나로 모았어요. 당시에는 '왕이 곧 부처'라는 생각이 퍼져 있었기 때문에 왕권 강화에도 도움이 되었지요. 그리고 나라를 이끌 인재를 교육하기 위해 교육기관인 태학을 설치했어요(372년). 귀족 자제만 입학할 수 있었지만 귀족 자제라도 무조건 관직에 앉히지 않고 유학 교육을 받은 뒤에 벼슬길에 오를 수 있었어요. 또한 율령(법령)을 반포해서 국가와 사회질서를 유지하는 규범을 갖추었어요.(373년).

진대법

가난하고 굶주린 백성에게 나라에서 봄에 곡식을 빌려주고 수확하는 가을에 다시 되돌려 받는 제도였어요. 납세와 국방의 의무를 지고 있는 백성은 나라의 바탕이 되지요. 이러한 백성이 귀족의 노비가 되면 귀족의 힘은 강해지고 왕권과 나라의 힘은 약해져요. 진대법은 백성을 위하면서도 왕권을 강화한, 인간적이면서도 현명한 정책이었어요.

광개토 대왕은 북쪽으로 영토를 넓히며 동북아시아의 최강자가 되었어요

광개토 대왕은 고구려의 기틀을 다진 소수림왕의 조카예요. 18세의 어린 나이에 왕위에 올라 많은 전투를 했지요. 북쪽으로는 중국의 만주 지역까지 모두 영토로 삼고, 남쪽으로는 백제, 신라와 싸워 한강 이북까지 영토를 계속 확장했어요.

광개토 대왕의 이름, 담덕·영락·광개토 대왕

자연인으로서의 이름은 담덕이에요. 왕위에 오르면서 영락이라는 연호를 써서 살아생전에는 영락 대왕이라고 불렸어요. 연호年號는 새 임금이 즉위한 때부터 해를 세는 법이에요. 광개토 대왕은 우리나라에서 처음으로 연호를 썼어요. 광개토 대왕은 시호인데, 시호諡號는 죽은 뒤 붙이는 이름이에요. 광개토廣開土는 넓은 영토를 개척했다는 뜻이에요.

동북공정

중국은 고조선, 고구려, 발해가 중국의 역사라고 주장하고 있어요. 이러한 연구 작업을 동북공정東北工程이라고 해요. 중국이 주장하는 동북공정의 근거는 고조선, 고구려, 발해가 모두 중국 땅에 속해 있고, 문화도 중국과 유사하다는 것이에요. 그러나 고조선의 백성이 고구려를 구성하고 있고, 고구려가 소멸했을 때 고구려의 백성이 발해를 세웠어요. 발해가 망했을 때는 발해의 백성이 고려의 백성이 되었으니 이 주장은 억지예요.

장수왕과 고구려의 명장들

살수 대첩 612년(영양왕 23년)
안시성 싸움 645년(보장왕 4년)

장수왕 394~491년(20대 재위 413~491년)

중원 고구려비
장수왕이 세운 중원 고구려비를 통해 고구려가 신라에도 강한 영향력을 미쳤다는 것을 알 수 있어요.

장수왕은 남쪽의 백제와 신라에 대해 남진 정책을 폈어요

수도를 북쪽의 국내성에서 남쪽의 평양으로 옮겼어요. 장수왕은 할아버지를 죽인 백제를 공격하기 위해 기회를 엿보다 백제가 무리한 토목 공사로 국력이 약해진 틈을 타서 백제의 수도인 한성을 공격하여 한강 유역을 차지했어요.

장수왕은 고구려 사상 최대 영토를 이루며 전성기를 누렸어요

19세에 왕이 된 장수왕은 98세까지 오래오래 살아서 장수왕이라는 시호가 붙었어요. 아버지 광개토 대왕의 뒤를 이어 광개토 대왕이 전쟁으로 넓힌 북쪽의 영토를 지켰어요. 중국의 여러 나라와 유연한 외교 정책을 쓰면서 평화를 유지했어요.

을지문덕은 살수대첩에서 수나라를 격퇴했어요

중국이 수나라로 통일된 후 수나라와 고구려는 요하 지역을 둘러싸고 대립했어요. 수나라는 다시 100만이 넘는 군사를 이끌고 고구려에 쳐들어왔어요. 을지문덕 장군은 거짓으로 항복하고 수나라 군영에 가보았어요. 오랫동안 먼 길을 오며 전쟁을 치른 군사는 지칠 대로 지치고 식량도 거의 떨어졌어요.

을지문덕은 후퇴하는 척하면서 수나라 군대를 평양성까지 유인했어요. 그때, 을지문덕은 우중문이라는 장수에게 시를 써 치켜세웠어요. "그대의 신기한 전술이 하늘의 이치에 닿았다." 뭔가 이상한 낌새를 알아차린 우중문이 퇴각하자 을지문덕은 미리 막아두었던 살수의 물을 모두 열어버렸어요. 도망가던 수나라 군사들은 물에서 몰살당하다시피 했어요. 살수는 지금의 청천강이에요.

양만춘은 안시성 싸움에서 당나라를 물리쳤어요

수나라는 무리하게 벌인 전쟁 때문에 결국 멸망해요. 그 뒤를 이어 당나라가 세워졌어요. 당나라 태종은 직접 군대를 이끌고 요동의 고구려 성들을 하나씩 점령하기 시작했어요.

안시성의 양만춘 장군은 전쟁을 준비하면서 성을 보수하고 성 밖에는 풀 한 포기도 먹을 것을 남기지 않고 모두 성안으로 가져갔어요. 계속 전쟁을 치르며 안시성에 도착한 당나라 군사가 먹을 것은 하나도 없었죠. 성을 포위하고 공격했지만 성안으로는 들어갈 수도 없었어요.

당나라는 60일 동안 50만 명을 동원해서 흙으로 만든 인공 산을 쌓았어요. 성 높이로 산을 쌓아 성으로 들어갈 셈이었지요. 그런데 갑자기 비가 쏟아지더니 토산이 무너져버렸어요. 설상가상으로 그 토산은 고구려 쪽으로 무너져서 오히려 고구려 군사들이 토산을 차지하고 당나라군을 공격했어요. 당태종은 전쟁의 실패를 인정하고 물러갈 수밖에 없었지요.

연개소문과 고구려의 멸망

고구려 멸망 668년

연개소문 ?~665년

연개소문은 왕을 바꾸고 당나라와의 전쟁에서 승리했어요

연개소문은 아버지 연태조의 뒤를 이어 대대로라는 고위 관직에 오른 뒤 당나라의 침입에 대비해 천리장성을 쌓았어요. 당시 영류왕은 당나라의 부당한 요구를 들어주더라도 평화를 지켜야 한다는 입장이었고 연개소문은 당나라에 대해 강경한 입장이었어요.

천리장성을 쌓으며 지지 세력을 모은 연개소문은 영류왕을 죽이고 보장왕을 세웠어요. 자신은 최고 관직인 대막리지가 되어 왕보다 더 큰 권력을 행사했어요. 645년 당태종이 영류왕의 죽음을 트집 잡아 고구려에 쳐들어왔다가 안시성에서 패배하고 물러났어요. 그때 어찌나 고생을 했는지 당태종은 앓다가 죽으며 다시는 고구려를 공격하지 말라는 유언을 남겼다고 해요.

신라와 연합해 백제를 멸망시킨 당나라는 661년 다시 고구려를 공격했어요. 하지만 연개소문이 직접 나선 전투에서 당나라 군사는 거의 몰살당하다시피 했어요. 연개소문이 있는 한 최강의 당나라 군대도 어쩔 수 없었지요.

연개소문이 죽은 후 고구려는 분열하다가 멸망했어요

연개소문이 665년에 죽은 후 그 아들들과 동생이 서로 권력 다툼을 벌였어요. 결국 큰아들은 당나라로 망명하고 동생은 신라로 망명했죠. 이때를 놓치지 않고 나당(신라와 당나라) 연합군이 다시 고구려를 공격했어요. 큰아들은 당나라 군대 앞에 서서 고구려로 쳐들어왔어요. 분열된 고구려는 전투도 제대로 치르지 못하고 668년 멸망하고 말아요. 드넓은 영토에서 700년 넘게 우리 민족의 기상을 떨치던 고구려는 이렇게 역사에서 쓸쓸하게 사라졌어요.

고구려의 계승자, 발해·후고구려·고려

고구려가 멸망한 후 당나라는 고구려 땅을 지배할 체제를 만드는 한편 고구려인을 강제로 중국에 이주시키기도 했어요. 이에 반발해서 검모잠을 중심으로 고구려 부흥 운동이 일어났어요. 이들은 안승을 왕으로 세우고 신라와 연합해서 당나라에 대항하여 전투를 벌였어요. 이들 세력은 후에 신라에 편입되었어요. 당으로 이주해간 사람들은 대조영을 중심으로 발해를 세웠어요. 궁예의 후고구려, 왕건의 고려도 고구려의 계승을 주장했어요.

연개소문은 역적일까요, 영웅일까요?

당태종은 연개소문이 영류왕을 죽인 책임을 묻는다며 공격해왔어요. 하지만 정작 당태종 자신은 형제를 죽이고 아버지를 협박해서 왕위에 오른 사람이에요. 그간 우리 역사에서는 연개소문을 왕을 죽인 역적이고 고구려를 멸망하게 만든 장본인이라고 평가해왔어요. 고구려가 외교적으로 고립되고 후계자를 세우지 못한 것은 연개소문의 잘못이기도 하지요. 그러나 일제 강점기에 우리 민족의 자긍심을 높이려던 신채호, 박은식 같은 학자들은 연개소문을 자주적이고 위대한 혁명가로 평가했어요.

백제의 전성기

백제 기원전 18~660년

온조왕 ?~서기 28년(시조 재위 기원전 18년~서기 28년)
근초고왕 ?~375년(13대 재위 346~375년)

● 근초고왕 때 백제 영토

요서 지방

백두산 ▲

고구려

국내성 ●

● 평양성

동해

산둥 반도

● 한성

백제

신라

가야

일본

백제의 영토를 가장 많이 넓힌 근초고왕

백제는 4세기 후반에 이르러서 삼국 중에서 제일 먼저 전성기를 누렸어요. 근초고왕은 마한을 정복해서 전라도 남해안까지 이르렀고, 고구려의 평양성에 쳐들어가 고국원왕을 죽이기도 했지요. 중국의 요서 지방까지 진출했고 동진과는 외교 관계를 맺었어요. 일본과도 외교 관계를 맺어 《논어》 같은 유교 경전과 역사서 등 앞선 문물을 전해주었어요. 일본 왕에게 칠지도를 내려주기도 했어요.

🏵 소서노와 두 아들 비류, 온조는 고구려를 떠났어요

주몽이 박해를 피해 부여를 떠나 도착한 곳은 졸본으로, 지금은 중국의 랴오닝성이에요. 그곳에서 졸본왕의 둘째 딸인 소서노를 만나 혼인했어요. 주몽이 졸본에서 고구려를 세울 때 소서노는 전 재산을 털어가며 물심양면으로 도왔어요. 그런데 고구려를 세운 후에 주몽은 부여에서 먼저 혼인한 예씨 부인을 불러다가 황후로 맞이하고 아들 유리를 태자로 책봉했어요. 이에 실망한 소서노와 두 아들 비류와 온조는 고구려를 떠났어요.

🏵 온조는 한성에 백제를 세웠어요

소서노와 두 아들 비류와 온조는 그들을 따르는 많은 신하를 데리고 졸본 땅의 남쪽으로 향했어요. 그러다가 큰 강(한강)이 가운데로 흐르고 그 주변에 비옥한 땅이 있는 곳을 발견했어요. 더 멀리는 옹기종기 산들이 둘러싸고 있으니 풍요롭고 아늑하게 보였어요. 그곳은 위례라 불리던 한성인데, 지금의 서울 풍납동이에요. 소서노와 둘째 아들 온조는 그곳에서 백제를 세웠다고 전해져요. 큰아들 비류는 미추홀로 가서 나라를 세우고자 했어요. 지금의 인천 땅이지요. 그런데 그곳은 조수간만의 차가 있어서 생활에 어려움이 많았어요. 비류가 죽은 후 온조는 그 백성을 백제에 받아들였어요.

🏵 왕인 박사는 일본에 백제의 문화를 전수했어요

백제 근초고왕 때의 학자인 왕인은 유학과 경전에 능해 어린 나이에 오경박사로 뽑혔어요. 박사는 전문 지식이나 기술이 있는 사람에게 내리던 벼슬이에요. 왕인은 아신왕의 명으로 일본에 건너가 《논어》 등의 서적과 함께 백제의 학문을 전수했어요.

일본에서 왕인 박사의 학문은 크게 숭상을 받았고 일본 태자는 그를 스승으로 모셨어요. 왕인 박사의 후손들도 일본에 남아 살면서 대대로 일본 고대 문화 발전에 도움을 주었다고 전해져요. 일본 사람들은 왕인 박사를 은인으로 모시며 존경했어요. 도쿄의 우에노 공원에는 왕인 박사비가 세워져 있어요.

칠지도

중심이 되는 칼날 1개에 6개의 가지가 나 있어 모두 7개의 가지가 되기 때문에 칠지도라고 불러요. 철제 칼에 글자가 새겨져 있지요. 백제 왕이 일본 왕에게 내려준 것인데, 일본에서는 엉뚱하게도 백제 왕이 일본 왕에게 바친 것이라고 거꾸로 말하는 사람들이 있어요.
일본은 칠지도를 나라현의 이소노카미 신궁에 보관하고 있지요.

칠지도

백제의 불교문화

서산 용현리 마애여래 삼존상

법성포
마라난타가 백제에 처음 발을 디딘 법성포는 해안도로가 아름다운 항구여서 지금도 사람들이 많이 찾는 곳이에요.

영광 불갑사

ⓒ 영광군 문화관광

마라난타 스님이 백제에 불교를 전파했어요

　마라난타는 인도의 스님으로 침류왕 원년인 384년 백제에 불교를 최초로 전파했어요. 마라난타 스님은 중국의 동진에서 배를 타고 전라남도 영광의 법성포를 통해 백제에 들어왔어요. 법성포는 백제의 최초 불교 도래지라고 불리고 있어요. 법성포라는 지명 역시 '법'은 불교를 의미하며 '성'은 마라난타 스님을 상징하고 '포'는 배가 드나드는 포구를 말해요.

　영광군에는 불갑사라는 큰 절이 있어요. 여기에서 '갑'은 첫 번째라는 뜻이 있어서 마라난타 스님이 영광군 법성포에 처음 발을 들이고, 처음 절을 세웠기 때문에 붙은 이름이에요.

서산 마애 삼존상에서 백제의 미소가 보여요

백제의 이미지 가운데 하나는 '온화한 미소'예요. 그것은 아마 가야산에 있는 서산 마애 삼존상 때문일 거예요. 온화한 미소는 햇빛에 따라 다르게 보이기도 하므로 신비한 미소라고도 불러요. 마애磨崖는 돌에다 글씨나 그림을 새기는 것을 말해요. 중앙에 큰 부처가 서있고, 오른쪽에는 보살 입상이 있고, 왼쪽에는 반가 사유상(오른쪽 다리를 왼쪽 허벅다리에 얹고 생각에 잠긴 부처의 상)이 있어요.

서산의 마애 삼존상은 백제 말기에 만들어졌을 거라고 추측하고 있어요. 당시 신라의 진흥왕에게 한강 유역을 빼앗긴 이후로 백제에서 중국으로 가는 가장 빠른 길은 당진과 태안에서 가는 길이었어요. 태안에도 마애 삼존불이 있어요. 아마 먼 뱃길을 떠나는 사람들이 안전한 항해를 기원하기 위해 부처님을 바위에 새겼던 것으로 보여요. 삼존불이 넉넉하게 미소 짓는 모습에서 사람들은 마음의 안정을 찾고 먼 길을 떠날 수 있었을 거예요.

백제 불교 예술의 최고 걸작, 백제 금동 대향로

1993년 부여 능산리 고분군 근처에서 공사를 하다 우연히 발견되었어요. 그곳은 절터로 드러났는데, 그 절은 사비 백제 시대의 위덕왕이 567년(위덕왕 14년)에 세운 것이었죠. 대향로는 절에서 왕실의 제사를 지낼 때 향을 피우던 향로로 쓰였던 것으로 추정하고 있어요. 연꽃 봉우리 같은 몸체에 표현된 이상 세계는 불교의 사상을 잘 보여주고 있어요. 백제는 도교도 받아들이고 있었는데, 향로에 조각된 신선은 도교와 융합되어 있는 불교의 정신세계를 보여주고 있어요.

금동 대향로

금동 대향로의 아랫부분은 용이 고개를 치켜들고 연꽃 봉우리 같은 몸체를 받치며 물고 있는 모양이에요. 몸체는 아랫부분과 뚜껑으로 되어 있는데, 아랫부분은 연꽃잎으로 둘러서 장식되어 있고 뚜껑 부분은 산 모양이 둘러서 장식되어 있어요. 뚜껑 위에는 봉황이 날아갈 듯 서 있어요. 뚜껑 부분은 산 모양이 여럿 겹쳐 있는데 그 안에는 나무와 산길, 시냇물이 있고, 악기를 연주하는 다섯 악사를 비롯해서 여러 신선이 있어요. 호랑이, 사슴 등 현실의 동물과 상상의 동물도 있어요. 아랫부분에도 신선과 물에 산다고 하는 상상의 동물들이 표현되어 있어요.

백제 금동 대향로

백제의 웅진 시대

웅진 시대 475(문주왕)~538년(성왕)

개로왕 ?~475년(21대 재위 455~475년)
동성왕 ?~501년(24대 재위 479~501년)
무령왕 462~523년(25대 재위 501~523년)

무령왕릉

공주국립박물관

고구려 장수왕에게 패해 한성에서 웅진으로 수도가 바뀌었어요

개로왕은 처음에 정치를 잘했다고 해요. 고구려와 맞닿은 국경의 성을 수리하는 등 고구려와의 전쟁에 대비했어요. 다른 나라들과 외교 관계를 맺어 고구려를 공격할 계획도 세웠지만 성공하지는 못했어요. 오히려 장수왕이 보낸 도림의 꾐에 빠져 무리하게 토목 공사를 벌이다가 민심을 잃고 국력을 낭비했어요. 그 때문에 고구려의 장수왕에게 패해 493년 동안 수도였던 한강 유역의 한성을 빼앗기고 본인은 아차산에서 최후를 맞이했지요.
개로왕의 뒤를 이은 문주왕은 수도를 공주의 웅진으로 옮기고(475년) 백제의 부흥을 위해 노력했지만 중요한 한강 유역을 잃었기 때문에 쉽지 않았어요.

웅진 시대의 왕들은 백제의 부흥을 꿈꾸었어요

동성왕은 귀족의 힘을 누르고 왕권을 강화하면서 백제의 부흥을 위해 노력했어요. 신라와 함께 고구려에 대항하기 위해 신라 귀족의 딸과 혼인하기도 했지요. 그 뒤를 이어 왕위에 오른 무령왕은 지방에 담로라는 지방행정 조직을 22개로 나누어 두고 왕족이 관리하게 했지요. 지방의 귀족 세력을 누르고 왕권을 강화하기 위해서였어요. 중국의 양나라 및 일본과 활발하게 교류하면서 국력을 키워나갔어요.

> ### 도미 설화
> 한성 백제 시대를 마감한 개로왕에게는 늘 이야기가 하나 따라다녀요. 바로 〈도미 설화〉이지요. 도미와 그 부인은 사이가 아주 좋았대요. 그런데 왕은 도미의 눈을 멀게 하고 부인을 빼앗으려 했어요. 하지만 부인의 지혜로 도미 부부는 다시 만나게 된다는 이야기이지요. 무리하게 성을 쌓게 한 왕에 대한 원망이 이러한 설화를 낳았는지도 모르겠네요.

무령왕릉의 발견은 세상을 놀라게 했어요

공주의 송산리 고분군에는 백제의 왕이나 왕족의 무덤으로 추측되는 여러 개의 무덤이 있어요. 하지만 안타깝게도 모두 도굴을 당해서 껴묻거리(죽은 자를 매장할 때 함께 묻는 물건)도 없고 무덤의 주인이 누구인지도 알 수 없었어요.

1971년, 그중 한 무덤에 물 빼기 공사를 하다가 우연히 무령왕릉을 발견하게 되었어요. 백제의 고분 가운데 주인을 확실하게 알 수 있는 유일한 무덤이자 도굴을 당하지 않은 무덤을 발견한 거지요. 더구나 그 주인은 백제의 중흥을 이끈 무령왕이었어요. 화려한 문화를 꽃피웠던 백제의 모습이 드러나는 순간이었어요. 금으로 만든 보물과 장식물이 무려 2900여 개나 출토되었어요. 무령왕의 무덤은 당시 백제의 돌무덤 양식과는 달랐어요. 중국 양나라에서 사용하던 벽돌무덤 양식이었어요. 중국과 활발한 교류를 하며 영향을 받았기 때문이죠. 무덤 안에서 발견된 보물들은 백제의 문화를 그대로 잘 보여주는 타임캡슐이 되었어요.

왕의 금제관식 ⓒ공주국립박물관

백제의 사비 시대

사비 시대 538(성왕)~660(의자왕)년

성왕 ?~554년(26대 재위 523~554년)
무왕 ?~641년(30대 재위 600~641년)

익산 미륵사지

익산 서동 축제

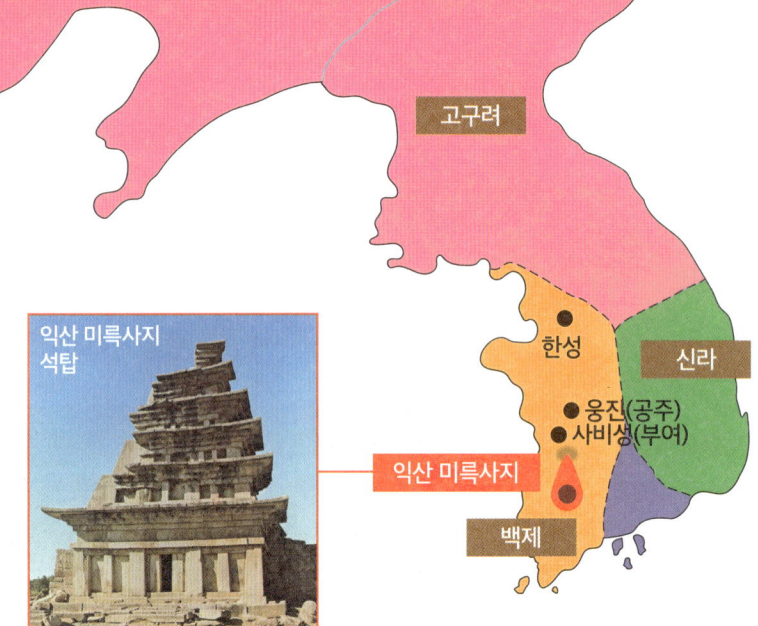

익산 미륵사지 석탑

성왕은 부여 사비로 수도를 옮기고 한강 유역을 되찾고자 했어요

개로왕의 죽음을 잊을 수 없던 성왕은 힘을 키워 고구려를 공격하고자 했어요. 웅진이 다소 좁다고 느껴 더 널찍한 사비(지금의 부여)를 새로운 수도로 삼고, 나라 이름도 남부여로 바꾸었죠. 중앙 관청과 지방 제도를 정비하고 불교를 장려했어요.

34 우리나라 구석구석 지도 위 한국사

성왕은 신라의 진흥왕과 연합해서 다시 한강을 찾고자 했어요. 고구려를 몰아내기는 했지만 진흥왕은 약속을 어기고 한강 유역을 모두 차지해버렸어요. 성왕은 신라와 전투를 벌이다가 죽임을 당하고 말았어요. 백제와 신라는 이후 100년 넘게 전쟁을 벌였답니다.

무왕은 빼앗긴 땅을 찾기 위해 신라를 공격했어요

무왕은 백제의 마지막 왕인 의자왕의 아버지예요. 왕위에 오르면서부터 신라에 빼앗긴 땅을 찾기 위해 10여 차례가 넘게 신라를 공격했어요. 국경에는 성들을 쌓아서 국방을 튼튼히 했어요. 당나라와 일본과는 가까운 관계를 유지했어요.

익산 미륵사는 누가 지었을까요?

《삼국유사》에 따르면, 어느 날 무왕과 선화 공주가 불공을 드리러 가는데 용화산 아래 큰 연못에서 미륵 삼존이 나타났어요. 선화 공주는 미륵 삼존이 나타난 곳에 절을 짓자고 했어요. 그것이 전라북도 익산의 미륵사예요.

그런데 2009년 미륵사지 석탑을 보수하기 위해 해체하면서 석탑 안에서 미륵사 창건에 관해 적힌 글을 발견했어요. 백제의 귀족 가문인 사택적덕의 딸인 사택 왕후가 남편 무왕의 무사 안녕을 기원하며 638년 절을 세운다는 글이었어요. 지금까지 무왕의 왕비가 선화 공주이며, 선화 공주가 미륵사를 지었다고 알고 있었던 사람들은 깜짝 놀랐지요. 서동과 선화 공주의 이야기는 그저 꾸며낸 이야기일까요? 그에 대해서는 다양한 해석이 나오고 있어요.

선화 공주는 남몰래 서동을 만나요

《삼국사기》에는 무왕이 법왕의 아들이라고 기록되어 있는데, 《삼국유사》에 따르면 마를 캐는 아이인 서동이 훗날 백제의 무왕이 되었다고 해요.

서동은 신라 진평왕의 셋째 딸인 선화 공주가 아름답다는 소문을 듣고 신라의 수도인 금성(지금의 경주)에 갔어요. 서동은 아이들에게 마를 나누어주며 〈서동요〉라는 노래를 가르쳤어요. 선화 공주가 남몰래 밤에 서동을 만난다는 이 노래는 궁궐까지 퍼지게 되어요. 왕은 화가 나서 공주를 쫓아냈어요. 그러자 서동이 나타나 동행하면서 두 사람은 함께 백제로 갔어요. 서동은 마를 캐던 산에서 엄청나게 많은 금을 발견하고는 그것을 신라의 진평왕에게 보냈어요. 서동은 진평왕의 사위로 인정받고 사람들의 민심도 얻어 백제의 왕이 되었다고 해요.

황산벌 전투와 백제 멸망

황산벌 전투 660년(의자왕 20년)
백제 멸망 660년(의자왕 20년)

의자왕 ?~660년(백제 31대 재위 641~660년)

부소산 낙화암

백제역사유적지구

낙화암과 삼천 궁녀

《삼국유사》에는 사비성이 함락된 후 궁녀들이 왕포암에 올라 백마강에 뛰어들어 죽었기 때문에 그 바위를 타사암墮死巖(떨어져 죽은 바위라는 뜻)으로 불렀다고 기록하고 있어요. 지금의 부소산성에 있는 낙화암이에요.

낙화암과 백마강
ⓒ 부여군

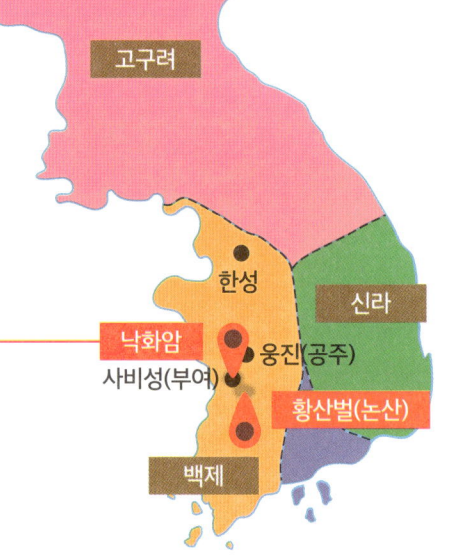

고구려 / 한성 / 신라 / 낙화암 / 웅진(공주) / 사비성(부여) / 황산벌(논산) / 백제

백제의 마지막 왕, 의자왕

의자왕의 이름은 부여의자예요. 의롭고 자애로운 사람이라는 뜻이에요. 태자 시절에 아우들과 우애가 좋고 사려가 깊어서 해동증자라고 불렸어요. 해동은 우리나라를 말하고, 증자는 공자의 제자 중 학문과 도덕이 훌륭했던 제자예요.

의자왕은 성왕의 원수를 갚고 백제의 위상을 높이기 위해 열심히 노력했어요. 신라와 수많은 전쟁을 치러 신라의 성 40여 개를 빼앗았어요. 또한 대야성(지금의 합천)을 공격해서 크게 승리했는데, 이때 대야성의 성주인 김춘추의 사위와 딸이 죽었어요. 자신이 거둔 승리에 자만한 탓인지 의자왕은 사치와 향락에 빠져 나랏일을 돌보지 않았다고 해요. 잘못을 지적하는 신하의 말은 듣지도 않고 오히려 벌을 내리니 나라는 점점 어지러워질 수밖에 없었죠.

낙화암과 삼천 궁녀는 허구예요

삼천 궁녀가 있었다는 이야기는 《삼국유사》나 다른 기록에서도 찾아볼 수 없어요. 조선 시대에 이르러 한 문인이 시적인 표현으로 '삼천 궁녀'라고 쓴 후에 사실처럼 굳어졌어요. 조선의 궁궐에는 500여 명의 궁녀가 있었다고 하니 그보다 훨씬 작은 백제의 궁궐에 3000명의 궁녀가 있기는 힘들었겠지요. 의자왕의 방탕한 이미지는 패망한 나라의 왕이기 때문에 더 과장되었던 거 같아요.

황산벌 전투에서 나당 연합군에게 진 백제는 멸망했어요

신라는 백제와의 전쟁에서 수십 차례 지면서 위기에 빠졌어요. 딸과 사위까지 잃은 김춘추는 당나라에 지원을 요청했어요. 660년 신라가 당나라와 연합해서 백제의 사비를 향해 공격해왔어요. 이때 그 유명한 황산벌 전투가 벌어져요. 황산벌은 오늘날 충남 논산이에요. 신라의 군사를 이끈 장군은 김유신이고, 백제의 장군은 계백이에요. 신라군과 당나라 군사는 합해서 18만 명 정도였어요. 황산벌에서는 5만 명의 신라군과 5천 명의 백제군이 맞붙었어요.

계백은 전쟁에 나가기 전에 자기 식구들의 목을 먼저 베었다고 해요. 적에게 치욕을 당하느니 자신이 목숨을 거두는 것이 낫다고 생각한 것이지요. 황산벌에서 백제군은 목숨을 걸고 싸우며 승리를 거두기도 했지만 수적으로 월등한 신라군을 당할 수가 없었어요. 결국 백제군은 모두 전사하고 사비성은 함락되었어요. 의자왕은 웅진성으로 피했다가 항복했어요. 이것으로 678년의 오랜 역사를 이어온 백제는 멸망한 것이지요.

백제 부흥 운동이 벌어졌어요

660년부터 663년까지 3년 동안 백제 땅에는 백제를 되찾기 위해 크고 작은 전쟁이 벌어졌어요. 이 전쟁을 이끈 것은 의자왕의 아들인 부여풍이에요. 일본에 가 있던 부여풍은 일본에서 군사를 이끌고 돌아왔어요. 흑치상지 장군 등과 힘을 합쳐 나당 연합군을 상대로 전쟁을 벌였어요.

이렇게 백제를 되찾기 위해 일어난 군사를 부흥군이라 불렀어요. 이들은 여러 성을 점령해나갔어요. 수도인 사비성을 되찾는 것도 가능할 것 같았지요. 하지만 부흥군 지도층 내부에서 갈등이 생겼어요. 서로를 죽이는 일까지 벌어졌지요. 결국 부흥군이 흩어지면서 백제의 부흥 운동도 막을 내렸어요.

박혁거세

신라 기원전 57년~서기 935년

박혁거세 기원전 69년~서기 4년(시조 재위 기원전 57년~서기 4년)

울주 천전리 각석

암각화인 울주 천전리 각석에는 알영 탄생 신화를 보여주는 듯한 그림이 있어요. 이 그림에는 용과 알 속에 사람이 들어가 있는 모습이 보여요.

울주 천전리 각석 ⓒ 문화재청

박혁거세는 알에서 태어났어요

　기원전 69년 어느 날 숲으로 둘러싸인 나정이라는 우물에서 흰말이 울고 있었어요. 지금은 경주시 탑동이라는 곳이지요. 이상하게 여긴 사람들이 가보니 그곳에 자줏빛 알이 하나 있었어요. 그 알에서 잘생긴 남자아이가 태어났어요. 사람들은 이 아이가 하늘이 보내준 임금이라며 귀하게 여겼어요. 알이 박처럼 생겨서 성을 박이라 했고, 세상을 밝게 다스리라는 의미에서 혁거세라 이름을 지었어요.

용이 알영을 낳았어요

나정 옆에서 박혁거세가 태어날 즈음 근처에 있던 알영정이라는 우물가에서도 하늘에서 닭을 닮은 용이 내려와서 오른쪽 갈빗대에서 여자아이를 낳았어요. 우물의 이름을 따서 아이를 알영이라고 불렀어요. 그런데 《삼국유사》에서는 여자아이의 입이 닭의 부리와 같다고 했어요. 사람들이 경주 월성(현재의 반월성) 북천에 데리고 가 아이를 씻겨주자 부리가 떨어졌다고 해요.

서라벌의 초대 왕, 박혁거세

기원전 57년, 박혁거세와 알영이 13세가 되었을 때 이들은 결혼하게 되었어요. 박혁거세는 나라 이름을 서라벌이라 하고 초대 왕이 되었어요.

박혁거세와 알영의 탄생 설화 해석

박혁거세가 말과 함께 등장한 것은 철제를 쓰는 북방의 기마 민족이 한반도 아래쪽으로 내려온 것을 나타내요. 닭을 닮은 용이 낳은 닭의 부리를 한 여자아이는 닭을 신성시하는 부족을 나타내요. 이 두 부족이 힘을 합쳐 나라를 세운 과정을 나타낸 신화로 볼 수 있는 것이지요.

석탈해와 김알지

《삼국유사》에는 신라 초기에 왕을 번갈아가며 했던 석씨의 시조 이야기가 전해져요. 다른 나라에서 경주에 온 석탈해는 마음에 드는 집에 가서 몰래 숫돌과 숯을 묻고는 자기 집이라 우겼어요. 그 증거로 집터에 숫돌과 숯이 묻혀 있을 거라며 집터를 팠지요. 그렇게 남의 집을 빼앗은 석탈해 이야기는 철기를 사용하는 세력이 이주해 정착하는 과정에서 토착 세력을 압박한 것을 상징한다고 해석할 수 있어요.

《삼국사기》에는 김알지의 이야기가 있어요. 석탈해가 4대 왕이 되고 얼마 후 경주 계림에서 흰 닭이 울었어요. 그곳 나뭇가지에 걸려 있던 금빛 궤짝에는 사내아이가 있었어요. 아이는 금빛 궤짝에서 나왔으므로 김金씨 성에, 어린아이라는 뜻의 알지라는 이름을 갖게 되었어요. 그 후손이 신라의 13번째 왕이 되면서 김알지는 신라 왕족인 김씨의 시조가 되었어요.

삼국 중 가장 늦게 발전하기 시작한 신라는 사로국에서 출발했어요

삼한 중 진한을 구성했던 12개 나라 가운데 하나인 사로국은 여섯 부족이 연합한 작은 촌락 국가였어요. 4세기 무렵 마한이 백제로 통일되어가자 진한도 사로국을 중심으로 통일해나갔어요. 초기에는 박씨, 석씨, 김씨가 번갈아가며 왕이 되었지만 나중에는 김씨만 왕위를 이으면서 왕권을 강화하고 중앙 집권 국가의 기초를 닦았어요.

지증왕과 법흥왕

신라 국호 지정 503년(지증왕 4년)
율령 반포 520년(법흥왕 7년)
불교 공인 527년(법흥왕 14년)

지증왕 437~514년(22대 재위 500~514년)
법흥왕 ?~540년(23대 재위 514~540년)

국립경주박물관

국립경주박물관 어린이박물관

신라교과서여행

경주 백률사

 우산국(울릉도)

> **우산국(울릉도)은 신라 지증왕 때 우리 영토가 되었어요.**
>
> 삼국 시대에 울릉도에는 우산국이라는 나라가 있었어요. 지증왕은 이사부 장군에게 우산국을 정벌하라고 명했어요. 하지만 우산국으로 가는 뱃길은 험하고, 그곳 사람들이 용맹해 이기기 쉽지 않을 것 같았지요. 이사부 장군은 꾀를 냈어요. 나무로 사자를 많이 만들어 배에 나누어 싣고 우산국 해안에 가서 말했어요. "너희가 항복하지 않으면 이 맹수를 놓아 밟아 죽이겠다!" 한 번도 사자를 본 적이 없는 섬사람들은 무서워서 바로 항복했어요. 이렇게 전쟁도 하지 않고 우산국을 복속(복종하여 따름)시킨 이야기(512년)는 《삼국사기》에 나와요.

🏯 지증왕은 왕호를 '왕'으로, 국호를 '신라'로 정했어요

　　신라의 22대 왕인 지증왕은 여러 가지 새로운 제도를 시행하며 나라의 기틀을 잡아갔어요. 농사에 소를 이용하는 우경牛耕을 시작해서 생산물이 늘었어요. 나라의 기본이 되는 경제가 발전하자 정치 제도를 정비하고 왕권을 강화했어요. 우산국(지금의 울릉도)을 정벌하여 영토도 넓혔어요.

사로, 서라벌, 계림 등으로 부르던 국호를 신라로 정하고, 거서간(귀인), 차차웅(무당), 이사금, 마립간(최고 우두머리) 등으로 부르던 왕호도 왕으로 통일했어요.

법흥왕은 율령을 반포하고 나라의 기틀을 세웠어요

율령이 반포되었다는 것은 왕의 권력과 중앙의 힘이 강해지고 있다는 증거예요. 율령(律令)에서 '율'은 요즘의 형법에 해당해요. '영(령)'은 지금의 행정법과 같은 기능을 해서 나라를 통치하기 위한 각종 제도를 말해요.

법흥왕은 이에 더해 관리들의 공복(관리가 조정에 나아갈 때 입던 제복)을 제정해 위계질서를 세우고 병부를 설치해 군사권을 장악했어요. 막강해진 왕권에 반발하는 귀족을 달래기 위해 상대등(으뜸가는 벼슬)이라는 관직도 설치했어요. 금관가야를 정복해서 영토를 넓히고, '건원'이라는 독자적인 연호를 사용해서 높아진 나라의 위상을 드러냈어요.

> **'이사금'이 변해 '임금'이란 말이 되었어요**
>
> 신라에서 지증왕 이전에 부르던 왕호 중 거서간은 시조인 박혁거세에게만 붙였어요. 차차웅은 제사를 지내는 가장 높은 사람을 나타내요. 이사금은 이가 많은 사람을 뜻하는데, 이가 많다는 것은 나이가 많은 것으로, 고대에는 나이가 많으면 지혜롭다고 보았어요. 유리와 탈해는 서로 왕위를 양보하다가 이가 많은 유리가 먼저 왕이 되었다는 이야기가 전해져요.

이차돈의 순교로 신라에서 불교가 공인되었어요

법흥왕은 왕권을 강화하기 위해 '왕이 곧 부처'라는 왕즉불 사상을 내세우며 불교를 공인하려고 했어요. 하지만 불교는 민간 신앙과 크게 부딪히는 데다, 귀족들은 자신들의 세력이 약화될 것을 우려해 불교를 반대했지요.

왕의 마음을 헤아린 이차돈은 왕을 만나서 자신이 순교할 테니 그것을 계기로 불교를 공인하라고 이야기해요. 그 말에 따라 이차돈을 처형하자 이차돈의 목에서는 붉은 피 대신 흰 젖이 솟구치고 하늘에서 꽃비가 내리는 기적이 일어났다고 해요. 반대하던 귀족들도 어쩔 수 없이 불교를 받아들일 수밖에 없었어요. 이차돈의 아내는 그의 시신을 경주 백률사라는 절에 모셨어요.

이차돈 순교비
ⓒ 국립경주박물관

진흥왕과 화랑

진흥왕 534~576년 (24대 재위 540~576년)

◎ 진흥왕 때의 영토와 진흥왕 순수비

- 백두산
- 고구려
- 국내성
- 황초령 진흥왕 순수비
- 마운령 진흥왕 순수비
- 평양
- 신라
- 아슬라(강릉)
- 북한산 진흥왕 순수비
- 단양 신라 적성비
- 웅진
- 사비
- 창녕 진흥왕 순수비
- 백제

한강 유역을 차지하고 진흥왕 순수비를 세웠어요.

진흥왕은 영토 확장에 많은 노력을 기울였어요. 정복 전쟁으로 얻은 땅에는 기념비를 세웠는데, 적성비와 4개의 순수비가 남아 있어요. 고구려 영토이던 단양의 적성赤城을 공격해서 차지한 후 '단양 신라 적성비'를 세웠어요. 역시 고구려의 영토이던 한강 유역을 백제와 동맹을 맺고 빼앗았어요.

신라가 한강 상류를, 백제가 한강 하류를 차지하기로 했는데 진흥왕은 동맹을 깨고 백제가 차지한 한강 하류까지 빼앗았어요. 북한산 비봉의 '북한산 진흥왕 순수비'는 이렇게 세워졌어요. 순수巡狩란 임금이 나라 안을 두루 살피며 돌아다니는 것을 말해요. 북한산 순수비는 왕이 한강 유역을 순수한 것을 기념하는 비예요. 동해 해안인 함경도 지역을 정복하고 황초령 순수비와 마운령 순수비를 세웠어요. 가야를 정복한 후에도 창녕 순수비를 세웠어요.

신라의 최대 영토를 개척하고 전성기를 누렸어요

법흥왕이 아들이 없이 죽은 뒤 법흥왕의 조카인 진흥왕은 고작 7세의 나이에 왕위에 올랐어요. 너무 어려서 법흥왕의 부인과 진흥왕의 어머니가 섭정(직접 통치할 수 없는 왕을 대신해 나라를 다스림)을 하다가 20대 초반에 직접 통치를 하게 되었어요. 지증왕과 법흥왕을 거치면서 나라의 기틀을 마련한 신라는 진흥왕 대에 이르러 놀라운 발전을 이룩했어요.

화랑도는 삼국 통일에 주춧돌이 되었어요

진흥왕은 오래전부터 신라에 있던 청소년 수련 단체인 화랑도를 국가 조직으로 만들었어요. 청소년을 모아서 효도와 충성, 우애와 믿음을 가르치고 이들이 여행을 하며 자유롭게 놀고 무예를 익히며 수련하게 했어요. 그리고 그 가운데 뛰어난 인재를 뽑고 나라의 군사력을 강화했어요.

전국에 국선國仙(또는 원화라 부름) 1명을 두어 지도자로 삼고, 화랑은 3~8명까지 뽑았어요. 진골 출신의 잘생기고 품행이 바른 남자를 뽑아 곱게 단장하니 따르는 낭도 무리 수천이 구름같이 모여들었어요. 실제 화랑도花郞徒라는 말은 '꽃처럼 아름다운 남성의 무리'라는 뜻이에요.

화랑 출신의 영웅

실제로 화랑 가운데 현명한 재상과 충신, 훌륭한 장수와 용감한 병사가 많이 나왔다고 《화랑세기》에 기록되어 있어요. 삼국 통일의 주역인 김유신과 김춘추, 대가야 정복에 큰 공을 세운 사다함, 황산벌 전투에서 임전무퇴의 정신을 보여준 관창 등이 모두 화랑 출신이에요.

세속 오계

화랑은 원광 스님이 정한 다섯 가지 계율인 세속 오계世俗五戒를 지켜야 했어요.
- **사군이충**事君以忠(임금을 충성으로 섬긴다)
- **사친이효**事親以孝(어버이를 효도로 섬긴다)
- **교우이신**交友以信(친구를 믿음으로 사귄다)
- **임전무퇴**臨戰無退(싸움에 임해서는 물러나지 않는다)
- **살생유택**殺生有擇(살생은 가려서 한다)

두 젊은 화랑이 학문에 힘쓰고 나라에 충성할 것을 맹세한 임신서기석

ⓒ 국립중앙박물관

골품 제도

최치원 857년~?

◉ 사회생활은 물론 가정생활까지도 차등을 두었어요

고구려, 백제도 엄격한 신분제 사회였지만 신라는 골품제라는 좀더 특이한 신분 제도가 있었어요. 혈통에 따라 관직과 혼인은 물론 옷과 집에서부터 수레와 그릇에 이르기까지 생활의 모든 부분을 규제했지요. 골품제는 작은 나라였던 신라가 주변의 부족을 아우를 때 각 부족의 세력에 따라 등급을 나누어 부족장을 대우하면서 생겨난 제도예요.

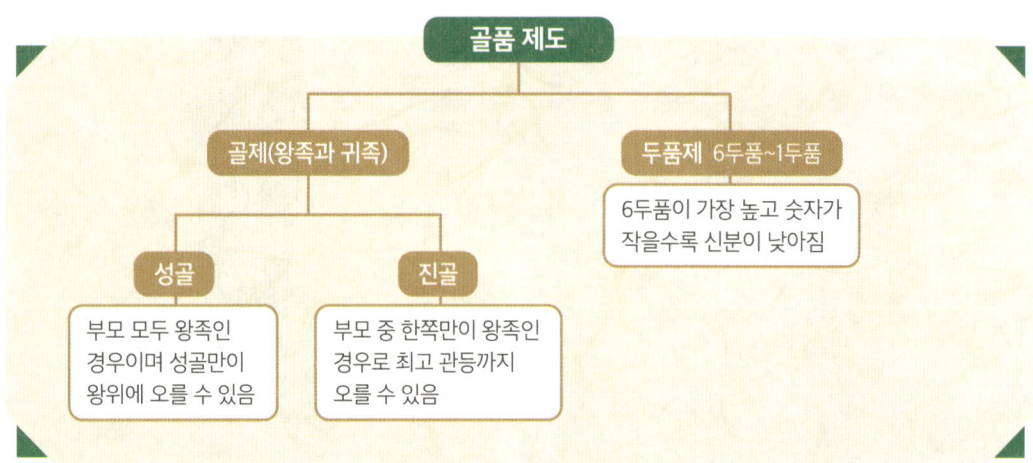

44 우리나라 구석구석 지도 위 한국사

선덕 여왕은 골품 제도 덕분에 왕이 될 수 있었어요

성골은 성골과 혼인해야 성골의 혈통을 이을 수 있었어요. 성골과 진골이 결혼해서 아이를 낳으면 그 아이는 진골이 되었어요. 그러나 갈수록 성골의 수는 줄었어요.

26대 진평왕은 뒤를 이을 왕자를 두지 못한 채 세상을 떴어요. 문제는 왕위를 이을 더 이상의 성골 남자가 없었다는 점이지요. 그래서 진평왕의 맏딸인 선덕 여왕이 왕위에 오를 수 있었어요. 그 뒤를 이어서 여왕의 사촌인 진덕 여왕이 성골로서는 마지막으로 왕위에 올라요. 그리고 태종 무열왕이 진골로서는 처음으로 왕위에 올랐어요.

최치원은 시무 10조를 올렸지만 진골의 반대로 개혁을 이루지 못했어요

최치원은 12세에 당나라 유학길에 올라 18세에 빈공과(외국인을 대상으로 한 시험)에 급제했어요. 이후 당나라의 관직에 올랐고 여러 문인과 사귀면서 문인으로서 이름을 날렸어요.

최치원이 귀국하자 헌강왕은 당나라 유학파인 그에게 여러 관직을 맡겼어요. 그 뒤 진성 여왕에게 개혁 정책인 '시무 10조'를 건의하자 여왕은 최치원에게 6두품으로서는 최고 관직인 아찬으로 임명하며 개혁을 추진하도록 했어요. 하지만 진골 귀족의 반발을 사서 도리어 최치원이 정계에서 물러나게 되었어요.

이미 궁예와 견훤 같은 후삼국 시대의 인물이 등장하며 신라는 힘을 잃어가고 있었지만 진골 귀족들은 자신들만의 특권을 고집하며 개혁을 거부했던 거죠. 최치원은 전국 각지를 유랑하다가 가야산 해인사에서 말년을 쓸쓸히 보냈다고 해요.

골품제 아래서는 수많은 사람이 신분의 제약으로 꿈을 펼칠 수 없었어요

신라에 편입된 다른 나라의 높은 귀족들은 대개 6두품이 되었어요. 실력을 갖추고도 더 이상 높은 자리에 오를 수 없게 된 것이죠. 정치보다는 학문이나 종교에 몰두하거나 세속을 떠나 은둔하는 사람들이 생겨났어요. 설총, 강수, 원광, 원효, 최치원이 대표적인 경우예요.

최치원 초상

최치원이 비문을 쓴 진감선사 대공탑비(쌍계사)

선덕 여왕

선덕 여왕 ?~647년(27대 재위 632~647년)

황룡사 9층 목탑 모형

분황사 맞은편에는 진흥왕 때 지은 황룡사가 있었는데 그곳에 9층 목탑을 세웠어요. 9층은 주위 아홉 나라를 뜻하며 신라가 이들 나라로부터 조공을 받는 나라로 우뚝 서겠다는 염원을 담았다고 해요. 한 변이 22미터, 높이는 80미터에 이르는 어마어마한 크기였어요. 역시 몽고의 침입으로 불에 타서 지금은 터만 남아 있어요.

분황사 모전석탑

경주에는 향기로운 芬(분) 임금皇(황)이라는 뜻을 가진 거대한 분황사를 지었어요. 고려 때 몽고의 침략으로 폐허가 되기는 했지만 분황사 모전석탑(돌을 벽돌처럼 쌓은 탑)이 남아 있어요.

선덕여왕릉

647년에 상대등인 비담 등이 여왕이 정치를 잘못한다며 반란을 일으켰다가 진압되었지만 선덕 여왕은 그 와중에 죽음을 맞았어요. 사촌인 진덕 여왕이 성골로서는 마지막 왕으로 왕위를 이었어요. 반란을 진압한 김유신과 김춘추는 정치 실세가 되었어요.

첨성대

첨성대는 별자리를 관측해서 농사에 도움을 주고자 한 것으로 동양에서 가장 오래된 천문대예요.

🏛 우리 역사상 최초의 여왕이에요

　　진평왕이 죽은 뒤 왕위를 이을 성골 남성이 없자 화백회의(국가의 중대사를 의논하는 귀족 회의)에서는 진평왕의 맏딸인 덕만 공주를 왕으로 추대해요. 역사상 최초의 여왕인 선덕 여왕은 골품

제도의 영향이 크긴 했지만 인품과 지혜로 사람들의 지지도 받은 것 같아요. 진평왕이 54년간 재위하여, 선덕 여왕이 왕위에 오를 때의 나이는 40대 후반 전후로 경륜도 갖추고 있었겠지요. 선덕 여왕에 대해 인색한 평을 하는 《삼국사기》에서도 여왕이 어질고 명석하다고 했어요.

선덕 여왕은 내우외환의 위기를 극복하고 신라인의 힘을 하나로 모으기 위해 호국 불교를 내세우며 많은 절을 짓고 탑을 세웠어요.

《삼국유사》와 《삼국사기》는 선덕 여왕을 아주 다르게 평가해요

두 책에서는 모두 선덕 여왕이 앞일을 예언한 이야기를 싣고 있어요. 당나라 황실에서 보내온 모란꽃 그림에 벌, 나비가 없는 것을 보고 꽃은 아름답지만 향기가 없을 거라고 했는데 씨를 심어 꽃을 피워보니 정말 꽃에는 향기가 없었다고 해요. 또 겨울에 개구리들이 우는 소리를 듣고 백제군이 침입한 것을 알아내고는 군사를 보내 백제군을 물리쳤다고 해요. 《삼국유사》는 여왕이 자신이 죽을 날과 무덤에 대해 예언한 것을 포함해 세 가지 지혜로운 일이라고 기록하고 있어요. 《삼국유사》의 일연은 고려의 스님이었으니 신라를 불국토佛國土(부처의 나라)로 만들려고 했던 여왕을 더할 수 없이 지혜로운 왕으로 생각했어요.

《삼국사기》에서는 사관의 논평이라며 '늙은 할미'가 정사(정치)를 재단(옳고 그름을 결정)했다거나 나라가 망하지 않은 것이 다행이라고 혹평하고 있어요. 《삼국사기》의 김부식은 고려의 유학자였으니 여성이 왕이 된다는 것 자체가 못마땅했을 거예요.

왕위에 오른 선덕 여왕의 앞길은 순탄하지만은 않았어요

선덕 여왕은 밖으로는 백제와 고구려의 공격에 시달렸고, 안으로는 여왕이라고 무시하며 권위에 도전하는 사람들이 있었어요.

무엇보다 진흥왕 때 한강 유역을 빼앗긴 백제의 공격이 끈질겼어요. 642년에는 의자왕에게 서쪽 지방의 40여 성을 빼앗긴 데다 고구려와 백제에게 당항성이 공격을 당했어요. 다시 백제에게 대야성을 빼앗겼는데 이때 김춘추의 딸과 사위까지 죽으며 위기를 맞았어요. 당태종에게 도움을 요청했더니, 여왕이 나라를 다스리기 때문에 이웃 나라가 얕보는 것이므로 자신의 친척을 보내 왕으로 삼겠다는 말로 오히려 모욕을 주기도 했어요.

신라가 언제나 전쟁에서 패했던 것은 아니에요. 김유신 등의 활약으로 백제의 공격을 막아내며 때로 승리하기도 했어요. 당나라와는 꾸준히 외교 관계를 이어가며 훗날 삼국 통일에서 나당 연합군이 결성되는 발판을 닦았어요.

신라 불교의 스타들

원효 617~686년
의상 625~702년
김대성 700~774년

불국사, 석가탑, 다보탑

불국사 안에는 유명한 석가탑과 다보탑이 있어요. 석가탑 안에서는 무구정광대다라니경이라는, 세계에서 가장 오래된 목판 인쇄물이 발견되었어요.

부석사

석굴암

석굴암은 경주의 토함산에 인공으로 만든 석굴 사원이에요. 뛰어난 건축 기술은 물론 석가여래 좌상과 둘레에 있는 여러 불상의 신비로운 모습은 불교 예술의 극치를 보여주어요.

원효는 불교를 대중화했어요

원효는 의상과 함께 당으로 유학 가던 길에 동굴 속에서 자다가 물을 마셨어요. 다음 날 그것이 해골에 든 물인 것을 알고 구역질을 하다가 모든 것은 마음에 달렸다는 것을 깨달았죠. 원효는 유학을 포기하고 경주로 돌아와 자신이 깨달은 것을 알리기 위해 《대승기신론소》를 비롯해 무려

150여 권에 이르는 책을 썼어요. 원효의 책은 중국과 일본에까지 영향을 미쳤어요.

원효는 세상의 규율에 얽매이지 않는 삶을 살았어요. 무열왕의 딸인 요석 공주와 만나 아들 설총이 태어났어요. 설총은 이두 문자를 정리하는 등 학문적 업적을 남긴 신라의 대학자예요.

이후 원효는 아예 승복을 벗고 광대처럼 바가지를 들고 노래와 춤을 추며 저잣거리를 돌아다녔어요. 원효의 행동을 보고 귀족과 다른 승려들은 제정신이 아니라고 했어요.

당시 불교는 일반 백성이 접하기에는 너무 어려워서 왕족과 귀족의 종교에 머물러 있었어요. 원효는 누구나 '나무아미타불(아미타불을 믿고 의지합니다)'만 외우면 극락에 갈 수 있다고 설교하면서 불교를 대중화했어요. 광대처럼 꾸미고 노래와 춤을 춘 것은 사람들에게 친근하게 다가가 불교 교리를 쉽게 이해하도록 하기 위한 것이었지요.

의상은 '우주의 모든 것은 조화를 이룬다'는 화엄 사상을 널리 알렸어요

의상은 당나라에 가서 열심히 학문에 매진했어요. 그런데 그때 잠깐 머물던 집의 딸인 선묘 낭자가 의상을 사모하게 되었어요. 하지만 의상은 그녀의 마음을 받아들일 수 없었지요. 의상이 떠나자 선묘 낭자는 바다에 몸을 던져 용이 되었어요.

신라에 돌아온 의상이 경상북도 영주에 절을 지으려고 할 때였어요. 마을 사람들은 절을 짓지 못하게 반대하고 나섰지요. 그런데 그때 하늘에서 용이 나타나 큰 바위를 들고 사람들의 머리 위를 구름처럼 떠다녔어요. 바로 선묘 낭자였어요. 의상은 그곳에 돌이 떠 있었다고 해서 부석사(浮石寺)라는 이름의 절을 짓고 화엄종을 알리기 시작했어요.

원효가 격식에 얽매이지 않고 자유로운 방식으로 대중에게 불교를 알렸다면, 의상은 평생 엄격하고 철저한 수행을 하며 수많은 제자를 가르침으로써 화엄 사상을 널리 알렸어요.

불교 예술의 극치로 일컬어지는 경주의 불국사와 석굴암은 김대성이 지었다고 전해져요

경주의 불국사와 석굴암은 정교하고 섬세한 신라 불교 건축물의 아름다움을 보여주는 문화재예요. 두 건축물은 모두 경덕왕 때의 재상인 김대성이 지었다고 전해지고 있어요. 가난한 김대성은 흥륜사 스님으로부터 시주를 하면 만 배의 복을 얻는다는 말을 듣고 밭문서를 보시했어요. 그런데 얼마 후 김대성이 죽고 이웃 마을 부잣집에 한 아이가 태어났어요. 아이는 손을 꼭 쥐고 있었는데 손바닥에 대성이라는 글자가 적혀 있었어요. 죽었던 김대성이 환생한 것이지요. 이후에 재상이 된 대성은 전생의 부모를 위해서는 석굴암을 짓고, 현생의 부모를 위해서는 불국사를 지었다고 해요.

삼국 통일과 그 주역들 1

태종 무열왕(김춘추) 603~661년(29대 재위 654~661년)
김유신 595~673년

경주문화관광

대야성(합천)

백제의 공격으로 신라는 위기에 빠졌어요

의자왕은 즉위하고부터 신라를 맹공격하기 시작했고, 642년 대야성(지금의 경상남도 합천)을 비롯한 40여 개 성을 빼앗았어요. 대야성의 성주인 김춘추의 사위와 딸이 이때 죽었어요. 김춘추는 고구려로 가서 연개소문과 보장왕에게 군사 지원을 요청했지만 예전 신라가 빼앗아간 고구려의 영토를 돌려주면 지원하겠다는 대답을 들었어요. 그 제안을 거절하자 옥에 갇히기까지 했어요. 할 수 없이 그 제안을 들어주는 척하며 풀려났어요.

김유신 묘
ⓒ 문화재청

무열왕릉
ⓒ 문화재청

김유신과 김춘추는 혼인으로 더 가까워졌어요

김유신은 진골이었지만 가야 왕족의 후손이었기 때문에 세력이 그리 크지 않았어요. 김유신과 가까웠던 김춘추는 귀족들에게 폐위된 진지왕의 손자로 진골이었어요.

어느 날 김유신은 김춘추를 불러 축국(공을 땅에 떨어뜨리지 않고 차는 놀이)을 했어요. 그리고 일부러 옷고름을 떨어뜨려서 누이동생 문희가 옷을 꿰매며 두 사람이 자연스럽게 가까워지도록 했어요. 문희는 혼인도 하지 않은 채 아이를 갖게 되었지요. 김유신은 선덕 여왕과 김춘추가 경주 남산에 산책하고 있는 틈을 노려 동생을 장작더미 위에 올려놓고 불을 지펴 연기를 냈어요. 그 연기를 보고 사연을 전해 들은 선덕 여왕은 김춘추에게 문희와 혼인하도록 권했다는 이야기가 전해져요. 문희는 삼국을 통일한 문무왕을 낳았어요.

김춘추는 29대 태종 무열왕이에요

고구려의 도움을 받지 못하게 된 김춘추는 일본에 가서 도움을 청했지만 백제와 가까웠던 일본도 청을 거절했어요. 김춘추는 포기하지 않고 이번에는 당나라로 가서 도움을 요청했어요. 고구려는 통일 제국인 수나라와 당나라의 침략에도 끄떡없던 나라였지요. 당나라에게 고구려는 눈엣가시였지만 당나라 독자적으로는 이기기 어렵다고 생각하던 차였어요. 이해관계가 맞아떨어진 신라와 당은 동맹을 맺었어요. 김춘추는 위험을 무릅쓰고 고구려에 찾아가 외교를 벌이다 감옥에 갇혀 고생도 하고, 당나라와는 동맹을 맺는 성과를 거두기도 하는 과정에서 리더로 성장해갔어요.

647년 귀족 회의 대표인 상대등 비담이 선덕 여왕이 정치를 잘못한다는 이유를 내세우며 난을 일으켰어요. 비담의 난 와중에 선덕 여왕이 죽고 진덕 여왕이 즉위했어요. 난을 진압한 김유신과 김춘추는 정치 실세로 떠올랐어요. 김춘추는 8년 동안 나라를 다스린 진덕 여왕을 이어 29대 태종 무열왕이 되었어요.

비담의 난을 진압한 김유신

난을 일으킨 비담은 떨어지는 별을 보고 여왕이 패하고 자기가 승리한다고 사람들을 부추겼어요. 반란군은 기세가 올랐고 사람들은 불안해했어요. "길흉(운이 좋고 나쁨)은 정해져 있지 않고 오직 사람 하기에 따른 것이다." 김유신은 말했어요. 그러고는 허수아비에 불을 붙여 커다란 연에 매달아 하늘로 올린 뒤 병사들에게 어제 떨어진 별이 다시 하늘로 올라갔다는 소문을 퍼뜨리게 했어요.

백제의 공격을 막아내고 백제에 빼앗겼던 성을 다시 찾아오는 전공을 세우면서 군사 리더가 되어가던 김유신은 이 일을 계기로 전세를 뒤집고 비담의 난을 진압했다고 해요.

삼국 통일과
그 주역들 2

삼국 통일 676년(문무왕 16년)

문무왕 626?~681년(30대 재위 661~681년)

감은사지와 동·서 삼층석탑
(발굴시 노출된 유구)

ⓒ 문화재청

문무왕이 부처님의 힘을 빌려 왜구를 막겠다는 생각으로 짓기 시작한 감은사는 아들인 신문왕이 완공했어요. 《삼국유사》에는 용이 된 문무왕이 절에 와서 깃들라고 금당 바닥에 구멍(용혈)을 뚫고 빈 공간을 마련해두었다는 기록이 있는데, 감은사지에서 그 모습을 확인할 수 있어요.

대왕암

문무왕은 왜구를 막기 위해 살아생전에는 감은사를 짓기 시작했고, 죽어서는 용이 되어 나라를 지키겠다는 말을 했다고 전해져요. 또 무덤을 화려하게 꾸미지 말고 불교식으로 화장하라는 유언도 남겼지요. 《삼국유사》는 동해 가운데 있는 큰 바위 위에 장사 지냈다고 기록하고 있어요. 화장한 뒤에 큰 바위가 있는 바닷가에 유해를 뿌린 것으로 보여요. 그 바위는 뒤에 대왕암으로 불렸어요.

나당 연합군의 공격으로 백제가 멸망했어요

당나라와 연합한 신라는 660년 백제를 공격했어요. 수도인 사비(부여)를 눈앞에 둔 황산벌(논산)에서 5만의 신라군과 5천의 백제군이 맞붙었어요. 죽기 살기로 싸우는 백제군 앞에서 신라군은 고전하고 있었는데, 화랑 관창이 나섰어요. 관창은 홀로 적진으로 들어갔다가 포로가 되었어요. 백제의 계백 장군은 어린 소년의 용기가 가상하다며 죽이지 않고 돌려보냈어요. 하지만 관창은 다시 용감히 싸우다 포로가 되었어요. 계백은 관창의 목을 베어 말안장에 매달아 돌려보냈어요. 신라군은 관창의 용기에 고무되어 총공격을 하여 백제군을 이기고 당나라와 함께 사비성까지 함락시켰지요. 웅진성에 피해 있던 의자왕이 항복하면서 백제는 멸망하게 되었어요.

문무왕이 삼국 통일을 이루었어요

문무왕은 왕자 시절인 660년 황산벌 전투에서 삼촌 김유신과 함께 백제군과 싸웠어요. 661년에는 아버지 무열왕이 죽자 신라 30대 왕이 되었지요. 문무왕은 백제를 멸망시킨 후에는 고구려를 공격하기 시작했어요. 고구려의 절대 권력자였던 연개소문이 죽은 뒤 드디어 668년 나당 연합군은 고구려의 평양성을 함락하고 고구려를 멸망시켰어요.

그런데 당나라는 한반도 영토에 대한 야욕을 드러냈어요. 당나라가 대동강 이북을 지배하고 신라가 그 이남을 지배하기로 한 약속을 어기고 고구려(안동도호부)와 백제(웅진도독부)는 물론 신라(계림도독부)에까지 당나라의 통치 기구를 두고 지배하려고 했어요.

670년 신라는 당나라 고종과 전쟁을 벌였어요. 이 전쟁에는 백제와 고구려 유민도 함께 나서서 당나라를 몰아내는 데 힘을 합쳤어요. 676년 신라는 당나라를 몰아내고 대동강 이남의 영토를 차지하며 삼국 통일을 완성했어요.

신라는 한반도에서 처음으로 통일된 국가가 되었어요

신라는 당나라와 연합해 통일했어요. 하지만 나중에는 고구려와 백제의 유민(망하여 없어진 나라의 백성), 그리고 신라가 함께 힘을 모아 한반도를 지배하려는 당나라를 몰아내고 자주적으로 통일을 이루었어요. 그 과정에서 사람들은 이제 하나가 되었다는 의식이 생겼을 거예요.

신라가 아니라 고구려가 통일했더라면

신라의 삼국 통일은 아쉬움이 남아요. 통일하는 과정에서 당이라는 외세를 끌어들이고, 그 결과 고구려의 드넓은 영토를 제외한 채 통일이 되었다는 점 때문이에요. 하지만 고구려의 전성기인 장수왕 때 남진 정책을 폈을 때도 신라와 백제가 동맹을 맺어 고구려는 한강 유역을 차지하는 것으로 그쳐야 했지요.

장보고

장보고 ?~846년

바다의 왕, 장보고의 해상 무역

완도 청해진 유적과 완도 법화사지

청해는 지금의 전라남도 완도 앞바다의 작은 섬인 장도를 말해요. 진鎭은 군사상 중요한 지역에 설치한 지방 행정 구역이죠.
법화사는 장도 청해진으로부터 서북쪽으로 약 2킬로미터 떨어진 상왕산 아래에 있어요. 신라의 불교를 배우기 위해 입당한 승려들의 중간 휴식처와 중국 당나라에서 일본에 파견된 사절단의 영빈관 구실도 겸했다고 전해져요.

당나라에서 군사로 이름을 날렸어요

장보고는 신라 말기에 완도 해안가 마을의 가난한 집안에서 태어났어요. 어렸을 때 이름은 궁복, 또는 궁파라 했는데 활을 잘 쏘는 사람이란 뜻이에요. 골품제 사회인 신라에서 신분이 낮아 출세할 수 없던 장보고는 같은 마을의 정년과 함께 당나라로 건너갔어요. 당에서는 열심히 노력한 끝에 군사로서 이름을 날리고 높은 관직에도 오를 수 있었어요.

나중에는 군대를 떠나 해상海商(배로 물건을 싣고 다니면서 장사하는 사람)이 되어 돈을 많이 벌었고 산둥성에 법화원이라는 큰 절까지 세웠어요. 그런데 그는 당시 해적에 의해서 당나라에 노예로 팔려오는 많은 신라 사람을 보고 마음이 아팠어요. 해적을 소탕해야겠다고 생각하고 신라에 돌아왔어요.

해적을 소탕하기 위해 신라로 돌아와 청해진을 세웠어요

당시 신라는 흥덕왕이 다스리고 있었는데, 귀족들의 힘이 매우 강해서 왕은 그만큼 힘이 없었던 시기였어요. 장보고는 왕을 직접 만나서 자신이 완도에 청해진을 세우고 해적을 소탕하게 해달라고 간청했어요. 왕은 장보고에게 대사라는 관직을 주고 군사 1만 명을 주며 청해진을 세우게 했지요.

신라 역사상 대사는 오직 장보고에게만 내린 관직이라고 해요. 당시 해적들은 우리나라 사람들을 납치해서 당나라에 팔아버리는 짓을 저지르고 있었지요. 장보고가 해적을 소탕하고 해상 무역로를 보호하자 여러 나라의 배가 찾아왔어요.

청해진에서 중계 무역을 하며 엄청난 부와 명성을 얻었어요

얼마 지나지 않아 청해진은 당과 신라, 일본을 잇는 국제 무역의 중심지가 되었어요. 장보고는 중국의 도자기를 가져와 신라, 일본, 동남아뿐만 아니라 멀리 이슬람과 이집트, 그리고 페르시아까지 무역을 했어요. 이런 무역을 중계 무역이라고 해요. 이로 인해 장보고는 해양 실크로드를 열었고, 도자기의 길인 해양 세라믹로드를 열었어요.

장보고가 암살당한 후 청해진은 폐쇄되었어요

신라 왕위 다툼에서 밀린 김우징(신무왕)은 장보고의 도움을 받아 왕이 되었어요. 그 대가로 아들 문성왕과 장보고의 딸을 결혼시키기로 했는데, 귀족들은 장보고의 신분이 미천하다며 결혼을 반대했어요. 장보고의 세력이 커지는 것을 두려워한 귀족들은 장보고의 부하였던 염장을 시켜 장보고를 암살하고 말아요. 그리고 급기야 청해진도 폐쇄해버렸어요. 그곳에 살던 사람들은 지금의 전라북도 김제 땅인 벽골제로 이사를 가야만 했어요. 해상 무역으로 번창하던 청해진이 폐쇄되면서 신라의 경제도 타격을 입었어요.

후삼국 시대

후백제 892~936년
후고구려 901~918년(고려로 이어짐)

견훤 867~936년(후백제 시조 재위 892~935년)
궁예 ?~918년(후고구려 시조 재위 901~918년)

견훤은 완산주에 후백제를 세웠어요

백제는 의자왕 때 신라와 당나라 연합군에 의해 멸망했어요. 하지만 백제는 900년 견훤에 의해 지금의 전주 지역인 완산주를 중심으로 다시 후백제라는 나라로 재탄생했어요. 견훤은 신라의 상주 사람이지만 옛 백제의 땅에 나라를 세웠으니 그 지역의 민심을 얻기 위해 나라 이름을 후백제라고 했어요. 견훤은 전라도에서 충청도까지 세력을 넓히며 기름진 평야를 바탕으로 나라의 기반을 세우고 중국, 일본과도 외교 관계를 맺었어요. 후백제는 왕건과 고창에서 벌인 전투에서 크게 승리하기도 했고 신라를 공격해서 경애왕을 죽이고 경순왕을 세울 만큼 막강한 군사력을 자랑했어요. 하지만 점차 세력을 키운 왕건에게 밀렸어요. 결정적인 사건은 견훤이 넷째 아들 금강에게 왕위를 물려주려다가 큰아들인 신검에 의해 금산사에 감금된 일이에요. 견훤은 고려로 탈출하여 왕건과 함께 자신이 세운 나라인 후백제와 자신의 아들을 공격해서 멸망으로 이끌게 되지요.

궁예는 송악에 후고구려를 세웠어요

후백제가 세워지고 1년이 지난 901년 궁예가 송악에 후고구려를 세웠어요. 궁예는 강원도와 경기도 지역에 송악(지금의 개성)을 도읍으로 삼아 나라를 세웠어요. 후에 철원으로 도읍을 옮기고 나라 이름을 마진으로 바꾸었다가 다시 태봉으로 바꾸었어요. 영토도 중부 지역만이 아니라 황해도는 물론 평안도와 충청도의 일부분까지 점령하면서 신라나 후백제보다 큰 나라가 되었어요.

궁예는 처음에 군사들과 생사고락을 같이하고 상벌을 공정하게 해서 사람들의 인심을 얻었어요. 후에는 의심이 많아지고 포악해져서 사람들을 마구 죽여 인심을 잃고 왕건에게 쫓겨났다고 하지요. 하지만 이러한 평가는 승자인 왕건의 입장에서 내려진 것이에요. 왕권을 강화하는 과정에서 이에 맞서는 호족들을 제압했던 것이라는 평가도 있어요.

태어날 때부터 이가 나 있던 아이, 궁예

궁예는 신라 왕실의 자손이지만 서자이기 때문에 왕위 다툼에서 밀려 세달사라는 절에서 스님이 되어 지냈다고 해요. 궁예는 날 때부터 이가 있었는데 이를 불길하게 여긴 왕이 아이를 죽이라고 명했어요. 아이를 높은 곳에서 던진 것을 유모가 간신히 받았지만 실수로 한쪽 눈을 다치게 했어요. 그래서 한쪽 눈을 잃었다고 해요.

후삼국 시대에 접어들어요

신라는 삼국 통일 후 100여 년간 번영을 누리며 찬란한 문화를 꽃피웠어요. 하지만 8세기 후반부터 왕권이 약화되면서 귀족들이 수시로 반란을 일으켰어요. 이후 고려에 통일되기까지 150여 년 동안 왕이 20번이나 바뀌었어요.

농민들은 굶주리는데 귀족들의 사치와 향락은 심해지기만 했어요. 참다못한 농민들이 곳곳에서 난을 일으키는 바람에 지방에는 왕권이 미치지 못했어요. 지방에는 스스로 성주나 장군이라 일컬으며 세금을 걷고 군대를 거느리며 그 지역을 통치하는 세력이 나타났어요. 이들을 호족이라 불러요. 그 가운데 세력을 크게 키워 나라를 세운 이들이 궁예와 견훤이에요.

견훤과 궁예가 세운 나라의 이름은 사실 후백제와 후고구려가 아니었어요

견훤은 백제를 세웠어요. 하지만 온조가 세운 백제와 구분하기 위해 후백제라 부르는 거예요. 궁예는 고려를 세웠어요. 고구려나 후고구려가 아니었어요. 고구려는 장수왕 때 평양으로 천도하면서 나라 이름도 고려로 바꾸었어요. 그래서 궁예도 나라 이름을 고려라 지었어요. 고려가 된 고구려도 편의상 고구려로 통일해 부르고, 궁예의 고려도 편의상 후고구려라고 부르는 거예요. 그래야 왕건이 세운 고려와 구별할 수 있으니까요.

해동성국 발해와 대조영

발해 698~926년

고왕(대조영) ?~719년(시조 재위 698~719년)
선왕 ?~830년(10대 재위 818~830년)

고구려 땅에 발해가 들어섰어요

우리 역사에서 가장 영토가 넓었을 때는 7세기에서 10세기까지 발해가 있었던 228년간이라고 할 수 있어요. 통일신라에서는 발해를 '북국'이라 불렀다는 기록이 있어요. 그런데 그 후 고려 시대와 조선 시대 중기까지도 발해에 대해서는 거의 언급이 없었어요. 조선 후기 실학자 유득공이 《발해고》라는 책에서 이 시기를 남북국 시대라고 불렀어요.

대조영은 동모산에 고구려를 잇는 나라를 세웠어요

고구려가 멸망한 후 대동강 이북 지역을 차지한 당나라는 고구려 사람들을 영주(지금의 랴오닝성 차오양)로 이주시켰어요. 사람들이 고구려 부흥 운동을 계속했기 때문에 그 맥을 끊어놓으려는 거였어요. 대조영은 영주에 사는 고구려의 유민(망하여 없어진 나라의 백성)이었어요. 고구려인과 말갈족을 이끌던 대조영은 당나라 군사를 천문령에서 크게 무찔렀어요. 그리고 동쪽으로 이동해서 동모산(지금의 지린성 옌벤 둔화)에 성을 쌓고 698년에 '진국'을 세웠어요. 713년부터는 발해라는 국호를 사용했어요.

🏵 중국은 발해를 '바다 동쪽의 융성한 나라'라는 뜻으로 해동성국이라 불렀어요

　　대조영의 뒤를 이은 무왕은 흑수말갈과 당이 연합해 공격할 조짐을 보이자 두 나라를 먼저 공격해 승리를 거두는 기백을 보여주었어요. 그 아들 문왕 시기에는 당과 활발히 교류하며 문물을 받아들였어요. 수도를 여러 번 옮기며 마지막 수도인 상경에 엄청난 규모의 도성을 세웠어요.

　　9세기 전반기, 10대 선왕에 이르러 발해는 전성기를 맞았어요. 당시 발해의 영토는 남으로는 신라와 닿았고, 북으로는 헤이룽강에 닿았어요. 동쪽은 바다이고, 서쪽으로는 거란과 경계를 두고 있었지요. 비단길을 오가는 외국인들도 많아 수도는 국제도시의 면모를 보였어요.

🏵 발해는 자랑스러운 우리 역사예요

　　20여 년 전부터 중국은 발해를 중국의 역사에 포함시키려고 하고 있어요. 대조영이 '발해 군왕'이라는 중국의 벼슬을 받았으므로 발해는 중국의 지방 정권이고, 발해 구성원의 60퍼센트가 말갈족이었다면서요. 하지만 '발해 군왕'이란 벼슬은 발해의 세력이 무시할 수 없을 정도로 커지자 형식적인 벼슬을 주어 인정한 것일 뿐이에요.

> **발해의 멸망**
>
> 발해는 926년에 거란에 의해 멸망했어요. 거란의 역사책에는 당시 발해는 지배층에 내분이 벌어져 자신들이 별다른 노력을 하지 않고도 발해를 정복할 수 있었다고 적고 있어요. 그러나 근래는 당시 백두산의 화산이 폭발해서 발해가 멸망했다는 주장도 나왔어요.

　　발해를 세운 대조영은 고구려계이고 발해 지배층도 대부분 고구려인이었으며, 고구려를 계승한 나라라는 것을 밝혔어요. 발해 왕이 일본에 보낸 국서에도 '고려(고구려) 왕'이라고 썼어요. 중국과는 다른 독자적인 연호도 사용했어요. 그리고 고구려의 온돌, 기와, 무덤 양식 등 고구려의 전통을 이어받았어요.

연꽃무늬 수막새　　　발해 유적지에 나온 용머리
ⓒ 국립중앙박물관

　　6미터에 이르는 거대한 석등, 고구려의 용맹한 기상을 이어받은 모습의 돌사자상(정혜 공주 무덤)은 발해가 어떤 나라였는지 상상하게 해주는 유물이에요. 발해는 앞으로 우리가 관심을 가지고 더 깊이 연구해야 할 나라예요.

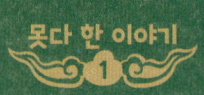

삼국 시대의 전투 3

645년 안시성 싸움에서 양만춘과 연개소문은 함께 당나라를 물리쳤어요

642년 백제와 신라가 대야성 전투를 벌이던 해에 고구려에서는 28세의 연개소문이 쿠데타를 일으켜 영류왕을 죽이고 그의 아들을 왕으로 만들었어요. 바로 보장왕이에요. 연개소문은 군사와 정치를 모두 차지한 대막리지를 맡고, 보장왕은 허수아비처럼 존재했어요. 645년경 연계소문은 내·외적으로 위기였어요. 안시성의 성주 양만춘은 쿠데타를 일으킨 연개소문을 인정하지 않았죠. 당나라의 태종 이세민은 고구려를 복속시키기 위해 침략 원정에 나섰어요. 천리장성을 지키는 여러 성을 정복하며 승승장구했고, 남쪽을 책임지고 있는 작은 성인 안시성까지 도달해요.

645년 당나라와 고구려는 안시성에서 격렬한 전투를 벌였어요. 양만춘과 연개소문, 그리고 고구려 백성 모두가 힘을 합쳐 13만의 당나라 군대를 물리쳤어요. 역사학자 신채호는《조선상고사》에서 연개소문이 양만춘에게 안에서 성을 잘 지키면 밖에서는 자신이 당나라 군사를 공격하겠다는 이야기를 적고 있어요.

660년 황산벌 전투에서는 신라 김유신이 백제 계백을 이겼어요

김춘추는 고구려에 동맹을 요청했어요. 하지만 고구려의 연개소문과 협상이 잘 이루어지지 않았어요. 그다음 김춘추는 당나라 태종에게 도움을 요청했어요. 당나라는 장군 소정방과 군대 13만을 보내왔어요. 당시 백제는 의자왕이 나라를 잘 운영하지 못해 힘이 기울고 있었어요. 김유신은 5만의 부대를 이끌고 지금의 논산 지역인 백제의 황산벌을 공격했어요.

당시 계백은 겨우 5천 명의 부대만 거느리고 있었죠. 계백은 전쟁에 나가기 전 직접 가족을 죽였어요. 그리고 신하들에게 월나라 구천이 5천 명의 군사로 오나라 70만 대군을 물리친 이야기를 하면서 신하들을 독려했어요.

김유신 장군과 계백 장군은 황산벌 전투에서 백제의 운명을 건 마지막 전투를 벌였어요. 총 다섯 번의 교전 중 앞 네 번은 필사적으로 싸운 계백 장군이 승리했어요. 연속된 패배에 위기감을 느낀 김유신 장군은 비장의 대처로 신라의 어린 화랑 관창을 전장으로 보냈어요. 임전무퇴의 정신을 보여준 어린 관창이 죽자 분노한 신라군은 백제군에게 총공격을 가했고, 결국 황산벌 전투에서 승리했어요.

642년 대야성 전투에서는 백제가 신라를 이겼어요

의자왕은 아버지 무왕이 죽자 641년에 31대 왕이 되었어요. 의자왕은 이듬해인 642년 부하 윤충에게 신라의 대야성을 공격하게 했어요. 대야성은 지금의 합천 지역이에요. 당시 대야성의 성주는 김품석이고, 부인은 고타소였어요. 고타소는 후에 무열왕이 되는 김춘추의 딸이에요. 백제가 대야성을 공격할 때 검일은 성안의 창고에 불을 지르고 대야성 안에서 공격할 힘을 없애버렸어요. 성주인 김품석이 검일의 아내를 빼앗았기 때문이에요.

신라는 대야성을 비롯해 40여 개의 성을 백제에 빼앗기고 말았어요. 이 전쟁으로 딸과 사위를 잃은 김춘추는 백제를 원수로 여기고 고구려와 군사 동맹을 맺고자 했지만 잘 성사되지 않았어요. 김춘추는 당나라와 동맹을 맺는 데 성공했어요.

> **계백과 김유신**
>
> 계백과 김유신은 비슷한 시기를 살아간 데다 백제와 신라라는 라이벌 구도에서 두 사람이 여러 전투에서 만났을 거라고 예상할 수 있지만, 몇 번을 맞서 싸웠는지 정확하게 전해지지 않아요. 또 백제의 계백과 신라의 김유신 중 누가 더 나이가 많은지 정확히 알 수는 없어요. 정확하게 알 수 있는 것은 660년에 계백이 죽고 673년에 김유신이 79세의 나이로 죽었다는 것뿐이에요. 계백의 정확한 나이는 전해지지 않아요.

2부 고려 시대

618~907년	당
676~935년	통일 신라
892~936년	후백제
949~975년	광종 (4대 재위)
956년	노비안검법 시행
958년	과거 제도 시행
960~1279년	송
975~981년	경종 (5대 재위)
981~997년	성종 (6대 재위)
982년	최승로, 시무 28조 건의
993년	1차 거란 침략 (서희의 담판)
1009~1031년	현종 (8대 재위)
1010년	2차 거란 침략
1011~1029년경	〈초조대장경〉
1018년	3차 거란 침략
1146~1170년	의종 (18대 재위)
1170년	무신의 난
1170~1197년	명종 (19대 재위)
1176년	망이·망소이의 난
1182년	죽동의 난 (전주 관노의 난)
1193년	김사미의 난
1197~1204년	신종 (20대 재위)
1198년	만적의 난
1206~1368년	원나라 (1271년 몽골 제국에서 원나라로 개칭)
1213~1259년	고종 (23대 재위)
1220년	야별초 조직
1231년	몽골의 1차 침입
1274~1308년	충렬왕 (25대 재위)
1280년	정동행성 설치
1308년	수덕사 대웅전 건립
1351~1374년	공민왕 (31대 재위)
1356년	쌍성총관부 해체
1359년	홍건적의 침입
1368~1644년	명나라
1374~1388년	우왕 (32대 재위)
1376년	홍산 대첩
1377년	《직지심체요절》 인쇄
1380년	진포 대첩 황산 대첩

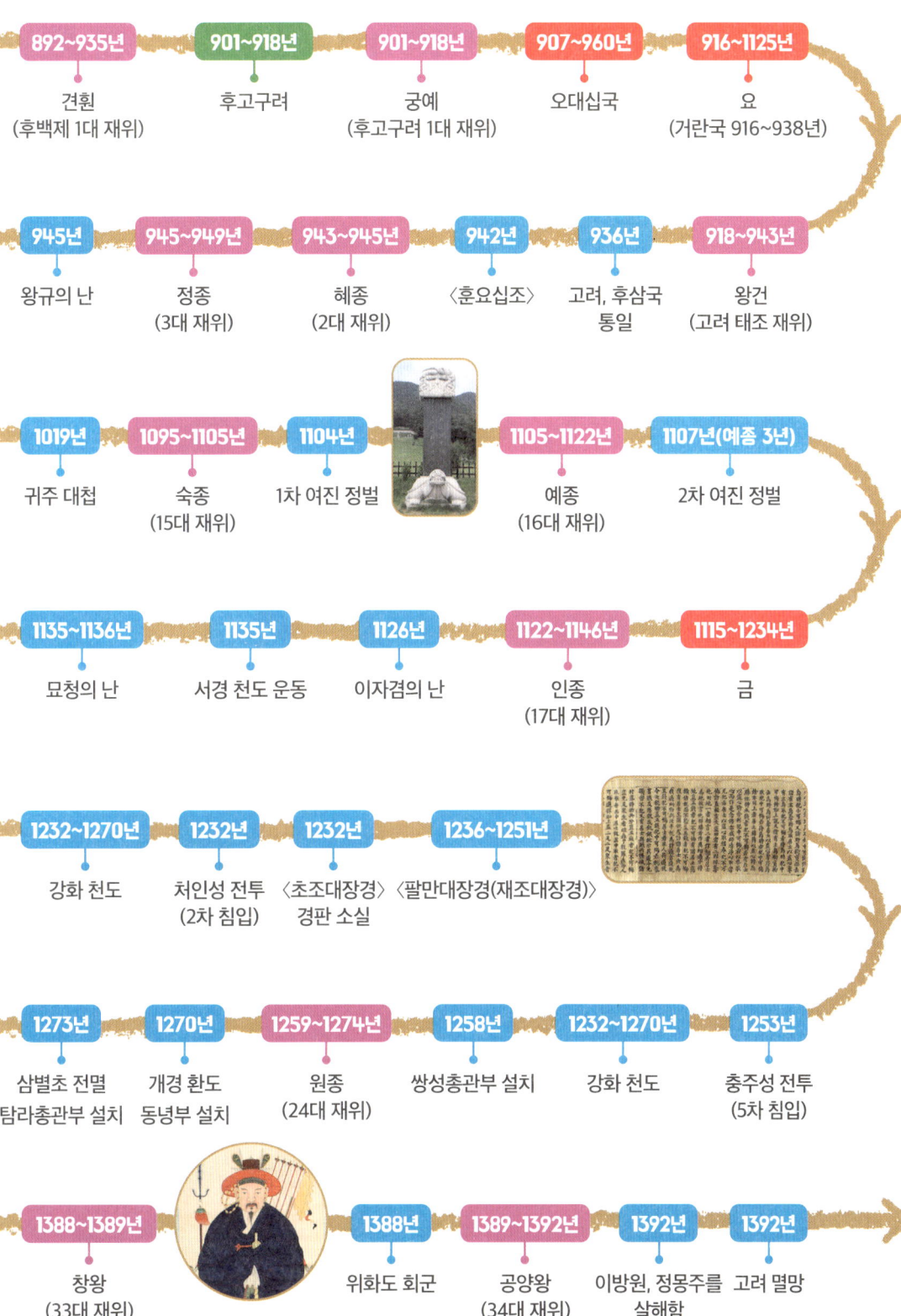

- **892~935년** 견훤 (후백제 1대 재위)
- **901~918년** 후고구려
- **901~918년** 궁예 (후고구려 1대 재위)
- **907~960년** 오대십국
- **916~1125년** 요 (거란국 916~938년)

- **945년** 왕규의 난
- **945~949년** 정종 (3대 재위)
- **943~945년** 혜종 (2대 재위)
- **942년** 〈훈요십조〉
- **936년** 고려, 후삼국 통일
- **918~943년** 왕건 (고려 태조 재위)

- **1019년** 귀주 대첩
- **1095~1105년** 숙종 (15대 재위)
- **1104년** 1차 여진 정벌
- **1105~1122년** 예종 (16대 재위)
- **1107년(예종 3년)** 2차 여진 정벌

- **1135~1136년** 묘청의 난
- **1135년** 서경 천도 운동
- **1126년** 이자겸의 난
- **1122~1146년** 인종 (17대 재위)
- **1115~1234년** 금

- **1232~1270년** 강화 천도
- **1232년** 처인성 전투 (2차 침입)
- **1232년** 〈초조대장경〉 경판 소실
- **1236~1251년** 〈팔만대장경(재조대장경)〉

- **1273년** 삼별초 전멸 탐라총관부 설치
- **1270년** 개경 환도 동녕부 설치
- **1259~1274년** 원종 (24대 재위)
- **1258년** 쌍성총관부 설치
- **1232~1270년** 강화 천도
- **1253년** 충주성 전투 (5차 침입)

- **1388~1389년** 창왕 (33대 재위)
- **1388년** 위화도 회군
- **1389~1392년** 공양왕 (34대 재위)
- **1392년** 이방원, 정몽주를 살해함
- **1392년** 고려 멸망

고려 건국과 후삼국 통일

통일 신라 676~935년
발해 698~926년
후백제 892~936년
후고구려 901~918년
고려 건국 918년
고려, 후삼국 통일 936년

왕건 877~943년(고려 태조 재위 918~943년)
견훤 867~936년(후백제 1대 재위 892~935년)
궁예 869~918년(후고구려 1대 재위 901~918년)

고려 건국을 기념해 지은 절, 개태사

개태사는 왕건이 신검을 무찌르고 후삼국을 통일한 것을 기념하기 위해 940년(태조 23년)에 지은 절이에요. 이 절이 있는 곳 주변은 삼국시대 후기에 신라군과 계백 장군의 백제 결사대가 맞붙은 '황산벌 전투'로 유명하죠. 왕건은 이곳에서 마지막으로 후백제군과 전투를 벌였고, 신검은 왕건에게 항복했죠.

왕건은 후삼국을 통일하고 고려를 세운 뒤 부처님의 힘을 빌어 백성을 평안케 하려는 뜻으로 개태사를 짓도록 했어요. 개태사가 있는 논산 지역은 한때 고구려와 신라, 백제의 영토가 만나는 지점이었어요. 그래서 더는 전과 같은 전쟁이 일어나지 않기를 바라며 이곳에 절을 지은 것이죠.

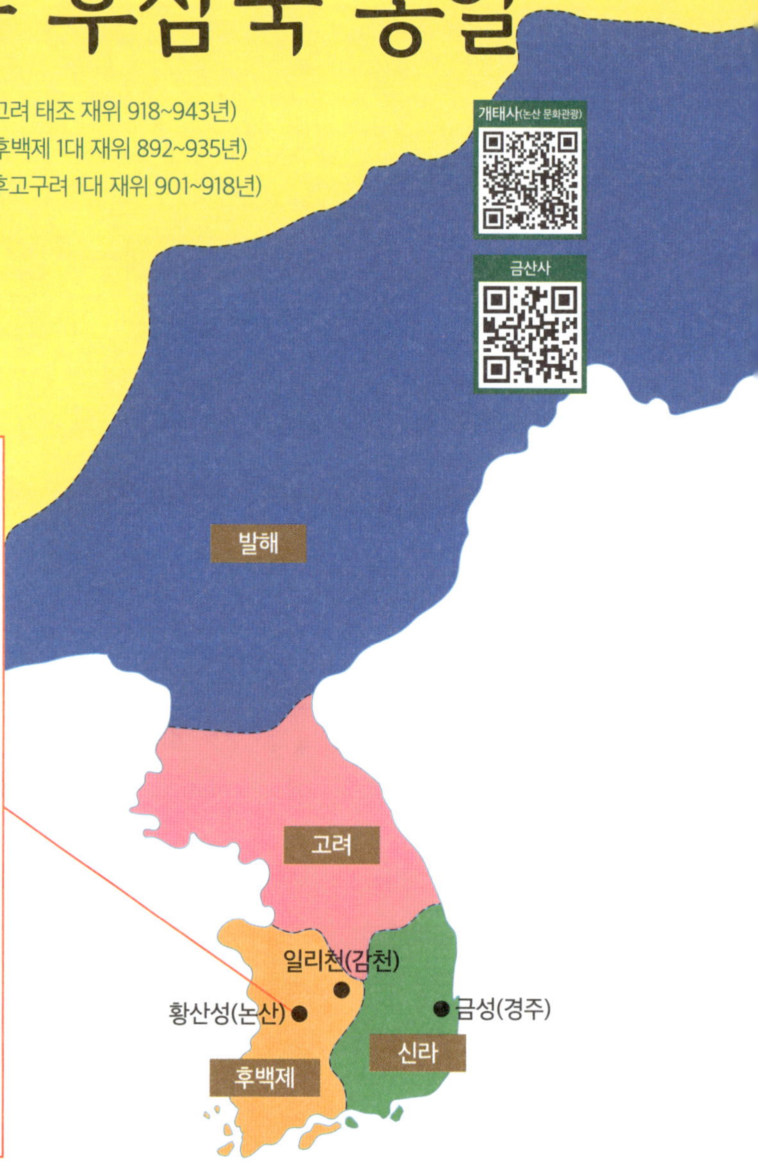

왕건은 발해를 흡수하고, 통일 신라와 후백제를 무찔러 한반도를 통일했어요

왕건은 원래 후고구려(태봉)를 세운 궁예의 부하였어요. 896년에 궁예의 장수로 들어가 견훤의 후백제군을 여러 차례 격파했죠. 궁예 아래서 공을 쌓은 왕건은 40세가 되기도 전에 후고구려의 제2인자인 시중에까지 올랐어요. 하지만

918년 궁예가 폭력적으로 정치를 하자 왕건은 다른 신하들과 함께 궁예를 몰아내고 왕위에 올라 나라 이름을 고려로 바꾸었어요. 이후 한동안 후삼국 시대가 유지되었어요.

926년 거란에 발해가 멸망했어요. 왕자 대광현은 8년 동안 저항하다가 934년에 수만 명의 백성을 끌고 고려에 들어왔죠. 이때부터 왕건의 통일 전쟁은 속도가 가해졌어요.

935년 아들에게 왕위를 빼앗긴 견훤이 항복했고, 곧바로 신라의 경순왕도 고려에 항복했어요.

936년 왕건은 현재 경상북도 구미에 있는 감천(일리천)에서 후백제의 2대 왕인 신검의 군사를 크게 무찔렀어요. 왕건은 신검을 쫓아 한 달 뒤에 지금의 충청남도 논산 지역인 황산성에서 항복을 받아내면서 다시 한번 한반도를 통일했어요.

석조여래삼존입상의 뭉툭한 부처님 손은 왕건의 강한 기상을 나타내요

개태사開泰寺라는 이름은 '새로운 태평성대를 연다'는 뜻이에요. 개태사에는 왕건의 어진御眞이 있어요. 어진은 '왕의 초상화'를 뜻하죠. 그래서 고려 시대 동안 나라에 변란이 일어났을 때 이곳에서 제사를 지냈고, 나라의 큰일을 앞두고 길흉을 점치기도 했죠.

개태사에서 특별히 유명한 것은 돌로 만든 세 분의 부처님인 보물 219호 석조여래삼존입상이에요. 이 불상이 다른 절들에 있는 불상과 다른 점은 특히 손이에요. 우리나라의 여러 절에 있는 불상은 인자하고 부드러운 모습으로 표현되어 있어요. 하지만 개태사의 석조여래삼존입상은 다른 불상들과 달리 둥글고 선이 굵은 모습이에요. 특히 손은 마치 권투 선수의 손처럼 뭉툭하고 큼직하죠. 수많은 전투를 승리로 이끌고 나라를 세운 왕건의 강한 기상을 나타내준다고 해요.

석조여래삼존입상 ⓒ 문화재청

신검은 견훤의 첫째 아들이에요

견훤에게는 자식이 10명이 넘게 있었어요. 견훤은 가장 영리하고 힘이 센 넷째 아들 금강에게 왕위를 물려주려고 했어요. 이에 불만을 품은 첫째 아들 신검은 다른 동생들과 함께 금강을 죽이고, 아버지인 견훤을 금산사라는 절에 가두었어요. 견훤은 결국 고려에 항복했을 뿐 아니라 신검을 무찔러 달라고 왕건에게 요청했죠.

태조 왕건의 부인이 29명인 이유

왕규의 난 945년

혜종 912~945년(2대 재위 943~945년)
정종 923~949년(3대 재위 945~949년)
왕규 ?~945년

29번이나 결혼한 태조 왕건

안정된 왕권과 화려한 문화를 자랑하던 통일 신라는 9세기 말쯤부터 휘청거리기 시작했어요. 수도인 경주 이외의 여러 지역에서 지방 세력인 '호족'들이 힘을 키우면서 왕권이 약해졌죠. 게다가 왕실에서는 왕위 다툼이 벌어져 그들을 통제할 수도 없었어요.

왕건이 후삼국을 통일하기 위해선 각 지역에서 세력을 키우고 있던 호족들을 자기편으로 끌어들여야 했어요. 이는 통일 이후에도 마찬가지였죠. 고려를 세웠지만, 초기에는 각지의 호족들이 힘이 셌기 때문에 이들을 포섭해야 했죠.

후삼국을 통일하는 과정에서 왕건은 각 지역을 장악하고 있던 호족들과 혼인 관계를 맺으면서 그들의 지지와 지원을 받았어요. 개성과 정주, 경주, 나주, 순천, 의성, 충주, 강릉 등 전국 각지의 호족 세력과 혼인 관계를 맺는 바람에 왕건의 부인은 모두 29명이나 되었다고 해요.

전국에 골고루 퍼져 있는 왕건 부인들의 출신 지역

◉ "이제부터 왕씨가 되어라!"

왕건은 고려를 건국한 뒤 나라를 세우는 데 큰 공을 세운 사람들에게 자신과 같은 왕王씨 성을 하사했어요. 왕씨 성을 받은 사람은 충성심이 더 깊어졌다고 해요. 또 각지의 유력한 세력에게 새로운 성씨를 주고, 지명을 바꾸어 본관을 내려주기도 했어요.

성씨를 부여하는 것을 '성씨를 하사한다'고 해서 '사성 정책'이라고 해요. 이 정책은 신라 시대 동안 소외되었던 지방의 호족에게 자기들만의 성을 줌으로써 이들을 새로운 지배 계층으로 끌어들이려는 것이었어요.

◉ '왕규의 난'은 호족 간의 왕권 다툼이에요

왕건에게는 25명의 아들과 9명의 딸이 있었어요. 왕건의 뒤를 이어 장남인 무武(혜종)가 고려의 2대 왕이 되었어요. 병약했던 혜종은 왕이 된 지 2년 만에 세상을 떠났고, 그의 후견인이었던 왕규는 반란을 일으켰죠. 이것을 '왕규의 난'이라고 해요. 3대 왕 정종은 곧바로 왕규의 난을 진압했어요. 하지만 그 역시 왕위에 오른 지 4년 만에 세상을 떠났어요.

태조가 죽은 이후 혜종과 정종을 비롯한 형제들은 왕권을 차지하기 위해 치열한 다툼을 벌였어요. '왕규의 난'은 사실상 혜종 이후 왕이 된 정종과 광종이 왕위를 차지하기 위해 벌인 '왕자의 난'이죠.

동시에 이들 형제는 어머니와 부인이 각 지역 호족의 딸이었기 때문에, 사실상 각각의 호족 세력을 대표한다고 할 수 있어요. 왕권을 두고 일어난 형제들 간의 다툼은 사실상 나라의 주도권을 잡으려는 각 지역 호족들의 대결이기도 했어요.

지방에서 독자적으로 힘을 키운 세력을 호족이라고 해요

호족은 스스로 성주城主나 장군將軍이라고 부르면서 군대도 보유하고 지방 행정권도 장악했어요. 중앙 정부도 어찌할 수 없는 반독립적인 세력이 되었죠. 견훤과 궁예도 이들 호적 세력과 힘을 합쳐 후백제와 후고구려를 세웠고, 왕건도 호족의 힘을 많이 빌렸답니다.

우리나라에서 성씨는 신라 시대부터 있었어요

신라 시대에는 벼슬이 있는 귀족에게만 성씨가 있었어요. 일반인은 그냥 이름만 있었죠. 성씨와 본관이 일반 백성에게까지 전파된 것은 고려 초기 왕건 때라고 해요.

광종의 개혁 정치

노비안검법 시행 956년　**광종** 925~975년(4대 재위 949~975년)
과거 제도 시행 958년

독자적인 연호를 만들어 해를 세었어요

충청북도 청주에서 가장 번화한 거리인 성안길 중앙에는 커다란 철 기둥이 서 있어요. 용두사지 철당간이라고 해요. 지금은 사람들로 북적이지만, 옛날에는 용두사라는 커다란 절이 있던 곳이죠. 이 철당간에는 용두사를 지은 사연이 새겨져 있는데, 그 끝에 "준풍 3년에 세웠다"고 하는 구절이 있어요. 준풍은 광종이 해를 세기 위해 사용한 고려의 독자적인 연호예요.

옛날에는 지금처럼 숫자로 연도를 세지 않고, 왕에 따라 해의 차례를 붙이는 이름을 두었어요. 그런데 우리나라가 아니라 중국의 연호를 따랐죠. 광종은 중국의 연호를 따르지 않고, '광덕', '준풍'이라는 독자적인 연호를 만들어 해를 세었어요. 그리고 스스로 황제라고 칭했죠. 이것은 강력해진 왕의 권위를 나라 안팎에 널리 알리기 위한 것이었어요.

용두사지 철당간

청주

당간

당간은 큰 절의 입구에 세우는 시설물이에요. 높은 기둥 위에 깃발이나 장식을 해 불당을 장엄하게 하는 효과가 있었죠. 가운데 높은 기둥을 당간이라고 하고, 그 양 옆의 작은 기둥을 당간지주라고 해요.

왕권을 강화하기 위한 광종의 개혁 정치

왕건의 부인 29명과 전국 각지의 호족들은 양날의 검이었어요. 고려를 세우는 데는 도움이 되었지만, 이들이 자기 지역에서 계속 큰 힘을 발휘하면 왕권이 제대로 설 수 없기 때문이죠. 실제로 태조가 세상을 떠난 뒤 '왕규의 난'이 일어나는 등 왕자들의 권력 다툼이 극심했죠.

고려의 4대 왕인 광종은 즉위한 뒤 왕권을 강화하고 모든 권력이 왕실에 집중되는 중앙 집권 체제를 확립하는 데 중점을 두었어요.

호족의 노비를 양인 신분으로 되돌리는 노비안검법을 시행해 재정을 늘렸어요

광종은 먼저 고려를 세우는 데 큰 공을 세운 공신과 호족의 힘을 약하게 해야 했어요. 그러기 위해서 '노비안검법'을 실시했죠. 노비안검법은 불법으로 노비가 된 사람들을 조사해서 다시 양인의 신분으로 해방해주는 법이었어요.

후삼국 시대에 힘 있는 호족은 불법적으로 노비를 소유했어요. 노비는 호족의 경제적·군사적 기반이 되었죠. 따라서 호족의 노비를 양인 신분으로 되돌리는 노비안검법은 호족의 세력을 약하게 할 뿐 아니라, 양인이 되어 나라에 세금을 내면 국가의 재정도 확보할 수 있는 일석이조의 정책이었죠.

출신에 상관없이 시험으로 관료를 뽑는 과거 제도를 시행했어요

고려 초기의 정부 관료는 대부분 공신의 자제로 채워져 있었어요. 이들 공신과 지방의 호족에게는 나라보다는 자신의 세력을 키우는 일이 더 중요했죠. 광종은 가문의 세력보다 나라를 먼저 생각하는 새로운 세력으로 중앙 관료를 채우려고 했어요. 그래서 출신에 상관없이 시험으로 관료를 뽑는 과거 제도를 시행했죠.

과거 제도는 중국에서 고려로 귀화한 쌍기가 제안하여 958년(광종 9년)에 처음 실시되었어요. 그 뒤 광종이 재위하는 동안 8번 과거 시험을 치렀는데, 합격자 중에서 공신과 호족 출신은 거의 없었다고 해요. 자신의 실력을 바탕으로 새로 관직에 오른 관료들은 충성심이 강할 뿐 아니라 훨씬 명석하고 실력이 있었죠.

광종은 당시 세계에서 가장 큰 나라 중 하나였던 중국의 새로운 문물을 배우기 위해 외국인 관리도 적극적으로 등용했어요.

개방적인 나라, 고려

발해 멸망 926년
당 618~907년
오대십국 907~960년
송 960~1279년
금 1115~1234년

거란

여진

후주

송

고려

907년 중국 당나라가 멸망해요. 그 후 중국은 최대 혼란기인 오대십국 시대를 겪어요. 후주(951~960년)는 이때의 다섯 왕조 중 하나예요. 오대십국 시기는 960년 송나라가 세워지면서 끝나죠.

광종을 설득해 과거 제도를 시행한 쌍기는 중국의 후주 사람이었어요.

쌍기는 원래 후주의 관리였는데, 광종 7년(956년) 사신으로 고려에 왔다가 병에 걸려 예정보다 오래 머무르게 되었죠. 이때 광종은 후주의 황제에게 요청해 아예 쌍기를 고려에 머물게 했어요. 그리고 병이 나은 즉시 그를 고려의 관리로 삼았죠.

쌍기는 고려의 관직에 오른 지 1년도 되지 않아 각종 정부 문서의 작성을 책임지는 자리에 올랐어요. 그는 광종에게 과거 제도를 시행하라고 건의했어요. 쌍기의 조언에 따라 958년에 과거 시험을 치렀고, 그 덕에 고려는 뛰어난 인재를 발굴하여 정치와 학문의 수준을 높일 수 있었죠.

중국과 거란, 발해, 여진 등에서 많은 인물이 귀화했어요

《고려사》를 보면 외국 출신으로 고려에 귀화하여 관직에 오른 사람이 40명 정도나 된다고 해요. 대부분 학자나 문인이었죠. 또 재상이 되거나 높은 관직에 올라 《고려사》 열전에 수록된 인물은 쌍기를 포함해서 거란 출신의 위초, 발해 출신의 유충정, 중국인 주저, 유대, 신수, 신안지, 쌍철, 호종단, 임완 등 모두 10명이에요. 이 중에서 주저, 유대, 신수, 신안지, 쌍철은 재상 자리에까지 올랐죠.

고려는 관료뿐 아니라 일반인의 귀화도 많이 받았어요

귀화는 다른 나라의 국적을 얻어 그 나라의 국민이 되는 일을 말해요. 고려는 여러 나라의 사람들을 받아들이고, 실력과 능력만 있다면 심지어 외국인이어도 관직에 등용하기까지 한 개방적이고 다양한 문화의 나라였답니다. 그리고 광종은 개방적인 정책의 시작을 열었어요.

200년 가까운 시기 동안 고려에 귀화한 외국인은 모두 17만 명이나 된다고 해요. 그중에서 가장 많은 수를 차지하는 민족은 발해계로 12만 명이 넘어요. 그다음으로 여진, 거란, 중국에서 온 사람들 순이죠.

17만 명이라면 얼마나 많은 수일까요? 중국의 역사책인 《송사》에는 당시 고려에 대한 이야기가 실려 있어요. 당시 고려 인구는 200만 명이었다고 해요. 그러니 17만 명이라면 얼마나 많은 사람이 고려에 귀화한 것인지 알 수 있겠죠?

송나라 출신의 채인범

쌍기가 고려에서 높은 관직에 올랐다는 소문이 중국에 퍼지자 실력이 뛰어난 많은 중국인이 스스로 고려에 귀화했어요. 970년(광종 21년)에는 송나라 출신의 채인범이 고려에 귀화하여 성종 때까지 관직에 있었어요. 채인범 역시 고려에 사신으로 왔다가 광종이 마음에 들어 해 고려에 머물게 되었죠.

발해의 마지막 세자 대광현은 수만 명을 이끌고 고려로 귀화했어요

926년(태조 9년) 발해가 멸망한 뒤부터 발해 사람과 거란족이 많이 고려로 넘어오기 시작했어요. 934년(태조 17년)에는 발해의 마지막 세자 대광현이 수만 명을 이끌고 고려에 오기도 했죠. 이러한 귀화 열풍은 금나라가 세워진(1115년) 12세기 초까지 지속되었어요.

성종의 개혁과 최승로의 시무 28조

최승로, 시무 28조 건의 982년

경종 955~981년(5대 재위 975~981년)
성종 960~997년(6대 재위 981~997년)
최승로 927~989년

부처님과 인연이 깊은 최승로

최승로는 927년 서라벌(지금의 경주)에서 태어났어요. 그때는 견훤이 이끄는 후백제 군대가 서라벌까지 침략한 때였죠. 최승로의 아버지인 최은함은 중생사라는 절에 갓난아기인 최승로를 숨겨두고 몸을 피했어요. 그 절은 최은함이 아이를 얻고자 부처님께 기도를 올렸던 곳이죠.

보름쯤 지나 아기를 찾으러 간 최은함은 깜짝 놀랐어요. 부모도, 스님도 없이 홀로 있던 아이가 너무나 뽀얗고 건강했기 때문이죠. 이렇게 부처님께 빌어 태어나고, 부처님 덕에 목숨도 부지한 최승로였지만, '시무 28조'에서는 불교의 폐단을 바로잡아야 한다고 주장했어요.

성종은 역대 고려 국왕 중에서 가장 어진 군주로 평가받고 있어요

고려의 왕권을 강화한 개혁 군주 광종이 서거한 뒤 왕위는 그 아들이 경종에게 이어졌어요. 경종이 왕위에 오르자 광종 시절 내내 숨죽여 지내던 호족들이 다시 기지개를 켜기 시작했죠. 예전의 세력을 되찾으려고 한 것이에요. 여기에 새로 등극한 경종이 왕위에 오른 지 6년 만에 세상을 떠났죠. 경종의 아들은 그때 고작 두 살이었고요.

이제 호족들의 세상이 다시 펼쳐지는 듯했는데, 그런 일은 결코 일어나지 않았어요. 고려 왕실은 태조 왕건과 제3비 충주 유씨의 손자인 22세의 성종을 새로운 왕으로 선택했어요. 성종은 광종의 개혁 정치를 계승하고 고려 왕실의 모습을 바꾸는 위대한 사업을 성공적으로 이끌었어요.

성종은 유교를 정치의 근본으로 삼고, 각종 제도를 정비했어요

광종이 호족들을 제거하며 왕권을 강화했다면, 성종은 정치 체제 자체를 안정화하는 방식으로 왕권을 강화했어요. 호족이 세력을 잃은 상황에서 새로이 나라 정치를 주도한 세력은 신라 6두품 출신의 유학자들이었죠. 성종은 이들과 함께 당나라 제도를 따라 중앙 관제를 정비하고, 송나라와 마찬가지로 중추원과 삼사를 설립했죠.

물론 중국과 고려는 다르기 때문에 고려의 실정에 맞게 도병마사와 식목도감을 설치했어요. 지방 제도를 정비하고, 가난한 사람들을 구제하는 의창, 물가를 조절하는 기관인 상평창도 설치했죠. 성종은 경제와 문화 분야에도 상당한 수준의 개혁을 진행했어요.

성종을 움직인 최승로의 '시무 28조'

성종의 개혁 정치를 구상하고 실행에 옮긴 사람은 최승로예요. 최승로는 신라 6두품 출신의 학자로 고려 때 재상의 벼슬까지 올라요. 최승로는 유교 사상에 따라 28개 조항의 개혁안을 성종에게 건의했어요. 이것을 나라가 시時급히 해야 할 일(무務)이라는 뜻의 '시무 28조'라고 해요. 성종은 그의 제안을 받아들여 국가적으로 낭비가 심했던 불교 행사를 줄이고, 유교 원칙에 따라 나라를 다스렸어요.

유교는 도덕을 중시하는 학문이면서 사상이에요. 인仁과 예禮를 근본으로 나라에 대한 충성과 부모에 대한 효도를 중요하게 생각해요. 최승로는 불교는 개인의 삶을 위로하는 것이고, 나라를 다스리는 근본은 유교여야 한다고 하면서 유교 이념의 실천을 강조했어요. 또 중앙에서 지방으로 관리를 파견해 호족 세력을 견제하도록 했어요. 최승로의 '시무 28조'는 불교·사회·왕실·중국과의 관계 등에 관해 28개 조항을 정리했지만, 현재는 22개의 내용만 전해지고 있어요.

거란의 1차 침입과 서희의 외교

당 618~907년
요 916~1125년(거란국 916~938년)
송 960~1279년
1차 거란 침략(서희의 담판) 993년(성종 12년)
서희 942~998년

서희는 지금의 경기도 이천시 부발읍 마암리에서 태어났어요. 2016년 6월 마암리 효양산 자락에 서희테마파크를 지어 그의 업적을 기리고 있답니다.

서희가 얻어낸 강동 6주는 단순히 영토를 넓힌 것에 그치지 않아요

고려가 세워진 뒤로 여진족이 지배하고 있던 이 지역은 고려가 북쪽으로 진출하는 데 큰 장애가 되었어요. 또 강동 6주 지역의 동쪽으로는 거친 산악 지대가 있어요. 따라서 대륙의 세력이 한반도로 들어오는 사실상 유일한 길목이기도 하죠. 이 지역을 고려가 확보했다는 것은 커다란 수확이었어요.

고려는 건국 이후 300년 내내 북방 유목 민족의 침입을 받았어요. 하지만 강동 6주를 확보했기 때문에 쉽게 방어할 수 있었죠. 이곳이 전략적으로 얼마나 중요한지 알고 있던 서희는 이곳에 살던 여진족을 몰아내고 2년 만에 29개의 성을 쌓았어요. 그 덕에 평안북도 지역은 완벽한 요새 지대로 변신했죠. 이렇게 압록강 방어선을 완비한 서희는 과로로 생을 마감하게 되어요.

🏵 중국의 혼란을 틈타 거란이 등장했어요

907년 당나라가 무너진 뒤 중국은 여러 지방 정권이 우후죽순처럼 들고 일어났죠. 이때를 중국의 오대십국 시대라고 해요. 중국 본토의 혼란스러운 정치 상황은 북쪽에 있던 많은 이민족에게 성장의 기회가 되었어요. 그중에서 거란족의 야율아보기가 가장 먼저 흩어진 부족을 통일해 거란국을 세웠죠(916년). 938년에는 나라 이름을 '요'로 바꾸고 세력을 계속 확장했어요.

무섭게 성장한 요나라의 목표는 남쪽으로 내려가 중국을 차지하는 것이었어요. 그러기 위해선 고려의 협조가 필요했죠. 아니, 최소한 남쪽을 공격할 때 고려가 후방을 공격하지 않기만을 바랐죠. 그래서 942년 요나라의 사절단이 낙타 50마리를 포함해 많은 선물을 들고 고려에 방문했어요.

태조 왕건은 친밀한 관계를 유지하려는 요나라의 요구를 거부했어요. 사신들은 귀양을 보내고, 선물은 모두 버렸죠. 926년에 요나라가 발해를 멸망시켰기 때문이에요(926년). 요나라는 두려울 정도로 강한 적이었지만, 쉽게 손을 잡을 수는 없는 상대였죠.

🏵 거란의 1차 침입과 서희의 담판

993년(성종 12년) 거란의 소손녕이 6만의 군사를 이끌고 고려를 공격했어요. 고려는 이에 대한 준비가 되어 있지 않아 속수무책 밀려날 수밖에 없었죠. 이때 서희가 거란의 침입 목적을 간파하고 고려 조정을 대표해 소손녕과 담판을 지었어요. 거란의 목적은 고려를 정복하는 게 아니라 고려가 송나라와 관계를 끊고 거란을 섬기게 하는 것이었죠.

서희는 고려는 고구려를 계승한 나라이니 오히려 지금 거란의 땅이 고려의 땅이라고 했어요. 그리고 그동안 거란과 가까이 지내지 못한 것은 중간에 있는 여진족 때문이니 거란과 이어질 수 있는 땅을 내어주면 거란과 더 가까이 지낼 수 있다고 했죠. 이런 담판 끝에 고려는 오히려 강동 6주를 손에 넣어 압록강까지 영토를 넓히게 되었어요.

거란도 물자 보급이 끊어져서 고려를 더 공격할 수도 없었고, 오히려 자신들이 원하던 답을 얻게 되어서 크게 만족했죠. 소손녕은 담판의 내용에 만족하여 일주일 동안 잔치를 베풀고 낙타, 말, 양 등을 선물했어요.

거란의 2~3차 침략과 강감찬 장군

1차 거란 침략(서희의 담판) 993년(성종 12년)
거란의 송나라 침공 1004년
2차 거란 침략 1010년(현종 1년)
3차 거란 침략 1018년(현종 7년)
귀주 대첩 1019년

현종 992~1031년(14대 재위 1009~1031년)
강감찬 948~1031년

천리장성

고려의 천리장성은 거란과 여진의 침입을 막기 위해 쌓은 성이에요. 1033년(덕종 2년)에 공사를 시작하여 1044년(정종 10년)에 완성되었지요. 서쪽의 압록강에서 동쪽의 동해안까지 길게 이어져 있어요.

거란 / 흥화진 전투 / 귀주 대첩 / 천리장성 / 여진
흥화진 / 귀주 / 용주 / 철주 / 통주 / 곽주 / 고려 / 개경

거란의 성장과 2차 침입

군사적 요충지인 강동 6주를 확보한 고려는 거란이 퇴각한 뒤에도 여전히 송나라와 친밀한 관계를 유지했어요. 거란은 그사이 무섭게 성장해서 1004년에는 송나라를 침공해 큰 위기에 빠뜨렸죠. 하지만 뒤에 고려가 있기 때문에 마음 편히 송나라를 정벌할 수 없었어요. 송나라를 완벽히 장악하려면 고려를 묶어놓을 필요가 있었죠. 뒤늦게 강동 6주의 중요성을 깨달은 거란은 강동 6주를 넘겨달라고 요구하면서, 1010년(현종 1년) 11월, 40만 대군을 이끌고 다시 고려를 침략했어요.

거란이 워낙 많은 군대를 이끌고 침략한 탓에 별다른 수를 쓰지 못한 고려는 개경이 함락당하는 등 위기를 겪었어요. 하지만 거란군의 후방에서 고려 장군 양규가 선전하면서 거란은 돌아가는 길이 끊어질까 두려워 더 공격하지 못하고 곧 물러났죠. 이때 거란과 고려는 강동 6주를 돌려주고 현종이 거란에 직접 항복하는 것을 조건으로 걸었어요.

거란의 3차 침입과 강감찬 장군

시간이 지나도 고려는 강동 6주를 내주지 않았어요. 송나라와도 계속 관계를 유지했고, 현종 역시 거란에 가서 직접 항복하지 않았죠. 이에 거란은 1018년(현종 9년) 소배압 장군을 선두로 하여 10만의 군사로 고려를 침략했어요. 고려에는 최고 사령관 강감찬 장군이 버티고 있었죠.

1019년 1월 거란은 개경에서 하루 거리인 신계까지 밀고 들어왔어요. 적이 코앞까지 온 상황에서 현종은 도망치지 않고 거란과 맞서 싸우기로 했어요. 고려 영토 한가운데 들어와 있던 거란은 뒤에 남아 있는 고려군이 두려운 데다 식량까지 부족해 더는 진격하지 못한 채 후퇴를 결정했어요. 하지만 돌아가는 길이 바로 패배의 길이었죠.

퇴각하던 거란군은 강감찬 장군의 군사와 마주쳤어요. 강감찬 장군은 흥화진 전투에서는 병사들을 산골짜기에 매복시킨 뒤 강을 막았다가 거란 군사가 왔을 때 갑자기 물을 흘려보내는 전술로 거란군을 크게 무찔렀어요.

또 귀주에서는 넓은 벌판에서 거란군을 맞아 완전히 섬멸했어요. 이때 거란군은 10만 명 중에서 고작 수천 명만 살아서 돌아갔다고 해요. 거란을 상대로 대승을 거둔 이 전투를 귀주 대첩이라고 해요.

고려의 승리로 고려와 송나라, 그리고 거란의 세력은 균형을 이루었어요

거란은 귀주 대첩에서 크게 패배한 뒤 1019년 5월 고려에 평화협정을 맺기 위한 사신을 파견했어요. 고려의 승리로 고려와 송나라, 그리고 거란의 세력은 균형을 이루게 되었어요. 이후 100년 동안 동아시아에는 평화의 시기가 찾아왔죠. 하지만 고려는 절대 안심하지 않았어요. 수도 개경 주위에 성을 쌓아 도성 수비를 강화했고, 북쪽 국경선에 동서를 가로지르는 천리장성을 쌓아 거란족과 여진족의 침략에 대비했어요.

고려는 강한 군사력을 바탕으로 자주적인 외교를 펼쳤어요. 송나라와 거란 사이에서 자유롭게 외교 관계를 조절하면서 이익을 챙겼죠. 명분이 아니라 국익을 위해 주변의 정세를 활용한 고려의 외교술은 지금도 모범으로 삼을 만하답니다.

여진족 정벌과 윤관 장군

1차 여진 정벌 1104년　**숙종** 1054~1105년(15대 재위 1095~1105년)
2차 여진 정벌 1107년　**예종** 1079~1122년(16대 재위 1105~1122년)
금 1115~1234년　**윤관** ?~1111년

윤관장군묘

왕릉 규모의 윤관 장군 묘

경기도 파주시 파평군에는 윤관 장군의 묘역이 있어요. 커다란 언덕 위에 무덤이 있는데, 규모가 왕릉 규모에 이르러요. 무덤 앞에 이르면 마을이 한눈에 내려다보이죠. 이곳은 서울과 개성, 평양에 이르는 길목에 위치한 주요 교통로로, 옛날부터 아주 중요한 곳이었죠. 이곳에서 자동차로 30분 정도 거리에는 파평 용연이라는 작은 연못이 있어요. 이 연못은 파평 윤씨의 시조인 윤신달이 태어난 곳이라고 해요.

윤관 장군 묘 ⓒ문화재청

🏵 급성장한 여진족이 국경을 침범하자 숙종은 1차 정벌에 나섰어요

한반도의 북쪽 만주 지역에는 거란족뿐 아니라 여진족도 있었어요. 여진족은 만주족이라고도 불리는데, 이들은 지금의 함경도를 포함하는 한반도 동북부 지역에 자리 잡고 종종 고려 영토를 넘어와 노략질했어요.

12세기가 되면서 여진족 족장 중 하나인 완옌부가 흩어져 있던 부족을 통합하면서 세력을 키웠어요. 이들은 거란과 고려 양국의 국경을 침범하면서 동북아시아의 큰 골칫거리가 되었죠.

고려의 15대 왕 숙종은 여진족이 고려에 큰 위협이 된다고 판단해 여진 정벌에 나섰어요. 하지만 보병 중심의 고려군은 기병이 많았던 여진족에 패배하고 말았죠.

> **별무반**
>
> 별무반은 기병 부대인 신기군, 보병 부대인 신보군, 승려 등으로 구성된 항마군으로 편성되어 있었어요. 별무반에는 양반부터, 서리, 승려, 상인, 노예에 이르기까지 거의 모든 신분이 들어갈 수 있었죠.

🏵 여진족 2차 정벌에서 승리한 윤관 장군은 동북 9성을 쌓았어요

숙종이 세상을 떠나고 그 뒤를 이은 예종은 재위 2년 때인 1107년에 17만 대군을 이끌고 여진족 정벌에 나섰어요. 대군을 이끈 장수는 윤관 장군이었어요. 윤관 장군은 기병의 중요성을 깨닫고 숙종 때 별무반이라는 특수한 군대를 양성했어요.

윤관 장군이 이끈 고려군은 천리장성의 동북쪽으로 밀고 올라가 여진족의 135개 마을을 무너뜨리고 5천 명의 적을 죽이는 등 큰 승리를 거두었어요. 이렇게 새로 확보한 영토에 윤관 장군은 9개의 성을 쌓았는데, 이것을 동북 9성이라고 해요. 동북 9성이라는 이름은 전해지지만, 기록이 확실하지가 않아서 위치는 추정할 수만 있다고 해요.

🏵 동북 9성을 1년 만에 돌려받은 여진족은 만주 전역을 장악하고 금나라를 세웠어요

여진을 정벌하고 동북 9성을 세운 윤관 장군은 고려의 제2인자가 되었어요. 하지만 기쁨은 오래가지 않았어요. 처음에는 동북 9성에 6만 명의 사람들을 이주시켜 지내게 했지만, 여진족의 반격이 끊임없이 이어졌죠.

국경 수비에 부담을 느낀 고려 조정은 결국 1년 만에 여진에 동북 9성을 돌려주기로 했어요. 심지어 윤관 장군은 전쟁에서 패한 책임을 지고 처벌까지 받아야 했죠.

동북 9성을 돌려받은 여진은 더욱 세력이 강해져 1115년에는 만주 전역을 장악하고 나라를 세워, 국호를 금이라고 했어요.

서경 천도 운동과 묘청의 난

이자겸의 난 1126년
서경 천도 운동 1135년
묘청의 난 1135~1136년

인종 1109~1146년(17대 재위 1122~1146년)
이자겸 ?~1126년
묘청 ?~1135년
김부식 1075~1151년

자연환경에 따라 운명이 결정된다고 믿는 풍수지리설

여러분은 '좌청룡 우백호', '배산임수' 같은 말을 들어본 적이 있나요? 옛날에는 사람이 사는 땅과 집을 둘러싸고 있는 자연환경에 따라 운명이 결정된다고 믿었어요. 이것을 풍수지리라고 해요. 지금도 이런 풍수지리를 믿는 사람들이 많아서 돌아가신 분들의 묘를 구하거나 새로 살 집을 구할 때 풍수지리에 따라 결정하기도 하죠.

풍수지리는 삼국시대 때 우리나라에 들어왔어요. 그러다 통일 신라 말기에 활발해져서 고려 때는 전성기에 이르렀죠. 왕건이 고려를 세울 때도 도선이라는 풍수지리의 대가의 말에 따라 개경(개성)을 도읍으로 정했다고 해요.

서경으로 수도를 옮겨야 한다고 주장한 묘청

고려 건국 이후 200여 년이 지나자 고려에는 온갖 안 좋은 일들이 일어났어요. 정치는 어지러웠고 북쪽에서는 여진족이 호시탐탐 영토를 노렸어요. 여기에 80년 동안 왕실 외척으로 기세 높았던 가문 출신인 이자겸이 인종 때 왕위를 빼앗으려는 난을 일으키기도 했죠(1126년). 이렇게 나라에 안 좋은 일이 생기자 묘청이라는 승려가 나타나 서경(지금의 평양)으로 도읍을 옮겨야 한다고 주장했어요.

풍수지리설에 밝았던 묘청은 나라에 안 좋은 일이 생기는 것은 개경 땅의 기운이 다 떨어졌기 때문이라고 했어요. 나라를 다시 일으켜 세우려면 지덕이 왕성한 서경으로 수도를 옮겨야 한다는 것이죠. 이렇게 나라의 수도를 옮기는 것을 '천도(遷都)'라고 해요. 인종은 묘청을 아꼈기 때문에 그의 말에 따라 서경에 자주 드나들면서 그곳에 궁을 짓기도 했어요.

실패로 끝난 서경 천도 운동과 '묘청의 난'

수도를 옮기는 것은 옛날이나 지금이나 무척 어려운 일이에요. 묘청이 주도한 서경 천도는 결국 실패하고 말았어요. 서경으로 떠나기 싫어한 개경 세력들의 반대가 심했죠. 묘청은 풍수지리를 이야기했지만, 사실은 부패하고 무력한 개경의 귀족 세력을 없애고 서경 세력이 중심이 되는 새로운 정권을 세우려 한 것이었어요. 외척은 정치를 좌지우지할 정도로 권력을 함부로 휘둘렀고, 지역 세력 간의 다툼도 극심했거든요.

나라의 수도를 서경으로 옮기는 데 실패하자 묘청과 그 일파는 결국 반란을 일으켰어요. 그들은 서경에 군대를 모아 1135년 대위라는 나라를 세웠죠. 이것을 '묘청의 난'이라고 해요.

고려 정부는 김부식을 반란 진압의 책임자로 삼았어요. 김부식은 정부군을 지휘하면서 묘청군을 압박하고 항복을 권유했어요. 묘청과 반란군은 모든 권유를 거부한 채 끝까지 저항했어요. 정부군과 반란군의 싸움은 1년 넘게 이어졌고, 마침내 1136년 2월 정부군은 총공격을 감행해 서경을 함락했고, 묘청의 난은 마무리되었어요.

무신의 난

무신의 난 1170년

의종 1127~1173년(18대 재위 1146~1170년)
명종 1131~1202년(19대 재위 1170~1197년)
신종 1144~1204년(20대 재위 1197~1204년)

이고 ?~1171년
정중부 1106~1179년
이의방 ?~1174년
최충헌 1149~1219년

거제 둔덕기성
(폐왕성)

쫓겨난 의종이 지낸 거제도

거제도 우봉산 줄기에는 작은 산봉우리를 둘러싼 낮은 성터가 있어요. 둘레는 550미터 정도에 높이는 5미터가 조금 안 되는 작은 성이죠. 이곳이 바로 거제도로 쫓겨난 의종이 지냈던 둔덕기성이에요. 폐위된 왕이 머물던 성이라 해서 폐왕성이라고도 불려요. 성안에 커다란 연못과 말을 키우던 마장 등의 흔적이 남아 있는 것으로 보아 의종은 이곳에서 자신의 신세를 한탄하기도 했지만, 동시에 복수의 칼날을 갈았을 거예요.

둔덕기성

같은 관리라 해도 무신은 차별을 당했어요

고려 18대 왕인 의종은 어지러운 정치 상황에도 아랑곳하지 않고 늘 사치와 향락에 빠져 지냈어요. 잔치를 벌이려고 백성의 집 50여 채를 허물어 정자를 짓기도 했고, 공사에 동원된 백성에게

품삯도 주지 않았어요. 이렇게 하루가 멀다 하고 왕과 어울린 측근들은 모두 문신이었어요. 무신들은 잔치에 어울리기는커녕 끼니도 거르면서 밤새 보초를 서야 했어요. 왕의 푸대접에 무신들의 불만은 커져만 갔어요.

무신은 평소에도 큰 차별을 받았어요. 나라의 중요한 일을 결정하는 회의 자리에는 정2품 이상의 관리만 들어갈 수 있었는데, 무신이 오를 수 있는 관직은 정3품이 최고였어요. 그리고 설령 같은 등급의 관리라 해도 무신은 문신과 비교하면 대우가 훨씬 낮았죠.

젊은 문신이 늙은 대장군의 뺨을 때린 사건에서 시작됐어요

불만이 극에 달한 몇몇 젊은 무신은 끝내 반란을 일으키기로 모의했어요. 호시탐탐 기회를 엿보던 그들에게 결국 더는 참을 수 없는 모욕적인 일이 일어났죠.

하루는 왕이 문신들과 함께 보현원이라는 절에서 잔치를 벌였어요. 왕은 흥을 돋우기 위해 무신들을 불러 무술 시합을 벌였어요. 여러 무신들이 시합을 벌이던 중 이소응이라는 나이 든 대장군이 젊은 무신에게 밀려 넘어졌어요. 그러자 한 젊은 문신이 대장군 이소응의 뺨을 때리면서 모욕했어요. 그 자리에 있던 다른 대장군 정중부가 화를 내며 문신을 꾸짖었지만, 왕은 오히려 정중부를 말리면서 그 자리는 마무리되었죠. 그렇지 않아도 20여 년 전 김부식의 아들 김돈중이 정중부의 수염을 태운 일이 있어, 정중부는 문신에 대해 감정이 안 좋았어요.

100년 동안 무신 정권은 높은 관직을 독차지하며 왕을 뛰어넘는 권력을 누렸어요

그날 밤, 이의방과 이고를 중심으로 한 젊은 무신은 반란을 일으켰어요. 그들은 보현원에 있던 모든 문신을 죽였어요. 문신 옷을 입고 있는 사람은 하나도 남기지 말라는 명령과 함께요. 이들은 보현원을 떠나 개경으로 가서 그곳에 있는 문신도 모두 죽이고, 드디어 권력을 차지했어요. 이것을 무신의 난이라고 해요.

무신들은 왕인 의종은 거제도로, 태자는 진도로 쫓아냈어요. 무신에 의해 새로 왕이 된 의종의 동생 명종은 사실상 아무런 힘이 없었죠. 무력한 명종이 왕위에 있을 때 무신의 권력 다툼은 더욱 잔인하고 치열해졌어요. 결국 무신들의 권력 다툼 속에서 명종도 최충헌에 의해 폐위당한 후 유폐돼요(1197년). 최충헌은 명종의 동생을 왕으로 내세웠어요.

하지만 칼로 흥한 자 칼로 망한다고 무신정권은 혼란 그 자체였어요. 처음 무신의 난을 일으킨 이의방을 이어 정중부, 경대승, 이의민, 최충헌, 최우, 최항, 최의, 김준, 임연, 임유무에 이르기까지 100년 동안 서로 죽고 죽이면서 권력 다툼을 벌였죠.

만적의 난

망이·망소이의 난 1176년(명종 6년)
죽동의 난(전주 관노의 난) 1182년(명종 12년)
김사미의 난 1193년(명종 23년)
만적의 난 1198년(신종 1년)

최충헌 1149~1219년

무신 집권기에는 민란이 끊이지 않았어요

만적의 난을 비롯해 고려 시대, 특히 무인 집권기에는 전국에서 수많은 민중 봉기가 일어났어요. 공주 명학소의 망이·망소이의 난, 전주 죽동의 난(전주 관노의 난), 운문(경상북도 청도) 김사미의 난 등 권력에 대한 불신과 신분제에 대한 불만이 극에 달했죠. 만적의 난이 실패하고 5년 뒤인 1203년(신종 6년)에는 개경의 노비들이 산에 모여서 전투 훈련까지 하다 발각된 일도 있었어요.

무신 정권의 최고 권력자 최충헌의 노비 만적이 반란을 일으켰어요

무신 정권의 5번째 집권자이자 최씨 정권을 세운 야망가 최충헌. 이의민을 처치하고 권좌에 오른 그는 심지어 동생과 조카까지 제거하며 모든 권력을 독차지했어요. 그는 무인 정권기 동안 가장 강력한 권력을 휘둘렀고, 왕을 능가하는 권력을 누렸다고 해요.

이런 최충헌의 집에 그에 못지않게 야망에 가득 찬 사람이 있었으니, 바로 그 집의 노비 만적이었어요. 무인 집권기에는 신분과 상관없이 출세한 사람이 많았어요. 최충헌에 의해 제거되긴 했지만, 무인 집권기에 최고 권력의 자리에 오른 이의민도 본래는 노비 출신이었죠. 만적은 이런 상황에서 노비를 해방하고 신분제를 무너뜨리려고 했어요.

"왕후장상의 씨가 따로 있는가!"

만적은 노비였지만 뛰어난 리더십과 언변을 갖추고 있었던 모양이에요. 만적은 동료 노비들과 함께 나무를 하러 갔다가 주변의 노비들을 불러 모아 연설을 시작했어요. "왕후장상이 어찌 원래부터 씨가 있겠는가! 때가 오면 누구든지 다 할 수 있는 것이다." 왕후장상이란 왕과 제후 장수를 한데 이르는 말이에요. 신분은 타고난 것이 아니라는 말이죠. 만적의 이 말은 중국의 한나라 때 역사가 사마천이 《사기》에서 오광과 진승이 한 말을 기록한 것이에요. 만적은 역사서의 대사를 인용해 연설했죠.

물거품으로 끝난 만적의 꿈

만적의 연설을 들은 노비들은 열광하여 만적의 이름을 외쳤어요. 그들은 한날한시에 모여 난을 일으켜 각자 자신들의 주인을 죽이고 노비 문서를 불태우기로 했어요. 하지만 계획은 뜻대로 되지 않았어요. 처음 모이기로 한 날 만적은 수천 명의 노비가 올 것으로 생각했지만, 고작 몇 백 명만 왔죠. 만적은 다시 날짜를 정해 거사를 준비했어요. 하지만 이때 순정이라는 노비가 이 반란 계획을 자기 주인에게 일러바쳤어요.

만적의 계획은 이렇게 들통 나고, 당시 최고의 권력자였던 최충헌은 만적을 비롯해 100여 명의 노비를 처형했어요. 사실 더 많은 노비가 가담했지만 모두 처형하면 불만이 커질 것을 두려워해 그 정도에서 그쳤어요.

몽골의 침입과 고려의 항쟁

몽골 제국 1206~1368년
몽골의 1차 침입 1231년
강화 천도 1232(고종 19년)~1270년(원종 11년)
처인성 전투(2차 침입) 1232년
충주성 전투(5차 침입) 1253년

칭기즈 칸 1162~1227년(1대 재위 1206~1227년)
오고타이 칸 1186~1241년(2대 재위 1229~1241년)
고종 1192~1259년(23대 재위 1213~1259년)
최우 ?~1249년
김윤후 ?~?(미상)

고려 조정은 강화도로 피신했어요

칭기즈 칸의 셋째 아들인 오고타이 칸이 몽골 제국의 제2대 황제가 된 뒤 몽골군은 동쪽으로 말을 몰기 시작했어요. 1231년 드디어 몽골군이 고려의 영토를 침범했어요.

당시 고려의 왕은 고종이었지만 실질적인 권력은 무신 정권의 최우에게 있었어요. 고려 조정은 몽골에 적극적으로 대항해 백성을 지키기보다는 자신들의 안위만 걱정했어요. 1232년 왕과 관리들은 수도인 개경을 떠나 강화도로 피신했어요. 강화도는 섬이기 때문에 바다가 없던 몽골 군대가 쉽게 쳐들어오지 못할 것이라는 속셈이었죠. 왕과 신하들이 도읍을 강화도로 옮기고 피신해 있는 동안 고려 백성은 몽골군의 칼날에 스러져갔고, 결국 1259년 몽골에 항복을 선언했어요.

승려 김윤후가 백성의 힘을 모아 몽골의 2차 침입을 막아냈어요

무기력한 고려 조정과 달리 백성들은 살아남기 위해 용기를 냈어요. 경기도 용인의 처인성에서 벌어진 전투는 백성들의 힘을 보여주었어요. 처인성은 처인 부곡에 있는 작은 토성이에요. 부곡은 지방의 하급 행정 단위로, 부곡에 사는 사람들은 신분상으로는 양민이었지만, 실제로는 천민 취급을 받았어요.

처인 부곡민들은 승려인 김윤후의 지휘 아래 1232년 몽골의 2차 침입을 맞아 격렬하게 싸웠어요. 십사리 이곳을 정복할 수 있을 것으로 생각했던 몽골군은 처인 사람들의 저항에 당황했고, 심지어 당시 몽골 사령관인 살리타가 화살에 맞아 전사하기까지 했어요. 김윤후와 처인 부곡민들의 활약 덕에 몽골군은 퇴각하고 그렇게 2차 침입은 마무리되었어요.

몽골 제국(1279년의 국경)

세계에서 가장 넓은 영토를 정복했던 몽골 제국

13세기 초 중국 서북부의 몽골 초원에는 강력한 지도자가 등장해요. 그는 흩어져 있던 여러 몽골 부족을 통합하고 1206년 몽골 제국의 칭기즈 칸이 되었어요. 칭기즈 칸이란 '태양의 군주', '황제 중의 황제'라는 뜻이에요. 몽골 제국을 세운 칭기즈 칸은 불과 50년 만에 중국을 비롯해 중앙아시아를 지나 러시아와 동유럽에까지 세력을 뻗었어요.

칭기즈 칸

몽골은 원래 넓은 초원에서 말을 타고 다니던 민족이어서 뛰어난 기마 실력을 자랑해요. 빠른 속도로 달리는 말 위에서도 정확하게 활을 쏘는 뛰어난 실력과 잔인한 정복 전쟁에 주변 나라들은 몽골군이 온다는 말만 들어도 항복을 하기도 했어요. 세계에서 가장 넓은 영토를 정복한 몽골 제국은 1231년 이후 30년 동안 여섯 차례나 고려를 침략했어요.

장군이 된 김윤후는 몽골의 5차 침공에서 승리해요

김윤후는 21년 뒤인 1253년 몽골군의 5차 침공 때 충주성에서 정식 장수로 임명되어 몽골군을 맞았어요. 전투가 길어지면서 성안에 있던 식량도 다 떨어졌지만, 김윤후 장군은 백성들과 함께 끝내 몽골군을 몰아냈죠. 김윤후 장군은 큰 벼슬을 받았고, 충주성의 백성들도 모두 상을 받았어요.

충주산성

〈팔만대장경〉

〈초조대장경〉 경판 소실 1232년(고종 19년)
〈팔만대장경(재조대장경)〉 1236~1251년(고종 23~38년)

현종 992~1031년(8대 재위 1009~1031년)
고종 1192~1259년(23대 재위 1213~1259년)
최우 ?~1249년

완성된 〈팔만대장경〉은 해인사에서 볼 수 있어요

〈팔만대장경〉은 경상남도 합천군 해인사의 장경판전이라는 건물 안에 고이 모셔져 있어요. 낡은 목조 한옥 건축물인 이곳은 언뜻 크고 허술한 창고 같아 보여요. 하지만 장경판전은 다양한 방식의 건물 배치와 창호 계획을 통해 자연통풍과 온도 및 습도 조절이 가능한 구조를 갖추었어요. 한여름이든 한겨울이든 늘 실내 온도와 습도가 균일하게 유지되고 있죠.

강화도 선원사에 있던 〈팔만대장경〉은 조선 태조 7년(1398년)에 이곳 해인사로 옮겨졌어요. 그 뒤로 750년이 흐른 지금까지도 대장경판이 썩거나 뒤틀리지 않고 온전히 잘 보존되고 있답니다.

합천 해인사 장경판전의 대장경판 ⓒ 문화재청

〈초조대장경〉 경판 소실

대구의 부인사에서 만든 초조대장경은 현재 대략 2000여 권의 인쇄본만 남아 있어요. 남아 있는 인쇄본의 대부분은 일본에 있고, 국내에는 300여 권이 전해져요.

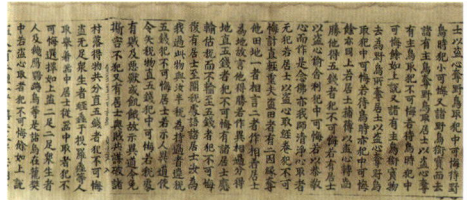

'초조본불설우바새오계상경' ⓒ 문화재청

부처님의 말씀과 가르침, 승려의 도리를 적은 기록을 대장경이라고 해요

고려 시대는 불교가 모든 신앙과 생활의 중심이었어요. 백성은 물론이고 조정도 커다란 불상을 세우고, 불화를 그리고, 불경을 목판에 새겨 책으로 만들었죠. 부처님께 나라를 평안하게 하고, 어려움을 극복하게 해달라는 뜻이었죠. 이런 부처님의 말씀과 가르침, 승려의 도리를 적은 기록을 대장경大藏經이라고 해요.

고려는 8대 현종 때에 처음 대장경을 만들었어요

당시 거란족이 쳐들어왔는데, 남쪽으로 피신하여 대장경을 만들면서 부처님께 나라의 안녕을 빌었죠. 그 덕인지 고려는 거란족을 물리쳤어요. 이때 만든 대장경을 〈초조대장경〉이라고 해요. 안타깝게도 〈초조대장경〉 경판은 몽골군이 쳐들어왔을 때 불에 탔어요.

〈팔만대장경〉 판의 길이와 무게

가로 68~78센티미터, 세로 24센티미터에 두께는 2.7~3.3센티미터의 나무판이에요. 무게는 대부분 3~3.5킬로그램이고 가장 무거운 것은 4.4킬로그램까지 나간다고 해요. 현재 보존되어 있는 대장경판은 81,352장인데, 이를 옮기려면 가장 가벼운 3킬로그램으로 잡아도 2.5톤 트럭 100대, 4톤 트럭 70대가 필요하다고 해요.

〈팔만대장경〉은 강화 천도 때 만들었어요

〈초조대장경〉이 불에 타자 고려 백성들은 큰 충격에 빠졌어요. 자신들을 지켜줄 부처님의 가르침이 사라졌다고 믿은 것이죠. 최고 권력자인 최우를 비롯한 고려 조정은 피난처인 강화도에서 다시 대장경을 제작하기로 했어요. 1236년 최우는 자신의 재산을 쏟아부어 강화도에 대장도감이라는 관청을 만들어 대장경을 만들도록 했어요.

목판 대장경은 큰 나무를 크기에 맞게 잘라 판을 만든 다음, 그 목판에 한 자 한 자 글씨를 새겨 넣어야 하므로 정성과 시간이 무척 많이 필요해요. 엄청나게 많은 나무도 필요하고 돈도 많이 드는 일이죠. 마음만 먹는다고 단시간에 끝낼 수 있는 일이 아니었어요. 많은 승려와 기술자가 힘을 합쳐 1251년 16년 만에 드디어 대장경을 다시 만들 수 있었어요. 이렇게 다시 만든 대장경을 〈재조대장경〉이라 하고, 목판의 수가 8만 1258장에 달해 〈팔만대장경〉이라고도 해요.

고려는 불교의 시대

〈훈요십조〉 942년(태조 25년)
수덕사 대웅전 건립 1308년(충렬왕 34년)

수덕사

운주사

목조 건축의 아름다움을 보여주는 수덕사

우리나라 옛 건축의 모습은 불교 건축에서 가장 잘 알아볼 수 있어요. 절에 가면 화려하게 색칠한 단청과 기하학적인 문양의 기와, 복잡한 형태의 지붕이 있는 건물들을 볼 수 있어요. 절에 있는 여러 건물 중 가장 중심이 되는 건물을 대웅전이라고 하는데, 이 대웅전은 건물 자체부터 안에 모신 부처님까지 절에서 가장 크고 화려하답니다.

충청남도 예산군에 있는 수덕사는 대웅전에 대한 이런 통념에서 벗어나 있어요. 수덕사 대웅전은 기둥과 서까래에 사용된 나무의 원래 색과 모양이 그대로 드러나 있고, 지붕은 단정하게 서로 마주 보고 있죠. 배가 볼록하게 나온 기둥과 세모나게 마주 본 지붕은 조용한 수덕사에 가장 어울리는 모습인 듯해요.

예산 수덕사 대웅전 ⓒ 문화재청

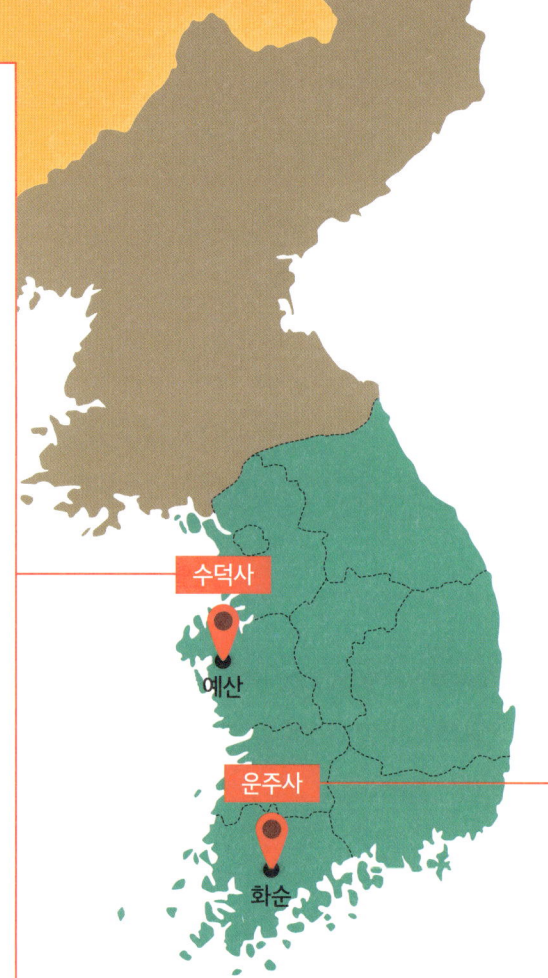

불교를 중시한 태조 왕건의 〈훈요십조〉

고려 태조 왕건은 942년(태조 25)에 자손들에게 남길 유훈인 〈훈요십조〉를 작성해요. 태조의 사상과 철학이 담겨 있는 이 〈훈요십조〉에는 특이하게도 불교와 관련된 조항이 3개나 되요. 1조에서는 국가의 대업이 부처님의 덕으로 이루어졌으니 불교를 잘 위하라고 했어요. 2조에서는 함부로 여기저기 사찰을 짓지 말 것을 강조했고, 6조에서는 연등회와 팔관회를 소홀히 하지 말라고 했죠. 연등회는 매년 초 연등을 밝히며 부처에 대한 제사를 올리는 행사예요.

불교는 고려인의 중심이었어요

고려는 시작부터 숭불정책을 실시하면서 불교를 정치와 생활, 문화의 중심에 두었어요. 광종은 과거 제도를 도입하면서 승과(僧科)를 두었어요. 이 시험에 합격한 사람에게 승려의 지위를 보장해주었죠. 또 승려 중에서 높은 경지에 오른 훌륭한 고승에게 따로 국사(國師), 왕사(王師)의 지위를 주었어요. 이들은 '나라의 스승', '왕의 스승'으로서 백성을 교화하고, 왕의 고문으로 있었죠.

고려 시대에는 불교에 대한 경제적 지원도 늘었어요. 사원에 토지를 주기도 하고, 승려에게는 세금 부담을 면제해주기도 했죠. 또 실력 있는 젊은 승려들을 중국 등으로 유학을 보내기도 했답니다.

원나라가 고려를 침략했을 때는 부처의 힘으로 이를 극복하기 위해 16년에 걸쳐 〈팔만대장경〉(1236~1251년)을 조판하기도 했어요. 〈팔만대장경〉은 그 문화적 가치를 인정받아 유네스코 세계문화유산에 등재되었답니다.

'못난이' 불상과 불탑이 가득한 운주사

골짜기 구석구석 온갖 독특한 모양의 불탑과 불상이 여기저기 흩어져 있어요. 바로 전라남도 화순군 천불산에 있는 운주사 가는 계곡이죠. 운주사는 다른 절과 달리 무서운 얼굴의 사천왕상이 버티고 있는 천왕문이 없어요. 대신 절에 올라가는 계곡인 천불천탑 계곡이 유명하죠.
전설에는 신라 말기에 도선국사가 도술을 부려 하루 만에 이 절을 만들었다고 해요. 사찰 안팎의 많은 불탑과 불상은 고려 시대 중기에 새로운 세상을 이끄는 미륵불이 이 세상에 오길 바라는 민중이 자신의 소원을 담아 각자 자기 모습대로 만들고 세웠을 거라고 해요. 그래서 다른 절에서는 볼 수 없는 온갖 기묘하고 '못생긴' 모양의 불탑과 불상이 즐비해요.

화순 운주사지 ⓒ 문화재청

삼별초

용장성

남도진성

제주 항파두리 항몽 유적

- 야별초 조직 1220년
- 몽골의 1차 침입 1231년
- 강화 천도 1232(고종 19년)~1270년(원종 11년)
- 개경 환도 1270년(원종 11년)
- 삼별초 전멸 1273년

- 고종 1192~1259년(23대 재위 1213~1259년)
- 원종 1219~1274년(24대 재위 1259~1274)
- 최우 ?~1249년
- 배중손 ?~1271년

전라남도 진도에는 삼별초가 여몽 연합군을 맞아 싸운 용장성이 있어요. 원래 형태가 많이 훼손되어 한창 복원 중이긴 하지만 당시 성의 모습을 대략적으로 확인할 수 있어요. ⓒ진도군청

용장성에서 내쫓긴 삼별초는 진도섬의 서남쪽 끝에 있는 남도진성을 거쳐 제주도로 떠났어요. 둘레 550미터에 면적 2만 제곱미터가 넘는 남도진성은 삼국시대 때 지어진 방어형 성으로 성벽이나 옹성 등의 형태가 뚜렷이 남아 있어요.

항몽 순의비 ⓒ문화재청

무신 정권의 친위대에서 몽골 침략에 대항한 삼별초로

무신 정권 시기는 정치가 바로 서지 않고 곳곳에서 범죄가 일어났어요. 1220년(고종 7년) 당시의 최고 실권자였던 최우는 도둑을 잡고 치안을 유지하기 위해 특별히 야별초라는 군대를 조직했어요. 야별초는 1252년에 좌별초와 우별초로 나뉘었고, 여기에 몽골에 잡혀갔다가 탈출한 군인들

을 중심으로 만들어진 신의군이 가세해 삼별초가 되었죠.

이렇게 삼별초는 국내의 치안을 담당하고, 형벌과 감옥을 관리하며, 도성을 지키는 무신 정권의 친위대로 출발했어요. 하지만 나중에 정규군이 되어 몽골의 침략에 대항했어요.

삼별초는 고려가 몽골에 항복하는 것을 반대했어요

몽골족은 칭기즈 칸이 1206년 여러 부족을 통합한 이후 유럽과 아시아 대륙을 거의 정복한 세계 최강의 제국을 세웠어요. 고려도 몽골의 창끝에서 벗어날 수 없었죠.

1231년 몽골군이 고려를 침략하자 고려 조정은 강화도를 임시 수도로 삼아 몽골군에 대항했어요. 고려는 일곱 차례에 걸친 몽골군의 침략을 받아냈지만 결국 1259년에 몽골에 항복을 선언했고, 1270년(원종 12)에는 강화도를 떠나 개경으로 돌아왔어요.

강화도에서 고려 조정을 위해 싸우던 삼별초는 몽골에 항복하는 것을 반대했어요. 그들은 개경으로 돌아가지 않고 강화도에 남아 계속 싸우고자 했어요. 원종은 삼별초의 해산을 명했지만, 배중손 장군이 이끌던 삼별초는 오히려 현종의 8대손인 왕온을 새로운 왕으로 세우고 반란을 일으켰어요.

삼별초의 항쟁은 단순히 군인들의 반란이 아니라 백성과 함께한 저항이었어요

몽골의 지배를 거부한 삼별초는 1천 척의 배에 군대와 시민을 싣고 전라남도 진도에 도착했어요. 그곳에서 성과 궁궐을 쌓아 이른바 '진도 정부'를 세웠어요. 이들은 몽골의 지배에 대항하는 자주정신의 상징이 되었어요. 민중들 역시 몽골에 반감과 원한이 있었고, 무신 정부에도 불만이 많았거든요. 삼별초의 항쟁은 단순히 군인들의 반란이 아니라 백성과 함께 고려의 자주성을 지키려 한 저항이었어요.

1271년 몽골과 고려의 연합군인 여몽 연합군은 삼별초의 근거지인 진도를 공격했어요. 삼별초는 연합군의 작전에 말려들어 제대로 싸워보지도 못한 채 패했어요. 배중손 장군과 그들이 세운 임금이 죽고, 삼별초는 바다를 건너 제주도로 가 성을 쌓고 몽골에 대항할 준비를 했죠.

여몽 연합군은 1만여 명의 군사를 제주도에 보내 삼별초를 공격했어요. 김통정 장군이 이끌던 삼별초는 끝까지 저항했지만, 병사들의 수도 부족하고 물자와 무기도 턱없이 모자랐죠. 결국 1273년 삼별초는 여몽 연합군에 의해 전멸하고 말았어요.

비록 3년 동안이었지만, 세계 최강의 제국인 몽골에 맞서 끝까지 항쟁한 삼별초의 모습은 고려의 드높은 기상과 결의를 보여주었어요.

원나라의 간섭

쌍성총관부 설치 1258년
동녕부 설치 1270년
탐라총관부 설치 1273년
정동행성 설치 1280년

원종 1219~1274년(24대 재위 1259~1274년)
충렬왕 1236~1308년(25대 재위 1274~1298, 1299~1308년)
쿠빌라이 칸 1215~1294년
(몽골 제국 5대 칸 · 원나라 초대 황제 재위 1260 · 1271~1294년)

원나라는 고려의 일부 지역을 직접 통치했어요

원나라는 1258년에 철령 이북 지역에 쌍성총관부를 두고, 1270년에는 자비령 이북의 땅을 빼앗아 동녕부라는 기구를 두어 직접 다스렸죠. 제주도에는 탐라총관부를 설치하여 말을 기르는 목장으로 사용했죠. 또 일본을 정복하겠다면서 개경에 정동행성이라는 기구를 설치해 군사와 무기, 식량을 요구했어요.
원나라는 일본을 침략하기 위해 고려의 군사들을 데리고 몇 차례 바다 건너 출정하기도 했어요. 하지만 원나라 지휘관은 해전에 익숙하지 않았고, 때마침 태풍이 불어 두 차례의 일본 원정은 실패하고 말았죠.

원나라의 제주 방목지

몽골 제국은 자신들의 영토 안에 말을 전문적으로 키우는 목장을 14개 운영했어요. 그중 하나를 제주도에 두었어요. 제주도는 본래 바닷가를 중심으로 농사와 어업으로 생계를 이었는데, 이때부터 목축업을 본격적으로 시작했다고 해요. 1276년(충렬왕 2년) 고려에 다루가치(고려를 직접 통치하기 위한 원나라의 관리)로 부임한 탑랄적이 지금의 성산읍 고성리 대수산봉 근방의 평원에 몽골 야생말 160마리를 데려와 기르면서 제주는 몽골의 목마장이 되었답니다.

원나라는 100년 가까이 고려의 정치에 간섭하고 고려에 무리한 요구를 했어요

고려 조정에 항복을 받아낸 몽골은 고려를 완전히 정복하지는 않고 독립국으로 남겨놓았어요. 그 덕에 고려라는 이름을 그대로 쓰고 왕도 인정을 받았으며, 고려의 풍속도 그대로 유지할 수 있었어요.

먼저 원은 고려의 도자기와 가죽, 인삼, 금, 은, 옷감, 곡물 등을 바칠 것을 강요했어요. 사냥과 정복 활동에 필요한 매와 말도 많이 요구했어요. 해마다 막대한 공물을 바쳐야 하는 바람에 고려의 재정은 엉망이 되고, 백성들의 삶도 어려워졌어요.

고려를 가장 힘들게 한 것은 바로 공녀를 보내라는 거였어요. 원나라는 1년에 한두 번 혹은 2년에 한 번 정도 한 번에 40~50명의 10대 처녀를 보내라고 요구했어요. 이렇게 원나라에 끌려간 여자들을 공녀라고 해요. 공녀는 원나라에 가서 군인의 아내가 되거나 궁녀로 일하는 경우가 많았어요. 더러는 원나라 지배층의 첩이 되기도 했어요. 공녀로 끌려가는 것을 피하고자 고려에서는 어린 나이에 결혼하는 일도 있었어요.

25대 충렬왕부터 30대 충정왕까지 고려의 왕은 원나라의 공주와 결혼해야 했어요

고려의 24대 왕 원종은 고려의 안전을 보장하기 위해 원나라와 고려가 혼인 관계로 엮일 필요가 있음을 알았어요. 그래서 아들인 고려의 세자와 원나라 공주의 혼인을 추진했죠. 당시 원나라는 몽골 제국의 5대 칸이자 원나라 초대 황제인 쿠빌라이 칸이 다스리고 있었어요. 원나라 조정은 고려의 청혼을 받아들였고, 고려 세자는 원나라 황제의 딸인 제국대장공주와 결혼을 했어요. 이 세자가 고려의 25대 왕 충렬왕이에요. 이 결혼을 통해 원나라에서 고려의 지위는 높아졌어요. 말하자면 '사위의 나라'가 된 셈이죠.

이후 고려의 모든 왕은 이런 식으로 원나라의 공주와 결혼해야 했어요. 혼인만 하는 것이 아니라 일정 기간 원나라에 가서 살면서 몽골의 문화와 풍습을 익혀야 했죠. 그리고 이름 앞에 반드시 '충성할 충' 자를 넣어야 했죠. 고려의 30대 왕인 충정왕까지 이런 상황은 이어졌어요.

벽란도

장순룡 1255~1297년
이용상 1174~?년

우리나라의 영어 이름인 코리아(Korea)도 이때 외국에 고려가 알려지면서 불리기 시작했어요.

여러 나라에서 온 상인들로 가득한 국제 무역항, 벽란도

고려는 활발한 해상 활동을 바탕으로 여러 나라와 무역 활동을 벌였어요. 고려와 외국의 무역이 활발해지자 예성강 하구에 있는 벽란도는 여러 나라에서 온 상인들로 가득한 국제 무역항이 되었어요. 중국 송나라, 일본, 거란, 아라비아 상인 등이 벽란도에서 물건을 사고팔았죠.

지금의 북한 황해도에 있는 벽란도는 고려의 도읍인 개성과 가까운 곳이었죠. 고려의 무역은 벽란도에서만 이루어진 것은 아니었어요. 때로는 고려의 무역 선박이 중국의 남쪽을 지나 대식국(아라비아), 마팔국(인도), 섬라곡국(태국), 교지국(베트남) 등에도 가서 활발하게 교역을 했어요.

🌼 고려는 건국 초기부터 해상 활동을 활발히 펼쳤어요

고려를 세운 왕건은 해상 무역을 하던 호족 출신이었고, 제1비와 제2비 역시 해상 세력 가문 출신이었어요. 이렇게 서해를 군사적·경제적으로 장악한 것이 고려 건국의 기틀이 되었죠.

고려는 건국 초기부터 해상 활동을 활발히 펼쳤어요. 전라도 지역에서 생산한 쌀을 옮기는 조운선은 한 번에 1천 석 이상의 곡물을 실을 수 있었고, 고려 말기에는 3천 석의 곡물을 실을 수 있는 큰 배를 짓는 조선술을 갖추었죠. 3천 석을 지금 무게로 환산하면 약 250톤이 넘는다고 해요. 당시 이 정도로 큰 배를 짓는 기술을 세계에서도 드물었죠.

🌼 우리나라는 고려 시대 때부터 이슬람 국가들과 교류했어요

고려 시대의 역사를 쓴 책을 보면 이슬람을 지칭하는 '회회回回'나 이슬람교도를 부르는 '회회인'에 관한 내용을 찾아볼 수 있어요. 이들 아랍 지역의 상인은 100여 명씩 무리를 지어 고려에 왔다고 해요. 고려 말기에는 몽골족이 세운 원나라 세력과 함께 많은 수의 아랍인들이 왔는데, 그들을 눈동자에 색깔이 있는 사람이라는 뜻의 '색목인色目人'이라고 불렀어요. 이들은 개경에 하나의 생활 공동체를 형성하고, 고유한 생활양식과 종교를 유지하면서 고려 사회에 일정한 영향을 끼쳤다고 해요.

🌼 이슬람인 장순룡과 베트남 왕자 이용성

수많은 외국인을 받아들이고 다양한 나라와 교류한 고려에는 이슬람 출신의 귀화인도 있었고, 베트남의 왕자도 귀화했어요. 삼가三哥라는 이슬람 사람은 1274년 충렬왕 때 원나라에서 맞은 왕비인 제국 공주를 따라 고려에 왔다가 고려에서 벼슬을 얻고 고려 여인과 결혼하여 살다가 죽었어요. 그는 고려에서 장순룡이란 이름으로 살았고, 지금의 덕수 장씨의 시조가 되었죠.

1226년에는 베트남의 왕자 이용상(리롱뜨엉)이 고려에 왔어요. 그는 베트남 리 왕조의 황제 영종의 일곱째 아들이었는데, 권력 다툼에서 밀려 난을 피해 고려에 왔죠. 고려에 정착한 이용상은 몽골군과의 전투에서 공을 세우고 고려에서 관직을 얻었어요. 지금의 화산 이씨의 시조가 바로 이용상이랍니다.

고려청자

초원길
원나라(몽골), 흉노족 등 중앙아시아 유목민이 주로 이용한 교통로예요. 중국 북부 지방의 화베이(華北)에서 몽골, 남부 시베리아, 흑해를 잇고 있어요. 이 길로 서방 문화가 동방으로 전해졌어요.

비단길
실크로드라고도 해요. 고대 중국의 비단(명주)이 주로 이 길을 통해서 서방에 전해졌다고 해서 붙여진 이름이에요. 중국 내륙과 서아시아, 지중해 연안 지방을 연결했던 고대의 무역로예요.

청자는 1500년이 넘는 역사를 자랑하는 우리나라의 대표적인 예술품이에요

청자는 푸른빛을 내는 도자기를 말해요. 철분을 함유한 태토(질그릇이나 도자기의 밑감이 되는 흙)에 규산, 알루미늄, 나트륨, 칼슘, 칼륨, 알칼리 따위로 이루어진 장석질의 유약을 입혀서 구우면 도자기가 푸른빛을 내죠.

청자는 처음 중국 송나라의 영향을 받아 만들어졌다고 해요. 푸른빛을 내는 보석인 옥을 갖고 싶지만, 워낙 귀해 흙으로 옥을 만든 것이 청자의 기원이라고 하죠. 청자를 만들 때는 흙으로

왜 강진에 고려청자 유적이 많을까요?

전라남도 강진은 고려 시대에 청자를 생산한 대표적인 곳이에요. 지금까지 발견된 고려청가 가마터는 400여 곳이 되는데, 그중 대부분이 강진군에 있죠. 국보나 보물로 지정된 청자의 80퍼센트 이상이 강진에서 생산되었을 정도죠.

전라남도 최남단에 위치한 강진은 바다를 접하고 있어서 바닷길을 통한 수송에 유리했어요. 또 도자기를 만들 때 쓰는 고령토와 규석 등이 많죠. 도자기를 만들 때 또 중요한 것은 나무예요. 높은 온도에 도자기를 구우려면 땔감이 많이 필요했죠. 강진군에는 크고 작은 산이 많아 땔감도 풍부했어요.

강진 고려청자 가마 ⓒ 문화재청

형태를 빚은 뒤 800도에서 한 번 굽고 그 위에 철 성분이 든 유약을 발라 1300도에서 한 번 더 굽는다고 해요. 여기에 중간에 무늬를 새겨서 굽는 상감법 등이 더해져 고려청자는 어디에서도 볼 수 없는 아름다움을 간직하게 되었죠.

초원길과 비단길로 서방에 전해진 고려청자

고려청자는 인삼, 모피와 더불어 고려의 대표적인 교역품이었어요. 가까운 나라인 중국의 송나라와 원나라는 물론이고, 거란과 여진, 일본에도 고려청자가 많이 수출되었죠. 원나라 때 고려청자는 중국에 머물지 않고 초원길을 따라 중앙아시아에 진출했어요. 초원의 길은 아시아와 유럽을 잇는 교통로였어요.

비단길은 중국의 둔황을 지나 타클라마칸 사막, 파미르 고원, 중앙아시아를 거쳐 유럽의 지중해까지 이어졌죠. 고려청자는 원나라 및 고려의 상인들과 함께 비단길을 거쳐 중앙아시아로 진출했죠. 실제로 이란의 레자압바스 미술관에는 2점의 고려청자가 전시되어 있어요.

고려청자는 일본뿐 아니라 류큐와 타이완, 필리핀, 베트남 등에까지 수출되었어요

고려청자는 당연히 우리나라와 가까운 일본에서도 많이 발견되었어요. 당시 일본은 고려와 정식 수교를 맺지는 않았지만, 상인들을 통해 무역 활동이 이루어졌죠. 고려청자는 일본을 벗어나 류큐와 타이완, 필리핀, 베트남 등에까지 수출되었어요. 류큐(오키나와)는 지금은 일본의 영토지만 옛날에는 일본과 관계없는 독립된 나라였어요.

실패로 끝난 공민왕의 개혁

쌍성총관부 해체 1356년(공민왕 6년)
홍건적의 침입 1359년(공민왕 9년)

공민왕 1330~1374년(31대 재위 1351~1374년)
노국 대장 공주(=노국 공주) ?~1365년
신돈 1322~1371년
이성계 1335~1408년
최영 1316~1388년

놋다리밟기

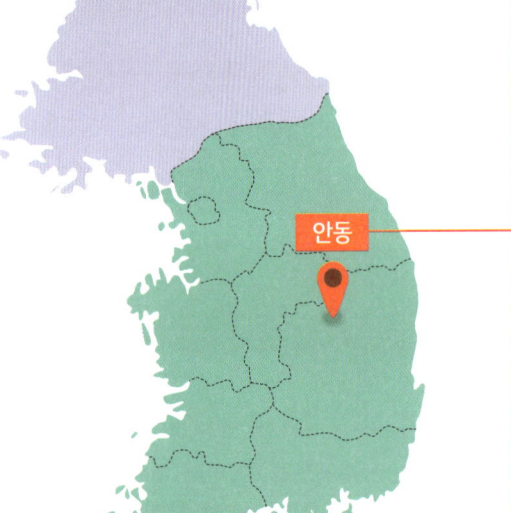
안동

노국 공주와 놋다리밟기

경상북도 안동 지역에서는 해마다 정월 대보름 밤에 놋다리밟기라는 민속놀이를 해요. 아녀자들이 줄지어 허리를 숙이고 있으면 공주 역을 맡은 사람이 그 위를 밟고 지나가는 거죠. 놋다리밟기에는 홍건적에 몰려 안동으로 피신한 공민왕과 노국 공주의 사연이 담겨 있어요. 추운 겨울에 안동에 피신한 노국 공주가 시내를 건널 때 물에 젖지 말라고, 부녀자들이 모여 다리를 만들어준 데서 유래했답니다.

민속놀이, 안동 놋다리밟기 ⓒ경북 안동시

🔸 원나라의 내분을 이용해 지배에서 벗어나려고 했어요

원나라가 고려의 정치를 좌지우지하던 원 간섭기가 80여 년이 지났을 즈음, 슬슬 원나라에도 내분이 일어나기 시작했어요. 가뭄과 전염병이 창궐했고, 황실은 권력 다툼으로 혼란스러웠어요. 거기에 각지에서 반란이 일어나는 바람에 원나라는 걷잡을 수 없이 쇠약해졌죠. 고려의 공민왕은 이 틈을 이용해 원나라의 지배에서 벗어나려고 했어요.

공민왕의 반원 개혁

공민왕은 왕이 되기 전 원나라 황실의 노국 공주와 결혼해 원나라에서 자신의 지지 세력을 확보했어요. 당시 고려의 왕은 공민왕의 조카인 충정왕이었는데, 충정왕은 정치에 관심이 없어 오히려 고려는 더욱 혼란스러웠죠. 공민왕은 원나라를 설득해 충정왕을 몰아내고 왕위에 올랐어요.

왕이 된 공민왕은 고려가 정상으로 돌아가려면 원나라의 간섭에서 벗어나야 한다 생각하고 개혁을 시작했어요. 먼저 공민왕은 몽골식 머리인 변발을 풀고 고려식 머리 모양을 했어요. 원나라에 빌붙어 지내던 부원 세력을 몰아내고, 압록강 건너에 있는 원나라의 요새들을 공격했죠. 1356년에는 몽골군이 철령 이북 지역을 지배하기 위해 1258년에 세운 쌍성총관부도 해체했어요. 1359년 중국의 홍건적이 쳐들어와 큰 위기를 겪기도 했지만, 20만 명의 군사를 동원해 이를 무찔렀어요.

공민왕은 최영과 이성계 등 뛰어난 장군들을 규합하여 원나라와 부원 세력에 맞섰어요. 또 정치적인 면에서는 신돈이라는 승려와 함께 개혁을 추진했죠. 신돈은 권문세족이 빼앗은 양민들의 땅을 되돌려주고, 노비를 해방했어요. 양민이 많아지면 세금을 내는 사람이 많아지기 때문에 나라의 재정에 큰 도움이 되었죠.

신돈의 죽음과 공민왕의 실패한 개혁

공민왕의 개혁은 뜻밖의 곳에서 난관에 부딪혔어요. 노국 공주가 세상을 떠난 뒤 공민왕은 실의에 빠진 채 신돈에게 정치를 맡겨버렸어요. 신돈은 개혁을 강하게 수행했지만 그를 경계하는 세력도 많았죠. 특히 성리학을 공부하고 과거 제도를 통해 관리가 된 신진 사대부들이 견제가 심했어요. 이들은 고려 사회와 정치를 개혁해야 한다는 데는 뜻이 같았지만, 신돈의 권력이 커지는 것을 경계했죠. 성리학이 불교에 비판적인 학문이었기 때문이에요.

신돈의 세력이 커진다는 것은 왕의 힘이 약해진다는 뜻이었고, 결국 신돈이 반역을 꿈꾸고 있다는 모함에 공민왕은 신돈을 처형하고 말아요. 신돈이 죽은 뒤 고려의 개혁은 멈추었고, 공민왕은 방탕한 생활에 빠져버렸어요. 그리고 1374년 의문의 죽음을 맞아 세상을 떠나게 됩니다.

고려의 지배 세력의 변천

고려 전기 — 호족 — 유교, 불교 — 보수적
고려 후기 — 권문세족 — 불교 — 수구적
고려 말기 — 신진 사대부 — 성리학 — 개혁적

《직지심체요절》

《직지심체요절》 인쇄 1377년(우왕 4년)
구텐베르크 성경 인쇄 1452년
백운화상 1299~1374년
박병선 1923~2011년

《직지심체요절》의 숨결을 느낄 수 있는 흥덕사 터

충청북도 청주에는 옛날 흥덕사 터가 남아 있어요. 흥덕사의 위치는 오랫동안 알려져 있지 않았다가 1985년에 발굴되면서 지금의 자리에 절이 있었다는 것이 밝혀졌죠. 흥덕사 터에는 청주고인쇄박물관과 근현대인쇄전시관이 지어졌어요. 해마다 《직지심체요절》의 출간을 기념하기 위한 '직지축제'가 열리고 있답니다.

청주 흥덕사지

목판 인쇄의 한계를 극복한 세계 최초의 금속 활자

1377년 청주 흥덕사의 석찬, 달잠, 묘덕 세 스님은 자신들의 스승이었던 백운 스님이 세상을 떠난 뒤 스승님이 세상에 남긴 《직지심체요절》이라는 책을 인쇄했어요. 이들은 어떻게 하면 더 오랜 세월 더 많은 사람이 스승님의 책을 읽을 수 있을까 고민한 끝에 금속으로 활자를 만들어 인쇄했죠. 기존의 목판 인쇄는 나무 판에 글씨를 새겨 넣은 뒤 먹을 칠해 종이에 찍는 방식이었어요. 시간이 흐르면 목판에 새긴 글씨가 뭉개지거나 목판 자체가 습기에 휘곤 했죠. 게다가 불에 타면 모든 노력이 물거품, 아니 연기가 되어 사라지고요.

　금속으로 활판을 만들어 인쇄하면 글자가 뭉개지지도 않고, 습기에도 활판이 변형되지 않았죠. 불에도 안전했고요. 이렇게 금속으로 활자를 만들어 인쇄하는 방식을 금속 활자라고 해요. 고려는 한때 세계에서 가장 오래된 금속 활자로 알려진 독일 구텐베르크의 금속 활자(1452년보다) 78년 앞서 1377년에 금속 활자 인쇄를 한 것이죠.

《직지심체요절》의 하권만 프랑스의 국립도서관에 남아 있어요

　《직지심체요절》은 백운 스님이 부처와 이름난 승려들의 말씀이나 편지 등에서 뽑은 내용을 정리한 책이에요. 원래의 이름은 《백운화상초록불조직지심체요절白雲和尙抄錄佛祖直指心體要節》인데 줄여서 《직지심경》, 《직지심체요절》, 더 줄여서 《직지》라고 부르기도 해요.

　《직지심체요절》은 상하 두 권으로 되어 있어요. 그런데 안타깝게도 우리나라에는 금속 활판은 물론이고, 책도 한 권도 남아 있지 않아요. 유일하게 하권이 프랑스의 국립도서관에 있죠. 조선 시대 말기 우리나라에 온 프랑스 대사이자 고서적 수집가인 빅토르 콜랭 드 플랑시가 입수해서 프랑스로 정부에 기증한 것이죠. 우리나라는 프랑스 정부에 《직지심체요절》을 돌려달라고 요청하고 있지만 가능성은 희박해요. 프랑스가 억지로 빼앗아간 것이 아니라 플랑시가 구입한 것이기 때문이에요.

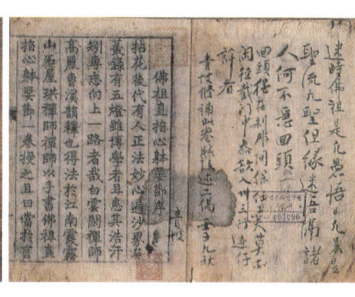

《직지심체요절》 ⓒ 문화재청
이 이미지는 닥종이에 찍은 목판본이에요. 지방 사찰은 금속 활자 인쇄술이 미숙해서 목판으로 간행하여 널리 퍼뜨린 것이에요.

《직지심체요절》을 세상에 알린 박병선 박사

　《직지심체요절》을 세상에 알린 사람은 역사학자 박병선 박사님이에요. 박병선 박사님은 1967년부터 1980년까지 프랑스 국립도서관에 연구원으로 근무했는데, 이때 프랑스 국립도서관의 수장고 구석에서 《직지심체요절》 발견했어요. 박병선 박사는 책의 마지막 장에서 '1377년 청주 흥덕사에서 금속 활자로 인쇄하다'라는 내용을 발견했고, 1972년 드디어 세계에 《직지심체요절》의 존재가 알려지게 되었죠.

고려를 괴롭힌 왜구

홍산 대첩 1376년(우왕 2년)
진포 대첩 1380년(우왕 6년)
황산 대첩 1380년(우왕 6년)
최영 1316~1388년
최무선 1325~1395년
이성계 1335~1408년
우왕 1365~1389년(32대 재위 1374~1388년)

최무선 과학관

진포해양테마공원

화포를 개발해 진포 대첩에서 활약한 최무선 장군

1380년 8월, 왜구는 다시 500여 척의 배를 끌고 쳐들어왔어요. 왜구는 금강 하구의 진포에 배를 대고 육지 마을을 노략질했죠. 이때 최무선 장군이 이끄는 100여 척의 함대가 연이어 화포를 발사했어요. 하늘에서 비가 내리듯 쏟아지는 포탄에 왜구들의 배는 모조리 박살이 나고, 배에 있던 왜구들은 바닷물에 빠져 죽었죠. 이것을 진포 대첩이라고 해요.

최무선 장군은 병법과 무기에 밝은 장군이었어요. 당시 화약 만드는 기술은 중국에서 특급 비밀에 속해 고려에 전해지지 않았어요. 최무선 장군은 중국의 화약 제조업자와 상인들에게 접근해 그 비법을 알아냈죠. 직접 집에서 기술을 익히고 실험도 한 덕에 마침내 최무선은 화약 제조 기술을 갖게 되었어요. 최무선은 고려 조정을 설득해 1377년에 화통도감이라는 화포 제조를 책임지는 관청을 설치하고 그 책임자가 되었죠. 최무선 장군의 화약 개발로 고려는 막강한 군사력을 갖추게 되었어요.

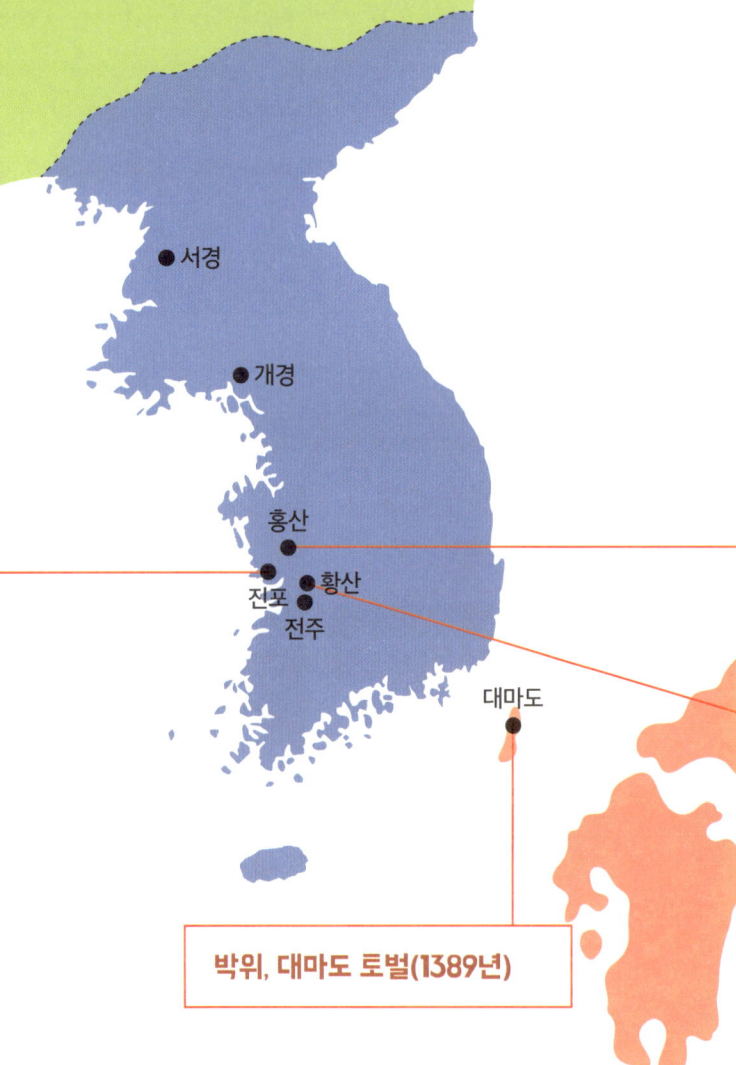

박위, 대마도 토벌(1389년)

104 우리나라 구석구석 지도 위 한국사

🏵 고려의 바다를 침입한 왜구

고려 말기에는 원나라의 간섭이 느슨해지면서 내부적으로 혼란스러웠던 반면 국경 지역에서는 끊임없이 침략에 시달렸어요. 북쪽으로는 중국의 홍건적이 쳐들어왔고, 바다에서는 왜구가 수시로 고려 영토를 공격했죠.

고려 조정은 처음에는 왜구를 단순한 도적 떼로 보고 진지하게 대응하지 않았지만, 차츰 그 심각성을 인식하게 되었어요. 1377년에는 한 해에 50번 넘게 고려를 침략하기도 했어요. 결국 고려는 적극적으로 왜구를 소탕하기로 했고, 이 과정에서 세 명의 유능한 장수가 크게 활약합니다.

> **왜구**
>
> 13~16세기에 바다에서 활동하던 일본 해적을 말해요. 단순한 도적 무리가 아니라 수만의 군사를 거느린 대규모 군대였어요. 왜구는 동해, 서해, 남해를 가리지 않고 우리나라에 쳐들어와 해안 읍성을 약탈했을 뿐 아니라 육지 깊숙이 들어오기도 했어요.

최영 장군의 홍산 대첩

1376년 왜구가 지금의 충청남도 부여군 홍산면에 침입했어요. 20여 척의 배를 타고 금강 하구에 진입한 왜구는 부여를 지나 공주까지 쳐들어왔어요. 왜구가 워낙 빠른 속도로 공격해왔기 때문에 고려의 군대는 제대로 방어도 하지 못한 채 무너졌죠. 이때 나이 든 장군인 최영이 우왕을 설득해서 직접 홍산으로 내려왔어요. 최영 장군은 장수와 병사들이 겁을 먹고 진격하지 않는 상황에서 스스로 앞장서 왜구를 토벌했어요. 이 과정에서 입술에 화살을 맞았는데, 태연하게 화살을 뽑고 피를 흘리면서도 다시 돌격했죠. 이 모습에 왜구는 잔뜩 겁을 먹었고, 고려군은 크게 용기를 얻었어요. 최영 장군과 고려군은 저항하던 왜구를 모두 무찔렀어요. 이 전투를 홍산 대첩이라고 해요.

황산 대첩에서 육지에 남은 왜구를 무찌른 이성계 장군

최무선 장군의 활약으로 배를 모두 잃고 육지에 남게 된 왜구들은 황산(지금의 전라북도 남원 지역)에 집결하여 횡포를 부렸어요. 전라도 지역은 곡창 지대라 먹을 것이 풍부했기 때문에 왜구들은 늘 이곳을 노렸죠. 이때 이성계 장군은 아지발도라는 일본 장수가 이끌던 왜구를 모두 몰살했어요. 왜구들의 시체가 땅을 뒤덮었고, 그 피로 강이 물들어 이레 동안 물도 마실 수 없을 정도였다고 해요. 포로로 잡은 왜구만 6천 명이었고, 빼앗은 말도 1600여 필에 이를 정도로 큰 승리를 거두었어요. 이 전투를 계기로 왜구는 한동안 우리 영토를 넘보지 못했고, 이성계 장군은 고려에서 큰 명성을 얻게 되었답니다.

역사 속으로 사라진 고려

위화도 회군 1388년
고려 멸망 1392년(918~1392년)

우왕 1365~1389년(32대 재위 1374~1388년)
창왕 1380년~1389년(33대 재위 1388~1389년)
공양왕 1345~1394년(34대 재위 1389~1392년)
정몽주 1338~1392년
정도전 1342~1398년

위화도 회군

공민왕 때인 1368년 중국에는 원나라가 무너지고 한족 중심의 통일 왕조 명나라가 섰어요. 명나라는 고려에 무리한 조공을 요구했어요. 최영 장군은 명나라를 공격해 고려를 함부로 대해선 안 된다는 것을 보여주려고 했지만, 이성계는 이에 반대했어요.
우왕과 최영은 이성계에게 명나라의 요동 지역을 정벌하라고 명령했어요. 군대를 끌고 가던 이성계는 압록강 가운데 있는 섬인 위화도에서 군대를 거꾸로 돌려 왕이 있는 개경으로 향했어요. 우왕과 최영 세력은 이성계에게 맞섰지만, 결국 최영은 참형을 당했고 우왕은 강화도로 추방되었죠.

최영 장군의 초상 ⓒ 문화재청

고려 안에서 개혁을 꿈꾼 온건 신진 사대부와 새 나라를 세우려는 급진 신진 사대부

고려 말기 개혁을 주도했던 신진 사대부는 대개 지방 출신으로 과거 시험으로 관리가 된 하급 관료이고, 중소 지주나 자영농의 자식이었어요. 기존의 권문세족이 중앙 관리 출신의 상급 관료이고, 대농장을 경영하는 지주였던 것과는 완전히 다르죠. 신진 사대부는 성리학, 즉 유교를 배웠기 때문에 불교를 배척하고, 강력한 왕이 지배하는 세상을 꿈꾸었어요.

신진 사대부가 본격적으로 권력을 차지한 것은 공민왕 이후 우왕이 집권하던 시절이었어요. 신진 사대부는 신흥 무인 세력의 우두머리인 이성계와 손을 잡고 정치를 좌지우지했고, 나중에는 우왕을 강제로 폐위하고 그 아들인 창왕을 왕으로 세웠어요. 하지만 창왕 역시 불과 1년 만에 폐위시키고, 왕실의 먼 일족인 공양왕을 왕으로 세웠어요.

신진 사대부 중에서도 정몽주를 중심으로 한 온건파는 고려라는 나라를 유지하면서 개혁을 하고자 했어요. 반면에 정도전 등의 급진파는 고려를 무너뜨리고 아예 새로운 나라를 만들고자 했어요.

신흥 무인 세력과 이성계의 등장

신흥 무인 세력의 대표적인 사람은 최영과 이성계였어요. 이들은 고려를 괴롭히던 홍건적과 왜구를 무찌르는 큰 공을 세우면서 왕실의 신뢰와 백성의 지지를 한 몸에 얻었죠. 특히 최영은 중앙 귀족 출신에 우왕의 장인이기도 했어요. 이들은 우왕 때 본격적으로 신진 사대부와 함께 정적을 제거하며 권력을 잡았어요.

이성계는 최영과 달리 북쪽 변방 출신이었어요. 하지만 자신의 실력으로 중앙 정계에 진출해서 최고의 실력자가 되었어요. 우왕과 창왕을 폐위시킨 이성계는 공양왕을 왕으로 만들었지만, 결국 정도전과 힘을 합쳐 스스로 조선을 세웠어요.

위화도 회군을 계기로 이성계는 고려 최고의 실력자가 되었어요

이성계의 아들인 이방원은 온건 개혁파 신진 사대부인 정몽주를 살해하기도 했죠. 급진 개혁파 신진 사대부인 정도전과 새로운 실력자 이성계는 1392년 공양왕을 폐위하고 조선을 세웠어요. 이로써 918년부터 시작된 고려의 역사는 막을 내리게 되었답니다.

못다 한 이야기 2

고려의 못생긴 불상들

파주 용미리 마애이불입상

등산을 하다 보면 수직으로 깎인 거대한 절벽을 볼 때가 있어요. 암벽등반가가 아니면 올라갈 엄두도 낼 수 없을 만큼 크고 거친 절벽이죠. 우리 조상들은 이런 절벽을 깎고 다듬어 불상으로 만들기도 했어요. 경기도 파주시 용미리에 있는 마애이불입상은 천연 절벽을 깎아 몸통을 만들고 머리 부분을 따로 만들어 얹은 형태의 불상이에요. 그 크기도 높이 17.4미터나 된다고 해요. 이렇게 절벽을 깎은 것을 '마애'라고 해요. 절벽에는 손 모양이 다른 두 불상이 새겨져 있는데, 하나는 남자, 하나는 여자를 상징한다고 해요. 이 불상은 천연 절벽의 형태를 크게 거스르지 않고 자연스럽게 활용해 합장하고 있는 손과 옷자락을 표현했어요.

마애이불입상 ⓒ 문화재청

관촉사 석조미륵보살입상

남태평양의 한가운데 이스터섬에는 거대한 돌상들이 바다를 보고 서 있어요. 이 석상들을 모아이라고 해요. 투박한 생김새에 바다를 바라보는 아련한 눈길이 인상적이죠. 우리나라에도 이와 비슷한 생김새의 석상이 있어요. 바로 충청남도 논산 관촉사에 있는 석조미륵보살입상이죠.

은진미륵이라고도 불리는 이 불상은 고려 광종 때인 970년부터 목종 때인 1006년까지 혜명 스님이 장인 100여 명을 거느리고 관촉사를 지을 때 함께 만들었다고 해요. 이 불상은 무지하게 크고 투박하다는 느낌이 들어요. 불상의 얼굴은 눈과 코가 크고, 입술도 두껍고 넓어요. 푸근한 동네 아저씨 같은 인상이에요.

은진미륵은 크기가 17.7미터이고 무게는 258톤이나 될 거라도 해요. 처음 불상을 완성했을 때 불상에서 빛이 났대서 그 불상을 모신 절의 이름을 '빛을 본다'는 뜻의 관촉사라고 지었대요.

석조미륵보살입상 ⓒ 문화재청

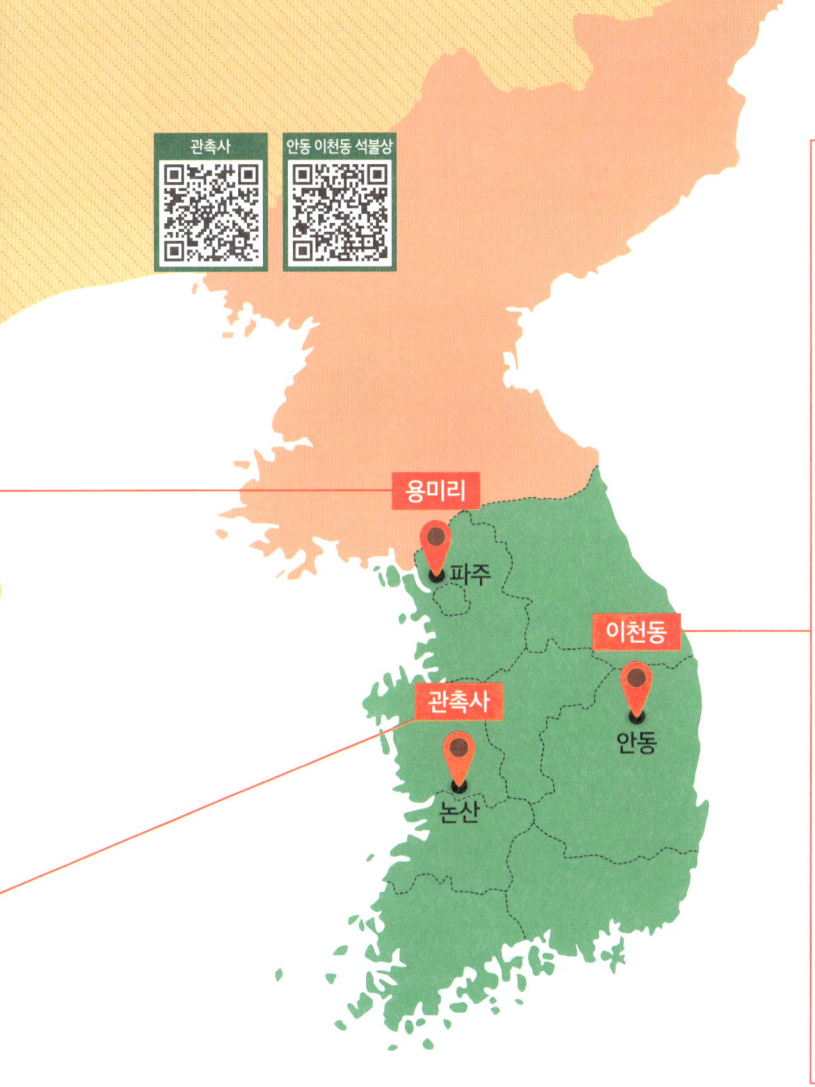

안동 이천동 마애여래입상

경상북도 안동시 이천동 계곡에서 절벽을 이용해 조성한 거대한 석불이 있어요. 이천동 마애여래입상 혹은 동네 이름을 따서 제비원 석불이라고 불러요. 12.3미터의 크고 넓은 절벽을 몸으로 삼고 위에 머리 부분을 얹은 것이 용미리 석불과 비슷해요. 어깨가 넓게 벌어져 있어 장중한 느낌을 자아내죠.

마애여래입상 ⓒ 문화재청

왜 이렇게 큰 석불을 지었을까요?

개태사의 석불도 그렇지만, 고려 시대의 석불은 신라시대의 석불과 달리 투박하고 거친 인상이에요. 신라 시대의 예술의 화려하다면, 고려 시대의 예술은 선이 굵고 남성적이라는 특징이 있어요. 또 커다란 덩치도 특징이에요.

고려 시대는 각 지역의 힘이 센 세력인 호족들이 각자 자기 지역의 권력을 휘두르던 시대였어요. 그래서 이들은 자신의 힘을 과시하기 위해 거대한 불상을 세웠죠.

고려 시대는 불교의 시대였어요. 백성들은 커다란 불상이 자신들을 보살펴준다고 느꼈어요. 왕과 호족은 이런 백성들을 위해 자신들이 가진 부와 권력으로 불상을 지었답니다.

3부 조선 시대 전기와 중기

1368~1644년	1392년	1392~1398년	1394년	1395년
명	조선 건국	이성계 (1대 재위)	한양 천도	경복궁 건립

1447년	1446년	1445년	1443년	1438년	1434년~1449년
《용비어천가》 엮음	훈민정음 반포	《용비어천가》 지음	훈민정음 창제	옥루 제작	6진 설치

1449년	1450~1452년	1452~1455년	1453년	1456년
《월인천강지곡》 엮음	문종 (5대 재위)	단종 (6대 재위)	계유정난	사육신의 단종 복위 운동

1592~1598년	1567~1608년	1545년	1545~1567년	1617년
임진왜란	선조 (14대 재위)	을사사화	명종 (13대 재위)	경희궁 건립

1592년 5월	1592년 7월	1597년	1598년	1607~1811년
옥포 해전 사천 해전	한산도 대첩	정유재란 명량 대첩	노량 해전	조선 통신사 일본 파견

1776~1800년	1724~1776년	1668년	1666년	1659~1674년
정조 (22대 재위)	영조 (21대 재위)	《하멜 표류기》 출간	하멜 일행 조선 탈출	현종 (18대 재위)

1395년 종묘 건립

1398~1400년 정종 (2대 재위)

1400~1418년 태종 (3대 재위)

1405년 창덕궁 건립

1418~1450년 세종 대왕 (4대 재위)

1434년 갑인자 제작 / 자격루 제작

1419년 대마도 정벌

1416~1443년 4군 설치

1432년 《삼강행실도》 간행

1428년 《효행록》 개정 펴냄

1457년 단종 유배 / 단종 사망

1455~1468년 세조 (7대 재위)

1469~1494년 성종 (9대 재위)

1484년 창경궁 건립

1494~1506년 연산군 (10대 재위)

1612년 《홍길동전》

1519년 기묘사화

1506~1544년 중종 (11대 재위)

1504년 갑자사화

1498년 무오사화

1608~1623년 광해군 (15대 재위)

1608년 대동법 시행

1616~1912년 청

1623년 인조반정

1623~1649년 인조 (16대 재위)

1653년 하멜 일행 제주도 표착

1649~1659년 효종 (17대 재위)

1637년 삼전도의 굴욕

1636년 병자호란

1627년 정묘호란

이성계

조선 건국 1392년

이성계 1335~1408년(1대 재위 1392~1398년)
정몽주 1337~1392년
정도전 1342~1398년

선죽교

고려 시대에 돌로 만든 다리예요. 1392년(조선 태조 즉위년)에 후에 태종이 된 이방원과 그 일파가 정몽주를 암살한 장소예요.

이방원의 〈하여가〉와 정몽주의 〈단심가〉

이방원은 조선 건국에 대해 반대하던 정몽주의 마음을 돌리기 위해 시조 〈하여가〉를 읊었어요. 새 나라(조선)에서 함께 사이좋게 살아가자는 내용이에요. "이런들 어떠하며 저런들 어떠하리 / 만수산 드렁칡이 얽혀진들 어떠하리 / 우리도 이같이 얽혀 백 년까지 누리리라."
고려의 충신 정몽주는 〈단심가〉를 지어, 이미 기울어가던 고려(님)에 대한 충절(일편단심)을 나타내요. "이 몸이 죽고 죽어 일백 번 고쳐 죽어 / 백골이 진토되어 넋이라도 있고 없고 / 님 향한 일편단심이야 가실 줄이 있으랴"

이성계의 초상화가 있는 경기전

전라북도 전주에 있는 경기전에는 조선 태조 이성계의 어진(초상화)이 있어요. 이성계는 전주 이씨이고, 따라서 전주는 조선 왕실의 본관인 지역이죠. 1410년(태종 10년)에 어용전이라는 이름으로 처음 지어졌고, 임진왜란 때 불에 탔으나 광해군 때 다시 세웠죠.
경기전 경내에는 조선왕조실록을 보관했던 전주사고가 있어요. 조선왕조실록은 한양과 전주, 충주, 상주에 보관했는데 임진왜란 당시 모두 소실되었지만, 전주사고에 있는 실록만은 내장산으로 잠시 옮겨 무사히 남겨졌답니다.

경기전

조선 태조 어진

112 우리나라 구석구석 지도 위 한국사

조선을 세운 이성계는 변방인 함경도 출신의 장수였어요

이성계의 고조부인 이안사는 전주에서 의주(현재의 원산)로 근거지를 옮겨 그곳에서 원나라의 관리(다루가치)를 지냈어요. 이성계의 아버지인 이자춘 역시 처음에는 원나라의 관리로 일했으나 1356년 고려가 쌍성총관부를 빼앗을 때 고려에 귀순해 큰 공을 세웠어요. 이때부터 이자춘과 이성계는 고려의 장군이 되었죠.

권문세족과 달리 중앙에 연줄이 없던 이성계는 홍건적과 왜구를 무찌르며 중앙 정치 무대에 자신의 이름을 알렸어요. 그래서 권문세족보다는 자신과 처지가 비슷한 정몽주, 정도전 등의 신진 사대부와 더 가깝게 지냈죠.

이성계와 정도전은 새로운 세상을 꿈꿨어요

이성계가 고려의 핵심 인물이 되었을 무렵, 중국에는 몽골족의 원나라가 무너지고 새로이 한족의 명나라가 세워졌어요. 명나라는 고려에 무리한 요구를 많이 했어요. 조공을 원하는가 하면 원나라로부터 되찾은 철령 북쪽의 땅을 내놓으라고도 했어요. 최영과 우왕은 명나라의 요구를 듣지 않았을 뿐 아니라 오히려 명나라의 영토인 요동 지방을 공격하려고 했어요.

성리학을 공부하고 과거 시험을 통해 관직에 오른 신진 사대부는 성리학의 본고장인 명나라의 요구를 들어주어야 한다고 주장했어요. 이성계 역시 신진 사대부 편에 섰죠. 이성계는 명나라를 공격하라는 왕의 명령을 거부하고 오히려 위화도에서 군대를 이끌고 개경으로 향했어요(위화도 회군, 2부 '역사 속으로 사라진 고려' 참고).

민심을 얻은 이성계와 신진 사대부

고려 32대 우왕을 강화도로 쫓아낸 이성계와 신진 사대부 세력은 여러 개혁 정책을 시행했어요. 특히, 토지 개혁을 단행해서 권문세족에게 땅을 빼앗긴 농민들에게 땅을 돌려주었어요. 억울하게 노비가 된 사람들도 본래의 신분으로 회복시켰어요. 백성은 이런 개혁을 반겼고, 스스로 농사를 짓는 사람들이 많아지면서 세금을 많이 걷게 되어 재정도 탄탄해졌지요.

이성계는 정몽주를 중심으로 개혁에 반대하는 세력들을 제거했어요. 1389년에는 최영과 우왕, 창왕을 사형시키고, 1392년 4월에는 이성계의 아들인 이방원이 정몽주를 암살했어요. 그리고 자신을 막을 사람이 아무도 없는 상태에서 그해 7월 공양왕이 스스로 왕위에서 물러나고 이성계가 왕이 되었어요.

한양과 사대문

한양 천도 1394년

왜 한양을 수도로 선택했을까요?

1392년 음력 7월 17일, 드디어 이성계가 새로운 나라의 왕이 되었어요. 하지만 이때까지는 나라 이름도 그대로 고려였고, 수도도 개경이었죠. 이성계가 나라 이름을 고려에서 조선으로 바꾼 것은 그로부터 몇 달이 지난 뒤였어요. 나라 이름을 조선으로 바꾼 이성계, 조선 태조는 풍수지리설에 따라 개경은 기운이 다했으며, 새로운 나라는 새로운 곳에서 시작해야 한다고 믿었어요. 그래서 신하들에게 새로운 수도로 적합한 곳을 알아보라 했고, 1394년 8월 몇 곳의 후보지 중에서 최종적으로 한양을 선택했어요.

한양(서울)은 고려 시대에도 남경이라 불리

는 큰 도시였어요. 또 한강이 흘러 뱃길을 비롯한 교통로도 좋았죠. 넓은 평야가 있고 높은 산이 주변을 둘러싸고 있어서 외적이 쳐들어와도 방어하기에 좋았죠. 태조는 궁궐이 다 세워지기도 전인 1394년 10월에 한양으로 몸을 옮겼어요.

🏵 수도 한양을 설계한 사람은 정도전이에요

지금의 서울과 조선의 한양은 모습만 다른 것이 아니라 영역도 달랐어요. 처음 한양을 설계했을 때는 동서남북 사대문 안쪽만 한양이었어요.

수도 한양을 설계한 정도전은 한양의 둘레에 성곽을 쌓아서 경계를 지었어요. 이것을 한양도성이라고 하는데, 북악산, 인왕산, 목멱산(남산), 낙산을 연결해요. 둘레는 약 18킬로미터 정도인데, 원래의 모습대로 남아 있는 곳도 있고, 끊어진 곳도 있고, 다시 복원한 곳도 있어요. 한양도성에는 동서남북 사방으로 드나들 수 있게 커다란 문인 사대문과 작은 문인 사소문을 지었어요.

🏵 정도전은 왕이 사는 곳인 경복궁을 중심으로 왼쪽에 종묘, 오른쪽에 사직을 두었어요

종묘는 역대의 왕에게 제사를 지내는 곳이고, 사직은 땅과 곡식의 신에게 제사를 지내는 곳이에요. 즉 종묘는 나라의 뿌리를 뜻하고, 사직은 백성들의 삶을 지탱하는 나라의 현재를 의미하죠.

경복궁의 정문인 광화문 앞으로는 나라를 운영하는 여섯 부서인 이조, 호조, 예조, 병조, 형조, 공조의 관청이 있는 육조거리가 있어요. 지금의 종로에는 사람들이 구름처럼 몰려드는 운종가라는 번화가가 있었어요.

🏵 사대문 이름에는 성리학의 원리가 숨어 있어요

정도전은 한양을 설계하면서 성리학의 원리에 충실하려고 했어요. 그래서 이름을 지을 때도 유교의 가르침에 충실하려고 했죠. 먼저 사대문의 이름은 볼까요? 동대문, 서대문, 남대문, 북대문의 이름은 각각 흥인지문興仁之門, 돈의문敦義門, 숭례문崇禮門, 숙정문肅靖門이에요. 그리고 종로의 중앙에는 누각을 세우고, 커다란 종을 달았는데, 여기에는 보신각普信閣이라는 이름을 붙였어요.

성리학의 기본 가르침은 인의예지신仁義禮智信으로 정리할 수 있어요. 이 다섯 가지는 사람이라면 반드시 갖추어야 할 기본적인 도리라고 유교에서는 가르치죠. 사대문과 보신각의 이름에는 인의예지신이 한 글자씩 들어 있어요. 다만 북대문인 숙정문에는 지智가 빠져 있는데, 처음 이 문을 지었을 때의 이름은 소지문昭智門이었다고 해요.

조선의 5대 궁궐

경복궁 건립 1395년(태조 4년)
창덕궁 건립 1405년(태종 5년)
창경궁 건립 1483년(성종 14년)
경희궁 건립 1617년(광해군 9년)

 문화재청 경복궁
 문화재청 창덕궁
 문화재청 창경궁
 문화재청 덕수궁
 경희궁

임금님이 지낸 정식 궁궐, 경복궁

첫 궁궐인 경복궁景福宮을 비롯해 조선 시대에는 여러 궁궐을 지었어요. 궁궐이 불에 타 새로 짓거나 궁궐에 사는 사람이 늘어나 더 많은 궁궐이 필요했기 때문이죠. 한양에는 그런 식으로 모두 5개의 궁궐이 지어졌어요. 경복궁은 조선 시대에 가장 먼저 지어진 법궁法宮이에요. 법궁은 임금님이 지낸 정식 궁궐을 말해요. 조선이 세워지고 3년 뒤인 1395년에 건축되었어요. 임진왜란 때 모조리 불에 타 오랫동안 사용되지 못했지만, 1872년 고종의 아버지인 흥선 대원군이 중건하여 다시금 법궁의 지위를 얻었죠.

지금은 많이 훼손된 경희궁

경희궁慶熙宮이 있던 자리에는 광해군의 이복동생인 정원군의 집이 있었어요. 이 터에 왕의 기운이 서려 있다며 광해군이 집을 헐고 궁궐을 지었죠. 처음 이름은 경덕궁이었어요. 순조 때 불에 탔지만 2년 만에 복원했어요. 하지만 안타깝게도 경희궁은 일제 강점기 때 심하게 훼손되어 지금은 건물이 거의 남아 있지 않아요.

돌담이 유명한 덕수궁

원래 이름이 경운궁慶運宮인 덕수궁德壽宮은 본래 성종의 형인 월산 대군이 머무는 개인 자택이었어요. 이 월산대군가家는 임진왜란 이후 궁궐이 모두 불에 타 머물 곳이 없던 선조가 거처를 정한 곳이에요. 선조와 광해군이 이곳에서 머물다 창덕궁으로 옮겼죠. 덕수궁은 개인의 거처를 개조한 궁궐이라 다른 궁궐들과 건물의 모양새가 조금 달라요. 고종 때 덕수궁으로 이름을 바꾸었답니다.

비운의 역사를 간직한 창경궁

창경궁昌慶宮은 가장 비극적인 역사를 안고 있는 곳이에요. 성종이 자신의 어머니, 작은어머니, 할머니를 모시기 위해 지었어요. 이 궁궐은 이후로도 왕실의 어른이 거처하는 곳으로, '효'의 상징과도 같은 곳이에요. 창경궁 역시 임진왜란 때 불에 탔다가 복원되어 법궁으로 쓰였어요. 창경궁은 순종 때 일제에 의해 동물원과 식물원이 들어서고 이름도 창경원으로 바뀌었어요. 1983년에야 동물원과 식물원을 서울대공원으로 옮기고, 창경궁의 원래 이름과 지위를 되찾았어요.

조선의 두 번째 궁궐, 창덕궁

창덕궁昌德宮은 가장 조선적인 궁궐이라는 평을 듣고 있어요. 창덕궁을 지은 태종은 창덕궁을 별궁으로 지었어요. 별궁은 임금이 바깥에 나갈 때 머무는 궁이에요. 창덕궁 역시 임진왜란 때 불에 탔으나 곧바로 다시 지어졌고, 경복궁이 원래의 모습을 되찾을 때까지 임금이 머무는 법궁의 역할을 대신했어요. 창덕궁은 비교적 원형이 잘 보존되어 있어 유네스코가 지정한 세계문화유산으로 등록되었어요.

종묘

종묘 건립 1395년(태조 4년)

조선의 신전, 종묘

종묘는 조선의 왕과 왕비의 혼을 모시면서 그들이 남긴 공을 찬양하는 곳이에요. 조선의 역사를 이끌어온 왕들의 영혼이 이곳 정전에 남아 있죠. 이곳에는 조선 왕조 500년의 역사가 새겨져 있답니다.

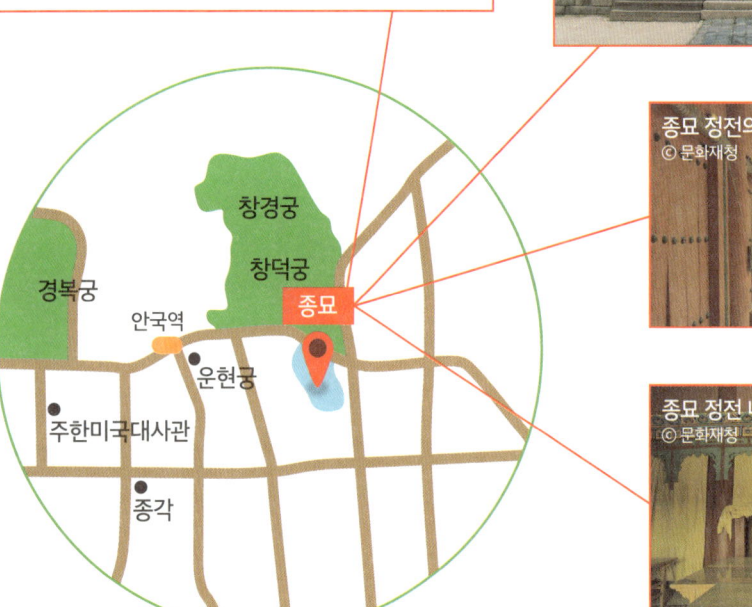

🎖 종묘는 왕이 죽은 뒤 그 신위를 모시는 곳이에요

서울 도심 한복판, 종로 3가 거대한 빌딩 숲 한가운데 마치 다른 세상에 와 있는 것 같은 공간이 있어요. 바로 종묘예요. 1395년 태조 이성계는 조선의 수도를 한양으로 옮기고 그해 12월에 종묘 건물을 지었어요. 조선의 왕들은 세상을 떠난 뒤 이곳 종묘의 정전에 신으로 모셔졌어요. 따라서 종묘는 역대 왕들의 혼을 모신 조선의 신전인 셈이죠.

보는 이를 압도하는 종묘 정전

종묘에 들어서면 가장 중요한 건물인 정전 앞까지 향하는 돌길이 있어요. 폭은 3미터 정도에 세 갈래로 갈라져 있죠. 가운데 길은 신이 다니는 길이고, 오른쪽은 왕, 왼쪽은 세자가 다니는 길이에요. 중앙에 놓인 길은 신의 길인 셈이죠.

종묘 정전은 크기만으로 보는 사람을 압도해요. 길이만 101미터에 이르는데, 그중에서도 단연 눈에 띄는 것은 지붕이에요. 이 지붕은 조선 어떤 건축에서 찾아보기 힘든 독특한 아름다움을 지니고 있어요. 화려한 장식 없이 강물처럼 길게 펼쳐져 있는 모습이 보는 사람을 완전히 압도하죠.

기다란 지붕 아래로는 지붕을 받치는 기둥인 열주들이 죽 늘어서 있어요. 궁궐이나 사찰 등의 전통 건축물에는 화려한 단청이 있는데, 이곳 종묘 정전의 열주에는 단청이 없어요. 단청은 기둥이나 벽, 천장에 여러 빛깔로 화려한 그림을 그려놓은 것을 말해요. 열주들의 묵묵함과 소박함 때문에 종묘 정전은 더 신성하게 느껴져요.

왕과 왕비의 혼이 담긴 방, 신실

종묘 정전의 문은 한 해에 딱 한 번 제사 때 열려요. 정전 안에는 조선 왕들의 신주를 모신 신실이 있는데, 커다란 정전 건물 하나를 함께 쓰면서 칸을 막아 공간을 구분했어요. 신실의 가장 깊숙한 곳에 역대 조선의 왕과 왕비의 혼이 담긴 신주가 모셔져 있죠. 왕과 왕비들은 마치 한 방을 함께 쓰듯 신실 하나를 함께 써요. 정전에는 열아홉 칸, 49위의 신주들이 모셔져 있어요. 유교 국가였던 조선에서 효는 최고의 덕목이었어요. 더욱이 만백성의 모범이었던 왕이라면 그들의 조상을 지엄하고 신성하게 모실 수밖에 없었을 거예요.

정전의 첫 번째 신실에는 태조 이성계와 두 왕비의 신위가 모셔져 있어요. 공간의 문제 때문에 4대조 이상의 신주는 영녕전으로 옮기는 것이 법도지만, 태조의 신주는 아직도 정전에 남아 있죠. 이렇게 업적과 공덕을 인정받아 영원히 정전에 모시는 왕을 불천지주라고 해요. 불천지주로 정해진 왕은 태조를 비롯해 태종, 세종, 정조예요.

세 차례나 덧붙여 더 늘려 지어서 지금과 같은 거대한 모습을 갖추게 되었어요

정전을 완공했을 때는 7칸 규모였어요. 하지만 세종 대에 이르자 정전의 신실이 부족해졌죠. 이때 세종은 정전의 서쪽에 별묘인 영녕전을 짓고 4대조가 지난 신주부터 차례로 영녕전에 모시기로 했어요. 조선 왕조가 계속되면서 정전의 신실은 또다시 부족해졌고, 1546년(명종 1년)에 첫 번째로 늘려 지었어요. 종묘는 임진왜란 때 소실되었다가 광해군 즉위년(1608년)에 다시 지어진 후에 1726년(영조 2년), 1836년(현종 2년)에 계속 증축하여 지금과 같은 거대한 모습을 갖추게 되었어요.

태종

정종 1357~1419년 (2대 재위 1398~1400년)
태종 1367~1422년 (3대 재위 1400~1418년)

전국을 팔도로 나눠서 지방 행정구역을 개편했어요

중앙 정부에서 왕권을 강하게 다져놓은 태종은 왕의 권력이 지방까지 효율적으로 미칠 수 있도록 지방 행정구역도 개편했어요. 이를 위해서 전국을 8개의 도로 나누고, 그 아래 부, 목, 군, 현 같은 지방 관청을 두어 전국 방방곡곡에 관리를 보냈어요. 이때 생긴 도의 이름이 경기도, 강원도, 충청도, 경상도, 전라도, 평안도, 함길도(함경도), 황해도예요. 그때 생긴 도의 이름을 지금도 쓰고 있답니다.

태조 이성계에게는 아들이 여덟이나 있었어요

첫째 부인이 여섯, 둘째 부인이 둘을 낳았죠. 아들이 많으면 당연히 좋을 거라 생각할 수 있지만, 서로 사이가 좋지 않다면 오히려 적으니만 못할 수도 있죠. 태조의 상황이 그랬어요. 여덟 아들이 사이가 좋은 않은 정도가 아니라 서로 죽고 죽이는 끔찍한 일까지 벌였으니까요.

태조는 세자로 여덟째인 막내 이방석을 정했어요. 태조의 아들 중 다섯째인 이방원은 이런 상황에 불만이 많았어요. 결국 이방원은 조선을 세우는 데 큰 공을 세운 정도전과 세자였던 막내 이방석을 죽이고, 자신의 둘째 형인 이방과를 세자로 세웠어요. 이것이 제1차 왕자의 난이며, 이때 세자가 된 이방과가 바로 조선의 2대 왕인 정종이에요.

태종은 제2차 왕자의 난으로 왕위에 올랐어요

정종은 왕위에 올랐지만 주로 사냥이나 격구라는 공놀이를 하며 지냈어요. 그러던 중 넷째인 이방간이 왕의 자리를 노리며 군사를 일으켰어요. 이방원은 이를 진압하여 이방간을 먼 곳으로 귀양 보내 버렸어요. 이것을 제2차 왕자의 난이라고 해요. 정종은 왕위에 오른 지 2년 2개월 만에 스스로 물러나고 이방원에게 왕위를 물려주었어요. 이방원이 바로 조선의 3대 왕 태종이에요.

태종은 수많은 정책을 시행하고, 법과 제도를 마련하여 나라의 기틀을 다졌어요

태종 이방원은 조선이 세워지기 전 정몽주를 살해하고, 이후에는 정도전과 자신의 동생과 형까지 제거했어요. 왕이 되는 과정이 무척 험난하고 거칠었죠. 하지만 왕이 된 이후 태종은 수많은 정책을 시행하면서 왕권을 강화하고 나라의 기틀을 단단하게 다졌어요.

먼저 태종은 고려 때부터 있었던 신하들의 최고 의결기구인 도평의사사를 없애고 의정부를 만들었어요. 의정부는 나라의 중요한 일을 결정하는 관청으로 영의정, 좌의정, 우의정이 이끌었어요. 의정부 밑에는 각 분야의 일을 다루는 육조가 있었어요. 태종은 훗날 의정부가 왕보다 중요한 결정을 내린다고 보고, 의정부를 거치지 않고 육조에 직접 보고하게 했어요.

태종은 왕실의 귀족이나 지위가 높은 사람이 개인적으로 보유한 군인인 사병도 모두 없앴어요. 또 왕과 세자의 부인 쪽 가문인 외척 세력도 숙청했죠. 왕권에 위협이 된다고 보았기 때문이에요. 태종은 또 호패법도 시행했는데, 16세 이상의 남자는 무조건 신분증인 호패를 차도록 했어요. 이것은 세금을 잘 걷고, 군역을 지키기 위한 방법이었어요.

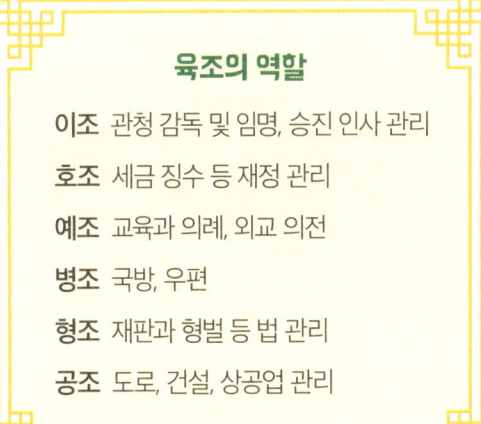

육조의 역할

이조 관청 감독 및 임명, 승진 인사 관리
호조 세금 징수 등 재정 관리
예조 교육과 의례, 외교 의전
병조 국방, 우편
형조 재판과 형벌 등 법 관리
공조 도로, 건설, 상공업 관리

과거 시험

문경새재 조령 제3관문 ⓒ 문화재청

과거 시험을 보려면 넘어야 하는 문경 고개

과거 시험 자체도 어렵지만 과거 시험을 보러 가는 길도 험난했어요. 한양에 산다면 몰라도 멀리 떨어진 지역에 살면 시험을 보기 위해 목숨을 걸고 한양까지 가야 했죠. 차가 없고 길도 엉망이었던 때라 한 달 이상 여행을 해야 했어요.

문경새재는 경상북도 문경에서 충청북도 괴산으로 이어지는 조령산에 있는 고개(재)예요. 조령鳥嶺은 새도 날아 넘기 힘들어 쉬어간다는 뜻이에요. 문경새재는 조선 시대에는 경상도 쪽에서 한양으로 가는 거의 유일한 길목이었어요. 지금 이곳에는 '문경새재 과거길'이라는 이름으로 옛날 선비들이 걸어서 한양에 갔던 길이 남아 있어요. '한국의 아름다운 길 100선'에 꼽힌 문경새재 과거길에는 과거 시험 보러 가던 선비들이 소원을 빌었다는 책바위와 고개를 넘기 전 묵었던 조령원터, 주막 등이 남아 있어요.

관리를 뽑는 시험인 과거 시험이 가장 중요한 출세 수단이었어요

고려 광종 때 처음 도입된 과거 시험은 조선 시대에는 관리를 뽑는 대표적인 절차가 되었어요. 관리가 되어야 출세를 할 수 있던 조선 시대에는 관리를 뽑는 시험인 과거 시험이 가장 중요한 출세 수단이었어요.

과거는 신분상 일반 서민인 양인과 양반만 응시할 수 있었어요. 천민이나 서얼 출신은 시험을 볼 수 없었죠. 서얼은 양반의 가문이지만 정실부인이 아닌 첩에게서 태어난 자식으로 잡과에만 응시할 수 있었어요.

과거 시험은 문과, 무과, 잡과로 나뉘어요. 문과는 관리를 뽑는 시험이고, 무과는 무관을 선발하는 시험이에요. 잡과는 특수한 직업을 가진 기술직을 뽑는 시험이죠. 잡과에 해당하는 기술직은 역(통역), 의(의학), 음양(천문, 지리), 율과(법률)의 네 가지가 있었어요.

과거 시험은 한 번에 끝나는 시험이 아니에요

조선 시대는 문文을 숭상하는 분위기가 있어서 흔히 과거 시험이라고 하면 문과를 떠올려요. 여기서는 문과를 살펴볼게요. 과거 시험은 크게 소과와 대과로 나뉘고, 소과는 생원시와 진사시로 나눠 각각 초시(1차 시험)와 복시(최종 시험)를 치러요. 대과는 초시(1차 시험)와 복시(2차 시험)에 전시(최종 시험)가 포함돼죠. 전시는 임금 앞에서 보는 최종 시험이었어요. 이렇게 전시까지 5단계의 시험을 모두 거쳐야 과거에 급제하는 거예요.

소과는 생원과 진사라는 일종의 과목이 있어요. 생원은 경전을 읽고 해석하는 능력을 보는 시험이고, 진사는 시를 짓는 능력을 보는 시험이에요. 생원시든 진사시든 소과의 초시와 복시를 통과한 사람을 흔히 '생원'이나 '진사'로 부르곤 했죠. 생원과 진사는 당시 최고의 국립학교인 성균관에 입학해 일정 기간을 공부해야 대과를 볼 수 있었어요. 또는 하급 관리가 되기도 했어요.

과거 시험에 급제하기까지는 평균 25~30년이 걸렸다고 해요. 그러니 아무리 일반 평민도 시험을 볼 수 있었다고는 해도 실제로 과거에 급제한 사람은 대부분 양반이었다고 해요.

파발과 봉수

조선 시대 봉수 노선

목멱산 봉수대터 ⓒ문화재청

🏛 사람이 직접 전달한 파발과 지역 곳곳에 설치한 교통 통신 기관, 역참

　조선 시대에는 한양에서 멀리 떨어진 지방에서 문서를 전달할 때 사람이 직접 들고 가서 전달 했어요. 이것을 파발이라고 해요. 파발에는 사람이 걷거나 뛰어서 가는 보발과 말을 타고 가는 기발이 있어요. 사람 한 명이나 말 한 마리가 처음부터 끝까지 걷거나 달려서 문서를 전달하면 지치기도 해서 시간이 오래 걸릴 수밖에 없어요.

조선 시대에는 한양을 중심으로 지역 곳곳에 역참을 두었어요. 역참이란 나라의 일을 하기 위해 설치된 교통 통신 기관이에요. 역참에서는 지방으로 이동하는 관리나 문서를 전달하는 파발꾼에게 말과 끼니를 제공했죠. 급한 소식을 전할 때는 역참에 대기하고 있던 사람에게 문서를 전달하거나 새로운 말로 갈아타서 이어달리기하듯이 소식을 전했죠. 이렇게 하면 부산에서 한양까지 이삼일 만에 소식을 전달할 수 있었다고 해요.

연기와 불로 급한 일을 전달하는 통신수단, 봉수

파발로도 전할 수 없을 정도로 위급한 소식은 봉수를 이용해 전달했어요. 봉수는 봉화라고도 하는데, 연기와 불로 급한 일을 전달하는 통신수단이에요. 주로 높은 산의 꼭대기에 봉수대를 설치해놓고, 위기 상황에 따라서 밤에는 횃불, 낮에는 연기를 정해진 방식으로 피웠죠. 평시에는 횃불을 한 개, 적이 나타나면 두 개, 적이 국경에 접근하면 세 개, 국경을 넘어오면 네 개, 적과의 전투가 벌어지면 다섯 개를 피우는 식이었어요.

조선 시대의 봉수는 세종 때 본격적으로 정비하여 시행했어요. 함경도 경흥(제1로), 동래 다대포(제2로), 평안도 강계(제3로), 평안도 의주(제4로), 전남 순천(제5로)의 다섯 곳을 시작점으로 삼아 한양의 목멱산(남산)으로 향하게 되어 있었죠. 시작점에서 한양까지 봉수가 도착하는 시간은 12시간이었다고 해요. 봉수대에는 늘 봉졸이 있었는데, 나라의 위급한 소식을 전달해야 하기 때문에 규율이 엄격했어요. 전국 곳곳 700여 개 산에 봉수대가 있었다고 해요.

무거운 짐을 한 번에 많이 옮길 때 이용한 물길, 조운

급한 소식은 봉수로, 문서 등은 파발로 전달했다면 무거운 짐은 배를 이용했어요. 말이 끄는 마차나 소가 끄는 우차를 이용해 육로로 옮길 수도 있지만, 지금처럼 길이 매끈하게 닦인 게 아니어서 시간도 오래 걸리고 많은 짐을 옮기지도 못했죠.

바닷길과 강을 이용하면 무거운 짐도 한 번에 많이 옮길 수 있었어요. 주로 조세로 거둔 곡식을 옮겼는데, 호남과 영남 지방에서 거둔 곡식은 바다를 통해서 옮겼고, 충청도 내륙에서 거둔 곡식은 남한강을 따라서 옮겼어요. 이렇게 물길을 이용해 짐을 옮기는 것을 조운이라고 해요. 크고 넓은 한강이 흐르는 한양은 조운을 이용해 전국 각지의 세곡을 모으기에 유리한 곳이었죠.

《조선왕조실록》

《조선왕조실록》 오대산 사고본
ⓒ 문화재청

《조선왕조실록》 태백산 사고본
ⓒ 문화재청

국가기록원 역사기록관(부산)
《조선왕조실록》의 역사적 가치, 편찬 및 보존과정, 실록 속 재미있는 이야기 등을 주제별로 전시한 전시관이 있답니다.

《조선왕조실록》은 조선의 1대 왕부터 25대 왕까지의 일을 기록한 책이에요

《조선왕조실록》은 조선의 1대 왕 태조부터 25대 왕 철종까지, 1392년부터 1863년까지, 427년에 걸쳐 조선 임금 25명의 일을 기록한 책이에요. 우리가 조선 시대의 역사를 알 수 있는 데는 《조선왕조실록》의 공이 크죠. '실록'이란 '임금이 왕위에 있는 동안 조정에서 일어난 일과 그 밖의 여러 사실을 정리한 기록이라고 해요. 물론 《조선왕조실록》에는 왕의 이야기만 있는 것이 아니에요. 조선 시대의 정치, 군사, 외교, 풍속 등에 관한 온갖 이야기가 담겨 있죠.

427년 동안 쓴 책이기 때문에 《조선왕조실록》의 분량은 어마어마해요. 모두 1894권에 888책에 이르죠. 원래 우리나라에서는 고려 초기부터 실록을 편찬했는데 모두 소실되었고, 지금은 조선 시대에 남긴 실록만 전해요.

> ### 선사 시대와 역사 시대
>
> 우리가 옛날에 일어난 일을 알 수 있는 이유는 기록이 남아 있기 때문이에요. 책이나 문서 등 글자로 남긴 기록을 통해서 과거 사람들이 살아간 모습이나 나라들이 일어나고 망하는 모습을 파악할 수 있죠. 이렇게 문자로 기록을 남긴 시대부터를 역사 시대라고 하고, 문자가 없어 기록을 남기지 못한 시대를 선사 시대라고 해요. 선사 시대의 역사는 집터나 그릇, 도구 등을 통해 그 흔적을 추측하는 거고요.
>
> 인간은 기록을 남김으로써 역사를 쓸 수 있고, 역사로 과거의 모습을 봄으로써 미래를 준비할 수 있어요. 개인의 사소한 일기부터 국가의 중요한 일정을 남기는 국가 기록까지, 훗날에는 모두 소중한 역사의 기록이 될 수 있죠.

《조선왕조실록》은 왕도 볼 수 없었어요

《조선왕조실록》은 1997년 유네스코 세계기록유산으로 지정되었어요. 단순히 기록의 양이 많은 것만이 주요한 건 아니었죠. 《조선왕조실록》은 다른 어느 역사서에서도 흉내 내지 못한 중요한 원칙을 지켜왔어요.

임금의 곁에는 항상 모든 것을 기록하는 관리인 사관이 따라붙었어요. 사관은 품계 자체는 낮았지만, 임금의 언행을 비롯해 신하들과 정책을 논의하고 결정하는 모든 장면을 기록했어요. 이렇게 사관이 남긴 첫 기록을 사초라고 해요. 이 사초를 바탕으로 한 임금이 죽으면 그다음 임금 대에 실록을 작성해요. 사초는 사관 이외에는 누구도 볼 수 없었어요. 사초를 본 사관이 그 내용을 누설하면 큰 벌을 받았어요. 내용이 공개되면 선비나 조정의 신하가 정치적 반대파에게 몰려 참혹한 화를 입던 사화士禍('선비의 시대와 서원' 참고) 사건이 일어날 우려가 높았기 때문이에요. 세종 대왕도 태종의 사초를 보려고 했다가 거절당한 적이 있어요.

임진왜란 이후에는 깊은 산속의 다섯 사고에 《조선왕조실록》을 보관했어요

《조선왕조실록》은 처음에는 한양의 춘추관, 충주, 성주, 전주에 1부씩 보관했어요. 《조선왕조실록》을 보관하는 곳을 사고라고 해요. 임진왜란이 일어났을 때 전주 사고의 실록만 남고 모두 불에 탔어요. 전주에 있는 실록은 안의와 손홍록이라는 사람이 자기 돈을 들여 모두 정읍의 내장산으로 옮겼죠. 임진왜란이 끝난 이후 한양의 춘추관과 강화도 마니산, 경상도 봉화의 태백산, 평안도 영변의 묘향산, 강원도 평창의 오대산 등 깊은 산속에 사고를 짓고, 《조선왕조실록》을 보관했어요. 이 다섯 사고에 있던 실록도 일제 강점기를 겪으면서 일본에 넘어가거나 소실된 것이 많아요. 지금은 국가기록원 역사기록관에 태백산본 원본이 보관되어 있어요.

세종 대왕

《효행록》개정 펴냄 1428년(세종 10년)
《삼강행실도》간행 1432년(세종 14년)
4군 설치 1416(태종 16년)~1443년(세종 25년)
6진 설치 1434년(세종 16년)~1449년(세종 31년)

세종 대왕
1397~1450년(4대 재위 1418~1450년)

세종대왕유적관리소

세종 대왕의 업적을 볼 수 있는 영릉

백성과 나라를 위해 많은 업적을 쌓은 세종 대왕은 건강이 좋지 못했어요. 어릴 적부터 워낙 책 읽기만 좋아했고, 왕이 된 뒤로는 감당하기 힘들 정도로 많은 일을 처리했죠. 결국 지나치게 공부와 일만 많이 하고 운동을 거의 하지 않아 건강이 나빠졌어요. 말년에는 시각장애를 비롯해 여러 합병증에 시달렸어요. 세종 대왕의 능은 영릉으로 불리는데, 현재 경기도 여주에 있어요. 이곳에는 세종대왕역사문화관이 있어 세종 대왕의 업적을 한 번에 볼 수 있어요.

영릉

세종 대왕은 정치, 과학, 예술, 학문, 국방 등 많은 분야에서 뛰어난 업적을 쌓았어요

세종대왕은 《삼강행실도》, 《효행록》 등을 간행하여 유교를 장려했고, 명재상 황희를 등용하여 정치를 안정화했어요. 대마도를 정벌하고 여진족에게 빼앗긴 땅을 되찾기도 했어요. 백성을 잘살게 하기 위해 농사에 관한 책도 펴내게 했고, 이를 읽지 못하는 백성을 위해 한글을 창제했죠.

신분에 얽매이지 않고 장영실 같은 천민도 관리로 임명하여 놀라운 과학적 발명품을 만들도록 했어요(조선의 발명왕, 장영실' 참고). 천체의 운행과 현상을 관측하는 기구인 간의, 천체의 운행과 위치를 관측하는 혼천의, 일종의 천구의로서 하늘의 별들을 보이는 위치 그대로 둥근 구면에 표시한 천문기기인 혼상, 해시계인 앙부일구와 물시계인 자격루 등도 세종 때 만들어졌죠. 이런 기구들은 단순히 우주와 날씨를 관측하는 것을 넘어 백성의 삶과 농사에 직접적으로 도움을 주었어요.

세종 대왕의 업적은 모두 백성의 삶을 더 풍요롭게 해주기 위한 것이었어요

한글을 창제한 것은 글자를 배우지 못한 백성들을 안타깝게 여겼기 때문이에요. 쉬운 한글로 자신의 생각을 마음껏 글로 표현하고 의사소통할 수 있게 한 것이죠('훈민정음' 참고).

농사에 도움을 주기 위해서 측우기를 만들었고, 《농사직설》을 간행해 우리나라의 땅과 기후에 맞는 농사법을 전파했죠. 또 백성들에게 세금을 공정하게 물리기 위해 공법을 제정했어요. 이전까지는 땅의 크기에 따라 일방적으로 곡식을 내게 했어요. 공법은 토지의 크기뿐 아니라 토지를 비옥도에 따라 6등급으로 나누고, 그해의 풍흉에 따라 9등급으로 나누어 세금을 거두었어요. 백성의 부담을 조금이라도 줄이기 위한 것이었죠.

세종 대왕의 수많은 업적 덕에 조선은 황금기를 맞았고 백성의 삶은 점차 안정되었어요. 농업 생산량도 늘었고, 인구도 500만 명으로 늘었답니다.

세종 대왕은 국방도 튼튼히 했어요

세종 대왕은 1433년 평안도 절제사로 최윤덕 장군을 임명하고 1만 5천의 군대로 압록강 유역의 여진족을 소탕했어요. 또 김종서 장군에게는 함길도(함경도) 지역의 여진족으로 몰아내도록 했죠. 세종 대왕은 압록강 유역에는 4군, 함길도 지역에는 6진을 설치해 백성들을 이주해 살도록 했어요. 이보다 훨씬 이른 시기인 1419년에는 왜구의 노략질이 심해지자 이종무 장군을 내세워 대마도를 정벌('이종무의 대마도 정벌' 참고)했어요.

훈민정음

세종 대왕 1397~1450년(4대 재위 1418~1450년)
허균 1569~1618년
주시경 1876~1914년

🟠 우리말 글자이자 세종 대왕이 펴낸 책의 제목, 훈민정음

"나랏말싸미 듕귁에 달아", 이해하기 힘든 암호 같은 문장으로 시작하는 글, 바로 훈민정음이에요. 훈민정음은 세종 대왕이 만든 우리말 글자이자 세종 대왕이 펴낸 책의 제목이에요. 위 문장은 《훈민정음》의 첫 문장으로 "우리나라 말이 중국 말과 달라"라는 뜻이에요.

세종 대왕은 우리나라 말이 중국말과 다른데 똑같이 한자를 쓰는 바람에 공부를 하지 못한 백성이 하고 싶은 말이 있어도 제대로 표현할 수 없는 게 안타까워, 훈민정음을 만들었다고 했어요. 세종 대왕은 1443년에 훈민정음 28자를 창제했고, 3년 동안 이를 다듬고 사용해본 뒤에 1446년 음력 9월에 반포했어요. 훈민정음訓民正音은 백성(民)을 가르치는(訓) 바른(正) 소리(音)라는 뜻이에요.

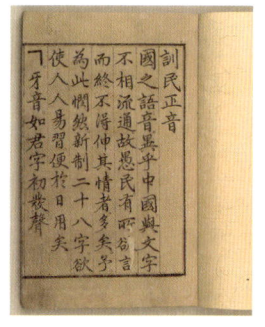

《훈민정음》 세종 대왕의 서문
ⓒ 문화재청

🟠 한글이 처음 창제되었을 때 양반은 크게 반대했어요

양반들은 한자와 한문만이 귀하고 중요한 문자이며, 따라서 새로 문자를 만드는 것은 불필요할 뿐 아니라 오히려 오랑캐의 짓이라고 했어요. 배우기 쉬운 훈민정음만 배우고 한자를 배우지 않을까

걱정된다고도 했죠. 하지만 어쩌면 백성이 글을 읽고 쓸 줄 아는 것이 두려웠을지도 모르죠.

🌼 '한글'이라는 이름은 1910년대에 한글학자인 주시경이 붙였어요

한글은 언문(한자 '언諺'은 상스러운 말, 속어를 뜻해요)으로 불리며 제대로 사용되지 못했어요. 오히려 여성이 배우는 글이라며 '암클', 어린이들이 배우는 글이라며 '아햇글' 등으로 불렀어요. 세종 대왕은 훈민정음을 사용하여 《용비어천가》와 《월인천강지곡》을 펴냈어요.

한글은 양반보다는 평민과 하층민을 중심으로 빠르게 퍼져나가서 1500년대에는 지방의 도공까지 사용할 수 있었어요. 1612년에는 허균이 최초의 한글 소설인 《홍길동전》을 쓰기도 했죠. 조선 중기 이후 가사 문학과 한글 소설 등이 많이 유행했고, 편지 등에서도 한글을 많이 사용했어요.

'한글'이라는 이름은 1910년대에 한글학자인 주시경이 처음으로 붙였어요. 그전에는 정해진 이름 없이 국서, 국문, 혹은 조선글이라고 불리기도 했어요. 한글의 한은 '크다', '바르다', '하나'를 뜻하는 고유어 '한'에서 따왔답니다.

한자는 표의 문자, 한글은 표음 문자

한자는 뜻을 담은 글자예요. 표의 문자라고도 해요. 한자 한 글자, 한 글자는 나름의 뜻과 음을 가지고 있어서 모두 외워야 읽고 쓸 수 있어요. 반면에 한글은 소리를 담은 표음 문자예요. 따라서 자음과 모음 28가지만 외우면 모든 글자를 읽고 쓸 수 있어요.

《용비어천가》와 《월인천강지곡》

《용비어천가》는 훈민정음으로 쓴 최초의 작품이에요. 중국의 고사에 비유하여, 조선을 세우기까지 목조·익조·도조·환조·태조·태종의 공덕을 기리어 지은 125장의 노래예요. 우리말 노래를 먼저 싣고 그에 대한 한역시를 뒤에 붙였어요.

《월인천강지곡》은 세종이 석가모니의 공덕을 찬양하여 지은 노래를 실은 책이에요. 500여 수의 노래가 지어졌다고 추정되지만 오늘날은 상권만 전해져요.

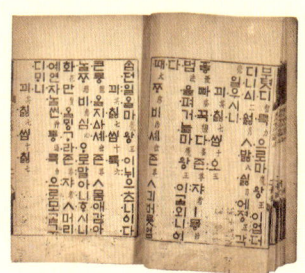

《월인천강지곡》(권상) ⓒ 문화재청

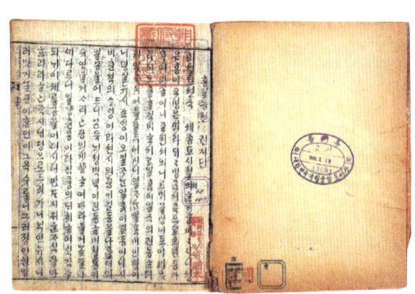

《홍길동전》의 첫 쪽 ⓒ 국립중앙도서관 소장

장영실

갑인자 제작 1434년(세종 16) **장영실** 1390(?)~1450(?)년
자격루 제작 1434년(세종 16년)
옥루 제작 1438년(세종 20년)

 장영실과학관

 부산 장영실과학동산

조선의 발명왕, 장영실의 과학 발명과 업적

세종 대왕의 수많은 업적 중에서 과학과 관련된 발명에 항상 따라다니는 이름이 있어요. 바로 장영실이죠. 장영실은 1432년부터 1438년까지 천문 기구를 제작하는 일에 참여해 그 과정에서 물시계인 자격루와 옥루를 만들었어요. 자격루는 일정한 시간에 맞춰 종이 울리도록 한 시계이고, 옥루는 시간과 계절을 알려주는 장치예요. 장영실은 조선 최초의 천문관측대인 간의대를 비롯하여 천문 기구 대간의와 소간의, 솥뚜껑을 뒤집어놓은 듯한 모습이라는 뜻의 해시계인 앙부일구, 휴대용 해시계인 현주일구와 천평일구, 방향을 가리키는 정남일구 등의 발명에 참여했어요. 천문 기구를 제작하는 중에도 장영실은 금속 활자인 갑인자를 주조하는 데 참여했어요. 갑인자는 구리로 만든 활자인데, 두 달여의 짧은 기간 동안 20만 자를 만들었죠.

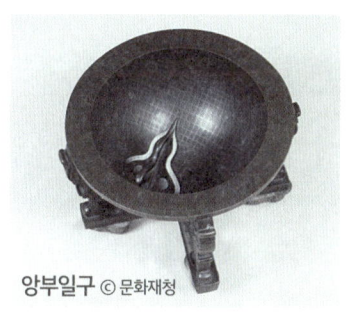
앙부일구 ⓒ문화재청

갑인자

세종은 노비였던 장영실의 신분을 해방하고 관직을 내려요

이렇게 뛰어난 업적으로 세종의 총애를 받은 장영실은 사실 관리가 될 수 없는 신분이었어요. 장영실의 아버지 장성휘는 고려 시대에 원나라(소주·항주)에서 조선으로 넘어온 유민이고, 어머니는 동래현의 기생이었어요. 태어났을 때 장영실은 동래현의 관노였죠. 관노는 관아에 속한 노비를 말해요.

장영실은 어릴 때부터 손재주가 좋아 농기구를 잘 고치는 것은 물론 신기한 기구를 많이 만들었어요. 이런 재능은 일찍이 태종 때부터 유명해져서 태종은 그를 궁으로 불러들였어요. 이후 세종 때에 장영실의 재능은 빛을 발하게 됩니다. 세종은 장영실의 신분을 해방해주고 종5품의 상의원 별좌라는 관직을 주었어요. 그 후 장영실은 해시계, 물시계를 비롯해 수많은 천문 기구를 만들었고, 세종은 그에게 종3품 호군의 벼슬까지 주었답니다.

조선 시대에 노비는 재산으로 취급받았어요

법에는 노비에게 가혹하게 대해선 안 된다고 되어 있었지만 유명무실했죠. 노비는 사거나 팔 수 있었고, 자식에게 물려줄 수도 있었어요. 조선 시대에는 '일천즉천'이라는 원칙이 있었는데, 부모 중 한쪽이 노비면 그 자식은 무조건 노비가 되는 것이었어요. 예를 들어 양반 남성이 노비 여성과 아이를 낳으면 그 자식은 노비가 되는 것이죠.

조선 초기에는 노비가 전체 인구의 40퍼센트 정도였어요. 하지만 조선 후기로 접어들면서 가난한 양반이나 평민이 스스로 노비로 팔려나가는 일 등이 생기면서 노비가 전체 인구의 70퍼센트까지 치솟았어요. 어떤 노비는 큰돈을 벌어 가난한 양반보다 훨씬 좋은 집에서 노비를 거느리고 살기도 했고, 돈으로 양반의 신분을 사기도 했어요.

조선 시대에 양반과 노비는 세금을 내지 않았어요. 세금은 오직 평민만 냈죠. 조선 후기에 양반과 노비만 비정상적으로 많아지자 1801년에 조정은 결국 관청 소속의 노비인 공노비를 해방시켜주기도 했어요. 조선의 신분 제도는 공식적으로 1894년 갑오개혁 때 폐지되었어요.

이종무의 대마도 정벌

대마도 정벌 1419년(세종 1년)

이종무 1360~1425년

→ 대마도 정벌군 기동

왜구의 근거지인 대마도

대마도(쓰시마섬)는 우리나라 부산과 일본 사이에 있는 작은 섬이에요. 제주도의 약 3분의 1 크기인데, 섬의 80~90퍼센트가 산지예요. 자연히 농사를 짓기가 여의치 않았죠. 대마도에 사는 사람들은 삼국 시대부터 우리나라에 조공하고 그 대가로 쌀 등을 받아갔어요.

대마도는 지리적 위치상 오래전부터 한반도와 일본의 교역을 중개하는 역할을 했어요. 일종의 중립지대였죠. 하지만 왜구들이 대마도를 차지하자 1389년(고려 창왕 2년)에는 박위가 대마도에 가 왜구를 토벌하기도 하였죠. 그 뒤 대마도를 지배하는 가문은 조선과 일본에서 동시에 관작을 받기도 했어요. 조선과 일본은 대마도를 일종의 외교 창구로 활용했답니다.

고려 말부터 한반도의 안전을 위협한 왜구

왜구는 본래 주로 대마도와 이키섬 혹은 규슈 지역에 살면서 고려와 중국을 잇는 해상 무역 활동을 했어요. 그러다 고려와 원나라의 연합군인 여몽 연합군이 침략한 뒤로 무역 활동이 막히자 노략질과 밀무역을 하게 되었죠. 당시 일본은 중앙 권력이 약해 먼 지역까지 통제하지 못했고, 밀무역을 해서 얻는 이익도 무시할 수 없었죠.

고려 말기에는 150년 동안 10년에 4~5회 정도 큰 규모로 침입했고, 《조선왕조실록》에는 왜구가 침입했다는 내용이 312차례나 등장해요. 이들 왜구는 수천 명이 수백 척의 배를 타고 출몰해 고려 말과 조선 초기에 큰 위협이 되었어요.

왜구

고려 시대와 조선 시대인 13세기부터 16세기에 걸쳐 일본에 거주하면서 한반도와 중국 연안 지역을 약탈하고 다닌 해적 무리를 말해요.

이종무의 대마도 정벌

조선 정부는 대마도에 거주하는 왜구들이 장사하는 것을 눈감아주고, 왜구들이 조선에 귀화하도록 하는 등 우대 정책을 펼쳤어요. 하지만 왜구들은 오히려 더 기승을 부렸고, 1406년(태종 6년)에는 전라도에, 1408년에는 충청도에 쳐들어와 마을을 노략질하고 관리를 죽이기도 했어요.

세종 대왕이 왕위에 오른 첫해인 1419년 상왕이었던 태종은 대마도를 정벌하기로 결정했어요. 당시 군사에 관한 문제만은 아직 태종이 직접 관장했거든요. 그전 해인 1418년 대마도에 큰 흉년이 들어 왜구들이 유난히 기승을 부렸기에 태종은 대마도 본토를 공격하기로 했죠.

대마도 정벌의 대장은 이종무가 맡았어요. 그는 병선 227척과 군사 1만 7285명을 이끌고 음력 6월 19일 거제도에서 출발했어요. 이튿날 대마도에 도착한 이종무는 왜구들을 무찌르고 대마도에 잡혀 있던 명나라 사람 140여 명과 조선 사람 8명을 구출했어요.

대마도주는 한 달 만에 항복했고, 태종은 이를 받아들였어요. 이때 대마도주는 신하의 예로 조선을 섬기며, 경상도의 일부로서 복속하기를 청했고, 왜구를 통제하며 매년 조공을 바치겠다고 했어요. 이종무의 대마도 정벌 이후 한동안 조선은 왜구의 침입을 받지 않았답니다.

단종

계유정난 1453년(단종 원년)
사육신의 단종 복위 운동 1456년
단종 유배 1456년
단종 사망 1457년

문종 1414~1452년(5대 재위 1450~1452년)
단종 1441~1457년(6대 재위 1452~1455년)
세조 1417~1468년(7대 재위 1455~1468년)

영월 문화관광 청령포

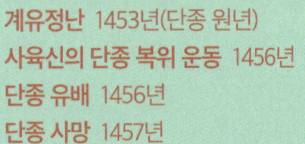
사육신묘 사당

영월 청령포 ⓒ영월관광

단종의 첫 유배지 영월 청령포에 위치한 어소

비운의 왕, 단종이 최후를 맞은 영월의 외로운 섬

단종을 따르는 무리가 위협된다고 느낀 세조는 단종을 강원도 영월의 청령포로 유배를 보냈어요. 이곳은 남한강의 지류인 서강이 삼면으로 감아 돌고 뒤에는 절벽이 있는 외딴곳이에요. 멀리서 보면 마치 한반도의 모양처럼 되어 있어서 경치는 좋지만, 그 안에 있는 단종에게 그곳은 마치 외딴 섬과도 같았죠.

단종은 이곳에서 자신의 불행한 처지를 한탄하다 17세라는 어린 나이에 세상을 떠났어요. 《세조실록》에는 자살했다고 기록되어 있지만, 《숙종실록》에는 단종을 모시던 시자가 살해했다고 되어 있어요. 지금도 청령포에는 시름에 빠진 단종이 한양을 바라보면 한숨지었다는 노산대, 한양에 남겨진 정순왕후를 그리며 쌓았다는 돌탑 등이 남아 있어요. 영월 청령포는 빼어난 경관 속에 가슴 아픈 역사를 간직하고 있는 곳이에요.

병약한 문종과 어린 왕, 단종

세종의 첫째 아들인 문종은 여덟 살 때인 1421년부터 29년 동안 왕세자로 지내면서 충실히 세종을 보필했어요. 문종은 인품이 훌륭하고 영리해 측우기를 발명하기도 하고, 문신과 무신을 고루 등용하는 등 세자 시절부터 좋은 정치를 펼쳤어요. 1450년 왕위에 오른 문종은 언론을 활성화하고, 《동국병감》, 《고려사》, 《고려사절요》 등의 역사책을 편찬하고, 병법을 정비하는 등 많은 업적을 쌓았어요. 하지만 워낙 병약해 즉위 2년 만인 1452년에 세상을 뜨고 말았죠.

문종에게는 현덕왕후 사이에서 낳은 아들이 있었어요. 문종을 이어 1452년 왕위에 오른 이 아들이 단종이에요. 하지만 고작 열두 살이라는 어린 나이에 왕위에 오른 단종의 앞날은 온통 어둡고 불안했어요.

세조는 조카 단종을 쫓아내고 왕위에 올랐어요

문종에게는 남자 동생이 여럿 있었어요. 그중에서 바로 아래 동생인 수양대군은 어린 시절부터 문무에 재능이 뛰어나고 욕심이 많았죠. 문종은 건강이 악화되자 자기 아들에게 수양대군이 큰 위협이 될 것이라 보았어요. 문종은 영의정 황보인, 좌의정 김종서에게 단종을 잘 보필하라는 유언을 남겼어요. 단종이 왕위에 오른 뒤 황보인과 김종서가 사실상 나랏일을 주도했고, 자연히 권력도 세졌죠.

수양대군은 이런 모습에 큰 불만을 느꼈고, 결국 1453년 이들을 죽였어요. 이것을 '계유정난'이라고 해요. 경쟁자를 제거한 수양대군은 곧 야심을 드러냈어요. 왕이자 어린 조카인 단종을 제치고 마치 자기가 왕이라도 된 듯이 정사를 휘둘렀어요. 자기 휘하의 사람들을 높은 자리에 앉히고 자신에게 반대하는 사람들을 가차 없이 죽였죠.

결국 이름뿐인 왕이었던 단종은 결국 1455년 수양대군에게 억지로 왕위를 넘겨주었어요. 수양대군이 바로 조선의 7대 왕인 세조예요. 이듬해인 1456년 단종을 따르던 여섯 명의 신하가 단종이 다시 왕위를 되찾을 수 있도록 계획을 세웠으나, 동지의 배신으로 실패하고 말았어요. 이들을 사육신이라고 불러요. 유성원은 자살을, 박팽년은 옥사를, 성삼문·하위지·이개·유응부는 수레로 찢겨 죽임을 당했어요.

선비의 시대와 서원

무오사화 1498년(연산군 4년)
갑자사화 1504년(연산군 10년)
기묘사화 1519년(중종 14년)
을사사화 1545년(명종 즉위년)
영주 소수 서원 사액 1550년(명종 5년)

중종 1488~1544년(11대 재위 1506~1544년)
명종 1534~1567년(12대 재위 1545~1567년)
주세붕 1495~1554년

소수서원

소수 서원
영주

영주 소수 서원

1543년(중종 36년) 풍기 군수 주세붕은 고려의 유학자인 안향을 기리는 사당을 세우고, 사당 앞에 건물을 지어 선비들의 공부 공간으로 삼았어요. 1545년 이곳을 백운동 서원이라 부르고 본격적으로 제자들을 가르치며 향촌의 사림을 키워나갔죠.
훗날 명종은 퇴계 이황의 건의를 받아들여 이곳을 사액 서원으로 삼고, 이름을 소수 서원으로 바꾸었어요. 사액 서원이란 임금이 직접 이름을 짓고 현판을 써서 내려준 서원을 말해요. 소수 서원은 임금에게 공인받은 최초의 서원인 셈이죠. 지금도 소수 서원에는 명종의 친필 현판이 걸려 있어요.

영주 소수 서원 경학당

명종 어필 '紹修書院' 현판

단종 폐위를 거든 훈구파와 이를 반대한 사림파

세조는 어린 조카인 단종을 몰아내고 왕이 되었어요. 이 과정에서 자신에게 힘을 보탠 사람에게 세조는 많은 토지와 노비를 선물로 주었을 뿐 아니라 그들을 공신으로 책봉했어요. 이들은 더 많은 재물과 권력을 얻으려고 부정부패를 저지르기도 했죠. 이때 권력의 중심에 오른 이들을 훈구파라고 해요.

이런 훈구파를 비판하면서 등장한 세력이 사림파예요. 사림은 중앙 권력에서 벗어나 시골에서 유학을 공부하던 학자들이었어요. 이들은 성종이 훈구파를 견제하기 위해 15세기부터 관직에 진출해 삼사라고 불리는 사간원, 사헌부, 홍문관에서 일했어요. 삼사는 왕과 관리들을 감찰하고 충고하는 곳이에요.

50여 년 사이에 네 차례의 사화로 사림파는 고난을 겪었어요

유교 정치를 실현하려 한 사림파와 권력을 놓지 않으려는 훈구파는 조정에서 대립하는 수준을 넘어서 피를 부르는 끔찍한 갈등을 겪게 됩니다. 그것을 사화士禍라고 불러요. 사화는 1498년 무오사화부터, 1504년 갑자사화, 1519년 기묘사화, 1545년 을사사화까지 총 네 차례에 걸쳐 일어났어요.

50여 년 사이에 일어난 이 네 차례의 사화로 사림파는 큰 충격을 받았지만, 절대 무너지지 않았어요. 살아남은 사림파는 지방으로 내려가 각자 자신의 고향에서 힘을 길렀어요. 사림은 각 지방에 서원을 세워 이곳을 활동 기반으로 삼아 제자를 키우면서 서서히 자신의 세력을 키웠죠.

사림은 서원을 중심으로 세력을 키웠어요

명종은 열두 살에 왕이 되어 어머니인 문정대비와 외삼촌인 윤원형의 뒤에서 허수아비 왕으로 지냈어요. 그러다 1560년 문정대비가 세상을 떠난 뒤 권력을 마구 휘두르던 윤원형을 귀양 보내고 학문과 덕을 두루 갖춘 사림파를 등용하기 시작했어요. 이때부터 사림파는 더욱 강한 세력이 되어 조선의 정치를 좌지우지하게 되었어요.

사림파는 사화를 겪는 동안 지방 마을에 서원을 세워 중심으로 향촌을 장악하고 자신들의 힘을 키워갔어요. 서원은 지역의 사림들이 함께 모여 서로 공부하고 토론하는 곳이었는데 시간이 지나면서 향촌 사람들이 모이는 중심이 되었죠. 선조 때에만 해도 전국에 100개가 넘는 서원이 생겼어요.

임꺽정

임꺽정 1504~1562년
명종 1534~1567년(13대 재위 1545~1567년)
문정왕후 윤씨 1501~1565년
윤원형 1503~1565년

고석정에 오른 임꺽정

한탄강이 흐르는 강원도 철원 깊은 계곡에 근거지를 삼은 임꺽정은 백성에게 일종의 대리 만족을 선사했어요. 1억 년 전 화산 활동으로 만들어져 수직으로 깎아지른 절벽을 고고히 흐르는 강물을 바라보며 임꺽정은 무슨 생각을 했을까요?

고석정

구월산
고석정
황해도
철원

임꺽정은 황해도를 중심으로 평안도와 함경도뿐 아니라 경기도와 한양에까지 세력을 뻗었어요.

임꺽정은 홍길동, 장길산과 더불어 조선 시대 3대 도적으로 꼽혀요

임꺽정은 황해도 출신의 백정으로 홍길동, 장길산과 더불어 조선 시대 3대 도적으로 꼽혀요. 처음엔 작은 도적 무리로 시작했지만 1559년부터 세력이 커져 황해도와 경기도를 중심으로 관아를 습격하고 관리들을 죽이는 등 나라를 시끄럽게 했죠.

임꺽정은 개성을 넘어 한양에까지 출몰했어요. 결국 조선의 13대 왕 명종은 경기도, 강원도, 함경도, 평안도, 황해도에 대장을 임명해 다른 일은 제쳐두고 오로지 임꺽정을 잡는 데만 집중하라는 명령을 내렸죠.

1562년 1월 어느 추운 겨울날, 황해도 구월산 깊은 산속 관군의 무리 속에서 누군가 외쳤어요. "임꺽정이다. 이자가 임꺽정이다." 같은 병졸 복장을 한 그는 순식간에 다른 병졸들에게 둘러싸였고, 곧 비처럼 쏟아붓는 화살을 온몸에 맞았어요. 1559년부터 3년 동안 전국을 떠들썩하게 만들었던 도적 임꺽정의 마지막 순간이에요.

진짜 도적은 따로 있어요

원래 임꺽정은 갈대를 꺾어 삿갓이나 짚신, 바구니 등을 만들어 파는 고리백정(고리장이)이었어요. 거친 갈대에 수시로 베인 손은 마디마디 굳은살투성이였죠. 아무리 힘들게 일을 해도 제값을 받기는 힘들었고, 백정이라는 이유로 온갖 멸시와 차별도 견뎌내야 했어요. 그러던 어느 날 조정의 관리들이 갈대밭의 주인이라며 돈을 내고 갈대를 사야 한다고 나섰어요. 졸지에 생계를 잃게 된 임꺽정은 깊은 불만을 품은 채 산에 들어가 도적이 되기로 결심했어요.

갈대의 주인이라고 나선 사람은 왕실의 내수사였어요. 이들은 왕실 재산을 관리하는 사람들이었는데, 문정왕후와 그 남동생인 윤원형의 재산을 늘리기 위해 동원되었죠. 명종은 12세에 왕이 되어 그 어머니인 문정왕후와 외삼촌인 윤원형이 정치를 좌지우지했어요. 권력을 쥔 이들은 자신들의 재산을 불리는 데만 급급해 뇌물을 받는 등 온갖 부패를 일삼았어요. 이 때문에 나라 안팎이 어지럽고, 지방의 말단 관리들까지 썩을 대로 썩어 백성의 삶은 피폐해졌죠.

임꺽정은 의적일까요, 도적일까요?

조정에서는 나라에 해가 된다며 전 군을 동원해 임꺽정 무리를 잡으려 했지만 워낙 세력이 큰 데다 지략까지 겸비해 허탕을 치기 일쑤였죠. 게다가 약탈한 재물과 곡식을 백성에게 나누어주어 백성의 지지를 받아 임꺽정 무리를 잡기는 더 힘들었죠.

임꺽정이 활동할 당시 문정왕후는 여왕이라 불릴 정도로 권력을 휘둘렀고, 윤원형은 탐욕에 눈이 멀어 마구잡이로 노비와 땅을 늘렸어요. 이런 때에 관청이나 양반의 집 등을 습격한 임꺽정과 그 무리에게 백성은 환호했죠. 물론 의적이 아니라 그저 규모가 큰 도적 무리라는 이야기도 있어요.

허난설헌

허난설헌 1563~1589년
허균 1569~1618년

(사)교산·난설헌 선양회

허균·허난설헌 기념관

허균·허난설헌 기념관

허난설헌 생가터 옆에는 작은 기념관 건물이 있어요. 바로 허균·허난설헌 기념관이죠. 기념관 안에는 조선 시대 사람들의 삶을 모습을 재현한 미니어처와 만화 〈홍길동전〉 등이 전시되어 있고, 탁본 체험을 할 수도 있어요.

허난설헌의 생가터

경포호가 내려다보이는 강원도 강릉시 초당동의 야트막한 산의 솔숲을 지나면 단정한 형태의 한옥이 한 채 있어요. 낮은 담장을 따라 걷다 소슬대문을 지나 안으로 들어서면 대청과 안채, 사랑채가 고즈넉이 자리하고 있죠. 이곳은 조선 시대의 유명한 시인 허난설헌의 생가터예요.

강릉 초당동 고택(허난설헌의 생가터)
ⓒ 문화재청

중국까지 명성을 떨친 시인이에요

1563년 양반 사대부 가문의 딸로 태어난 허난설헌은 어린 시절부터 뛰어난 글재주로 어른들을 놀래켰어요. 허난설헌의 오빠인 허성과 허봉도 뛰어난 문인으로 이름이 높았고, 동생은 《홍길동전》으로 유명한 허균이에요.

허난설헌은 27세라는 너무나 젊은 나이에 세상을 떠났어요. 이때 유언으로 자신이 쓴 시를 모두 태우라고 했죠. 하지만 허난설헌의 작품이 모두 사라지는 것을 안타까워한 동생 허균이 자신이 외우고 있는 시와 친정집에 있던 시들을 모아 《난설헌집》을 펴냈어요. 허균은 《난설헌집》을 명나라 사신들에게 보여주었고, 그들은 《난설헌집》을 명나라에 가져가 출판했어요. 허난설헌의 시는 명나라의 문인들의 극찬을 받았고, 일본에도 전해지게 되었어요.

허난설헌은 조선 사회에서 여성이 처한 현실에 깊은 슬픔을 느끼고 시로 표현했어요

허난설헌은 15세 때 김성립이라는 사람과 결혼했어요. 결혼생활은 행복하지 않았어요. 허난설헌은 두 아이를 돌림병으로 잃고, 셋째 아이는 임신 중에 유산하고 말았죠. 게다가 특별히 뛰어난 재주가 없던 남편은 어릴 때부터 신동이라고 소문이 난 아내를 부담스러워한 나머지 가정은 등한시한 채 과거 공부를 핑계 삼아 밖으로만 나돌았어요.

허난설헌은 조선 사회에서 여성이 처한 현실에 깊은 슬픔을 느꼈어요. 아무리 재주가 뛰어나도 누군가의 아내로만 살아가며 자신의 꿈을 펼칠 수 없는 불평등한 사회를 안타까워했죠. 이런 허난설헌의 마음은 남성 중심 사회를 비판하는 시로 이어지기도 했고, 현실과는 다른 이상 세계를 꿈꾸는 시로 표현되기도 했어요.

허난설헌은 〈삼한三恨(세 가지 한)〉이라는 시에서 이 넓은 세상에 왜 하필 조선에 태어났으며, 왜 아이를 갖지 못한 서러움을 지녀야 하는지, 그리고 수많은 남자 중에서 왜 하필 김성립의 아내가 되었는지를 안타까워했어요.

김성립은 허난설헌이 세상을 떠난 뒤 과거에 급제했고, 임진왜란이 일어났을 때는 의병으로 참가하여 전사했다고 해요.

자신의 재능을 제대로 꽃피우지도 못한 채 젊은 나이에 세상을 떠난 허난설헌. 그녀의 시는 이후 조선의 선비들과 중국, 일본의 지식인과 문인들 사이에서 높은 평가를 받으며 오랫동안 사랑을 받았어요. 여성들이 자신의 꿈을 펼칠 수 없던 조선 시대에 남긴 그녀의 뛰어난 시와 작품은 지금까지도 이어지며 깊은 감동을 주고 있답니다.

임진왜란

임진왜란 1592(선조 25년)~1598년(선조 31년)

선조 1552~1608년(14대 재위 1567~1608년)
곽재우 1552~1617년
김천일 1537~1593년
정문부 1565~1624년
사명대사 유정 1544~1610년
서산대사 휴정 1520~1604년

침입할 준비가 된 일본, 맞설 준비가 안 된 조선

일본은 오랫동안 통일된 나라를 세우지 못한 채 여러 소국으로 갈라져 있었어요. 특히 1400년대 말부터 각 지역의 영주들끼리 치열한 세력 다툼을 벌였죠. 1500년대 후반 도요토미 히데요시가 등장해 이런 혼란을 정리하고 일본을 통일했어요. 통일된 일본은 아직 혼란스러운 상황이었어요. 그래서 도요토미 히데요시는 오랜 싸움으로 다져진 일본의 국력을 하나로 모아 바깥으로 향하게 했어요. 바로 조선과 명나라를 침공하는 것이었죠. 그렇게 1592년 임진왜란이 일어났어요.

그보다 2년 전인 1590년 일본의 사정을 확인하기 위해 조선은 통신사를 파견했어요. 일본에 가서 도요토미 히데요시를 보고 온 두 당파의 사신은 서로 다른 이야기를 했어요. 서인인 황윤길은 일본이 전쟁을 준비하고 있으니 조선도 이에 대비해야 한다고 했고, 동인인 김성일은 침략의 기미가 보이지 않는다고 했어요. 당시 동인의 세력이 강했기 때문에 조정은 동인 김성일의 말에 따라 아무런 대비도 하지 않았어요.

조선 조정은 한양에 왜군이 들어오기 전에 한양을 버리고 의주로 피신했어요

1592년 4월 13일 20만 명의 왜군이 부산을 통해 조선에 닿았어요. 아무런 준비도 하지 못하고 있던 조선군은 왜군을 맞아 제대로 싸워보지도 못한 채 무너졌어요. 왜군은 동래성을 점령하고 한양을 향해 거침없이 진격했어요. 조선의 관군들은 추풍낙엽처럼 무너지거나 성을 버리고 도망치기도 했어요. 왜군이 문경새재를 넘어 충주를 지나 한양까지 도착하는 데 20일밖에 걸리지 않았고, 평양까지 두 달도 걸리지 않았어요. 일본의 1차 침입 '임진왜란'이 일어난 거예요.

한양에 왜군이 들어오기 전 조정은 한양을 버리고 피신하기로 했어요. 선조와 대신들은 짐을 싸고 한양을 떠나 신의주로 도망쳤어요. 상황이 더 나빠질 경우 명나라로 몸을 옮기기 위해서였죠. 백성들은 관청에 들어가 노비 문서를 태우며 실망을 표했어요.

육지에서 의병이 일어나 왜군에 대항했어요

조선의 관군들이 맥을 못 춘 채 밀리는 동안 위태로운 나라를 지킨 것은 의병이었어요. 의병은 백성이 자발적으로 모여 조직한 군사를 말해요. 각 지방의 농민과 노비들이 중심이 되어 의병이 되었는데, 대장은 주로 양반들이 맡았어요. 경남 의령 지역의 유생인 곽재우, 나주의 김천일, 담양의 고경명, 금산의 조헌, 길주의 정문부 등이 의병장으로 지역민들을 이끌고 왜군에 맞섰어요.

일반 백성뿐 아니라 승려들도 의병으로 나섰어요. 스님들이 병사가 되었다고 승병이라고 불러요. 묘향산의 서산대사, 금강산의 사명대사 등의 유명한 승려들이 승병장이 되어 나라를 구하기 위해 나섰답니다.

전국 곳곳에서 일어난 의병들 덕에 왜군은 쉽사리 조선을 공격하지 못했어요. 파죽지세로 몰아치던 왜군의 세력은 주춤하게 되었고, 이순신 등 조선의 장수들은 반격의 기회를 마련할 수 있었어요.

> **임진왜란=임진왜란(일본의 1차 침입)+정유재란(일본의 2차 침입)**
>
> 임진왜란은 1592년부터 1598년까지 2차례에 걸쳐서 우리나라에 침입한 일본과의 싸움을 말해요. 일본은 7년 동안 조선을 두 차례 침입했어요. 일본의 1차 침입이 임진년에 일어나서 '임진왜란', 2차 침입은 정유년에 일어나서 '정유재란'이라 해요. 일반적으로 임진왜란은 1차 임진왜란과 2차 정유재란까지 포함한 의미예요.

이순신의 활약

옥포 해전 1592년 5월(선조 25년)
사천 해전 1592년 5월(선조 25년)
한산도 대첩 1592년 7월(선조 25년)
행주 대첩 1593년(선조 26년)
정유재란 1597년(선조 30년)
명량 대첩 1597년(선조 30년)
노량 해전 1598년(선조 31년)

권율 1537~1599년
이순신 1545~1598년
이여송 1549~1598년

 성웅 이순신
 현충사
 진남관
 고양시 행주산성

한양을 되찾을 거점을 마련한 행주 대첩

한양을 되찾기 위해 조선군은 지금의 서울 서북쪽 외곽에 있는 행주산성에 거점을 마련하고 왜군과 싸웠어요. 권율 장군은 관군 3천 명과 의병 6천 명으로 3만 명의 왜군을 맞아 성을 지켜내고, 한양을 되찾을 거점을 마련했죠. 이 전투를 행주 대첩이라고 해요.

→ 조선 수군의 진격로
→ 일본 수군의 침입로
★ 격전지

🔸 바다에서는 왜군을 맞서 이순신 장군이 큰 활약을 펼쳤어요

임진왜란이 일어날 당시 이순신 장군은 전라좌도 수군절도사로 있었어요. 전쟁이 일어나고 왜군이 바닷길로 전라도를 향할 때 이순신 장군은 옥포(지금의 거제도)에서 왜군의 함선 26척을 침몰시켰어요. 이후 이순신 장군은 거북선을 최초로 이용한 사천 해전을 시작으로, 학익진 진형으로 유명한 한산도 대첩, 부산포 해전, 웅포 해전에서 연이어 승리했어요.

146 우리나라 구석구석 지도 위 한국사

이순신 장군과 수군의 활약 덕에 왜군은 바다를 통해 군수품과 식량을 옮기지 못하게 되었어요. 본래 왜군은 배를 타고 곡창지대인 전라도에 들어가 그곳에서 식량을 조달할 계획이었는데, 이순신 장군이 그 계획을 수포로 만든 것이죠.

의병과 이순신 장군이 왜군의 공격을 막아내는 사이 명나라 군대가 지원을 왔어요

처음 명나라는 조선이 너무 쉽게 함락되는 게 의아했어요. 오히려 조선과 왜가 명나라를 함께 공격하는 것이 아닌가 의심했죠. 하지만 왜군이 평양을 지나 더 북쪽으로 진격한다는 소식에 명나라는 군대를 보내기로 했어요. 자신의 땅으로 왜군이 들어오는 것을 막기 위해서였죠.

명나라는 이여송 장군을 필두로 4만 명이 넘는 병력을 조선에 보냈어요. 명나라 군대는 평양을 지나 한양을 향했어요. 하지만 한양 입구인 벽제관에서 왜군에게 기습을 당하고 다시 평양으로 도망쳤어요. 이때부터 명나라는 왜군을 몰아내는 것보다 휴전 협상을 하는 것에만 매달렸어요.

정유재란과 이순신의 백의종군

명나라와 일본의 강화 회담은 성과 없이 끝나고 시간만 흘렀어요. 1592년에 시작된 전쟁은 어느덧 5년째에 접어들었어요. 조용히 전쟁이 끝나는가 싶었지만 1597년 정유년에 일본이 다시 군대를 일으켜 조선을 공격했어요. 정유년에 일본이 2차로 침입했다고 해서 정유재란이라고 해요. 정유재란 당시 이순신 장군은 그를 질투하는 대신들 때문에 옥에 갇혀 있었어요. 가까스로 풀려난 이순신 장군은 장군이 아닌 일개 병사로 싸워야 했어요. 백의종군을 한 것이죠.

명량 대첩과 노량 해전에서 승리하면서 임진왜란도 막을 내려요

이순신 장군이 다시 삼도수군통제사가 되었을 때 배는 단 12척만 남아 있었어요. 하지만 명량 대첩에서 이순신 장군은 130여 척이나 되는 일본 수군을 물리치고 전라도의 해안을 되찾았어요. 이 해에 도요토미 히데요시가 죽고 일본군은 조선에서 물러나기로 했어요. 이듬해인 1598년 이순신 장군은 남해군 노량에서 철수하는 왜군을 맹공격했고, 이 노량 해전에서 이순신 장군은 왜군의 총탄에 맞아 숨을 거두었어요.

길고도 처절했던 7년간의 전쟁은 이렇게 막을 내렸어요. 조선인은 18만 명이 죽고, 5만 명이 포로로 끌려갔어요. 명나라는 이때부터 힘을 잃기 시작해 결국 여진족이 세운 청나라에 무너지고 말았답니다.

《하멜 표류기》

하멜 일행 제주도 표착 1653년(효종 5년)
하멜 일행 조선 탈출 1666년(현종 8년)
《하멜 표류기》 출간 1668년(현종 11년)

헨드릭 하멜 1630~1692년
박연(얀 야너스 벨테브레이Jan Janse Weltevree) ?~?

강진문화관광 전라
병영성 하멜기념관

여수 하멜전시관

용머리하멜상선
전시관

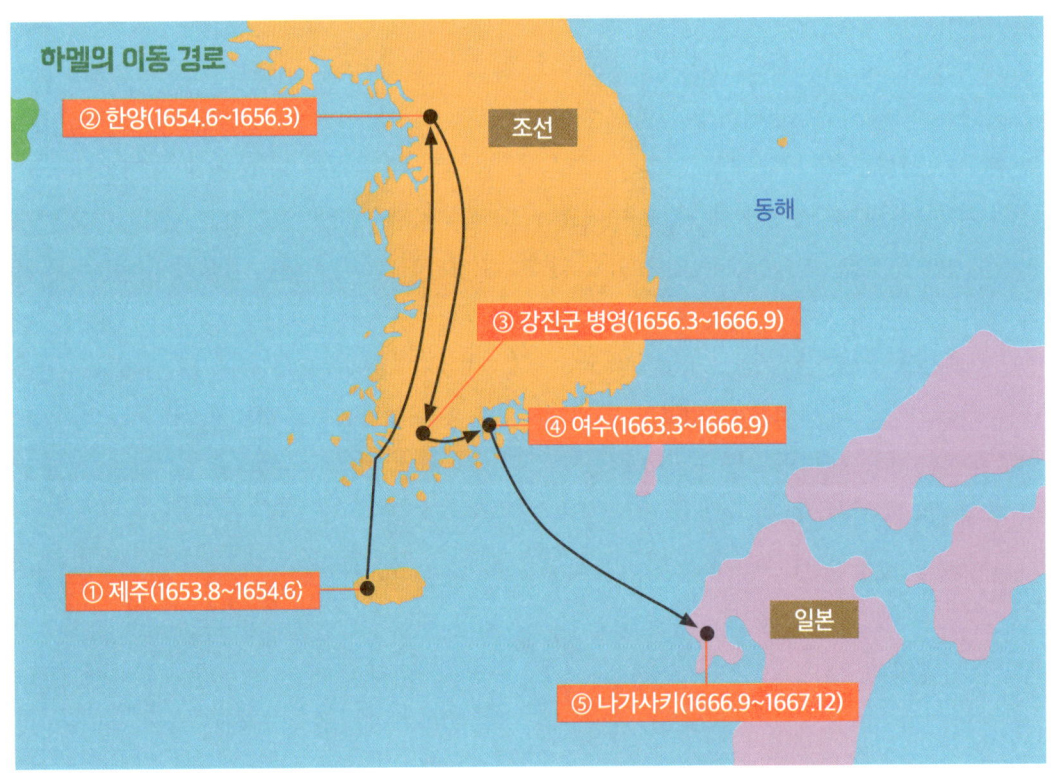

헨드릭 하멜은 1653년에 조선에 표류한 네덜란드 선원이었어요

하얀 피부에 우뚝 솟은 코, 파란 눈동자에 노란색 머리. 1653년 8월 제주도 서쪽 바닷가에 표착한 커다란 덩치의 외국인들을 본 조선 사람들은 도깨비가 나타났다며 두려워했어요. 지칠 대로 지친 그들의 모습과 부서진 배의 잔해에서 그들이 어딘가에서 배가 난파되어 표류한 사람임을 알 수 있었죠. 하지만 누구인지 어디서 왔는지 아무도 몰랐어요. 옷차림도 생소하고 말은 한마디도 알아들을 수 없었거든요. 그들은 네덜란드의 스페르베르호 선원들이었어요. 그리고 이들 중에 헨드릭 하멜이라는 사람이 있었죠.

하멜 일행은 조선에서 머무는 14년 동안 구경거리가 되거나 노역을 했어요

스페르베르호는 원래 타이완을 거쳐 일본의 나가사키로 가는 길이었어요. 도중에 바다에서 태풍을 만나 제주도에 표착한 거죠. 당시 제주 목사인 이원진은 이들을 체포하여 감금했어요. 몇 달 뒤 먼저 조선으로 귀화한 네덜란드인 박연이 한양에서 내려와 이들이 네덜란드 출신의 선원임을 알게 되었죠.

하멜 일행은 곧 한양으로 보내졌어요. 당시 왕인 효종을 만난 하멜 일행은 원래 목적지인 일본으로 보내달라고 했지만, 효종은 이를 거절했어요. 이들은 화포를 다룰 줄 알았기 때문에 훈련도감에 소속된 병사가 되어 화포를 제작하는 일 등을 맡게 되었어요. 하지만 사실상 효종의 친위대로 있거나 지체 높은 양반가에 불려 다니며 네덜란드의 춤과 노래를 보여 주는 광대 노릇을 하기도 했어요.

그러던 중 청나라의 사신이 조선에 왔을 때 이들은 청나라 사신에게 자신들이 네덜란드로 돌아갈 수 있게 도와달라고 청하려다가 발각되었어요. 이 일을 계기로 이들은 전라남도 여수에 12명, 남원에 5명, 순천에 5명으로 나뉘어 보내졌어요. 14명은 그 사이에 먼저 조선에서 세상을 떠났죠. 하멜은 이때 여수에 가게 되었어요. 그곳에서 하멜 일행은 삼엄한 감시를 받으며 잡일을 하고 힘들게 지냈어요. 1666년에 하멜과 7명의 동료는 배를 타고 일본으로 도망치는 데 성공했어요. 그곳에서 네덜란드로 돌아가게 되었어요.

《하멜 표류기》는 서양에 조선을 소개한 최초의 책이에요

네덜란드로 돌아간 하멜은 조선에 붙들려 있던 14년 동안의 밀린 월급을 받기 위해 상세한 보고서를 작성했어요. 이것이 바로 우리가 《하멜 표류기》라고 부르는 책이에요. 이 《하멜 표류기》는 서양에 조선을 소개한 최초의 책이에요. 여기에는 왕을 비롯하여 일반 백성의 삶까지 조선의 정치와 문화, 풍습에 관한 내용이 실려 있죠. 이 책은 순식간에 베스트셀러가 되었고, 네덜란드는 조선과 교역을 하려고 했으나 일본의 방해로 무산되었죠.

하멜 일행이 조선에 왔을 당시 안타깝게도 조정은 그들을 통해 세계와 만나려는 노력을 하지 않았어요. 오히려 그들을 구경거리로 삼거나 잡일을 시키기만 했어요. 그들의 배에 실려 있던 다양한 서양 문물과 그들의 항해 및 무기 지식을 활용했더라면 우리나라가 더 일찍 세계와 만났을 거라는 아쉬움이 남아요.

대동법

대동법 시행 1608년(광해군 1년)

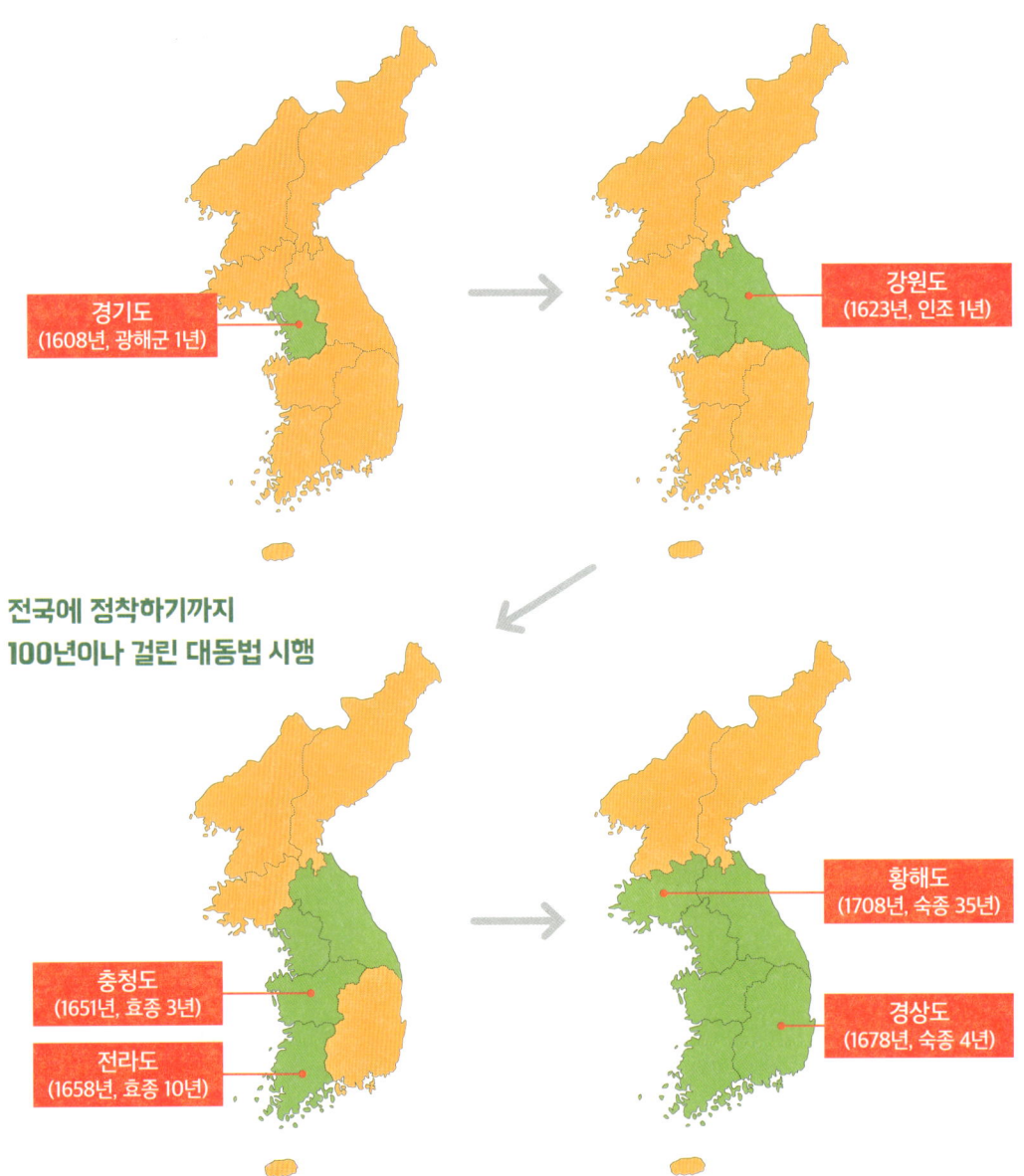

전국에 정착하기까지
100년이나 걸린 대동법 시행

경기도
(1608년, 광해군 1년)

강원도
(1623년, 인조 1년)

충청도
(1651년, 효종 3년)

전라도
(1658년, 효종 10년)

황해도
(1708년, 숙종 35년)

경상도
(1678년, 숙종 4년)

조선 시대에는 평민 계층인 양인만 세금을 냈어요

조선 시대에는 모든 사람이 세금을 내지 않았어요. 양반과 천민은 세금을 내지 않고 오로지 평민 계층인 양인만 세금을 냈죠.

🏵 양인이 내는 세금은 세 가지로 이루어졌어요

조세는 기본적인 세금으로 농사를 지은 수확량의 10분의 1을 내는 것이었어요. 세종 때에 풍년과 흉년에 따라 양을 다르게 걷는 식으로 바뀌었어요.

역은 노동력을 내는 것이었어요. 일정한 나이에 이른 남성이 관청 건물이나 성을 쌓거나 길을 내거나 군대에 가서 병졸이 되는 식이었죠.

공납은 각 지역의 특산물을 내는 것으로, 백성이 가장 힘들어 한 세금이었어요. 중앙 정부에서 각 지역의 사정이나 형편을 고려하지 않고 마구잡이로 특산품을 요구했기 때문이에요. 지역에서 나지 않는 것을 요구하거나 과도한 양을 요구하기도 했죠. 심지어 지역 관리와 상인들이 공납을 대신해주고 농민들에게 높은 대가를 받아 챙기는 '방납'이라는 비리가 저질러지기도 했어요.

🏵 공물 대신 쌀로 세금을 내게 한 대동법은 백성의 세금 부담을 덜어줬어요

공납의 부담이 지나치게 커지자 생활이 어려운 농민들은 마을에서 도망치기도 하는 등 숱한 문제점이 생겼어요. 이에 공물을 쌀로 내게 해야 한다는 주장이 나왔어요. 이런 주장은 율곡 이이가 《동호문답》이라는 책에서 가장 먼저 제시했어요. 이이가 제시한 대공수미법은 당시 실시되지 못했다가 광해군 때인 1608년부터 대동법이라는 이름으로 경기도에서만 시행되었어요.

대동법에 따르면 토지가 있는 농민은 농지 1결당 쌀 12두만 내면 되었어요. 흉년이 들어 쌀을 내지 못할 때는 옷감이나 동전으로 낼 수 있었죠. 농민은 직접 농사지은 쌀로 특산물을 대신할 수 있어 대동법을 반겼어요. 또 자기 토지가 없어 다른 사람의 토지를 빌려 농사를 짓는 소작농은 세금을 내지 않아도 되었죠. 대동법의 시행은 가난한 농민의 세금 부담을 크게 줄여 주었어요.

🏵 양반의 반대를 극복한 대동법은 수공업과 상업을 크게 발전시켰어요

땅이 적은 사람은 세금을 적게 내고, 땅이 많은 사람은 세금을 많이 내게 되자 대토지를 소유한 양반들은 대동법에 반발했어요. 또 방납제로 큰 이익을 보던 방납인과 관리들도 심하게 반대했죠. 결국 대동법은 처음 경기도에 시범적으로 운영된 뒤 평안도와 함경도, 제주도를 제외한 전국에 정착하기까지 100년이나 걸리고 말았어요.

대동법이 자리를 잡자 정부는 거둬들인 쌀로 필요한 물품을 구입하게 되었어요. 이렇게 전국의 시장을 다니며 정부가 지정한 물품을 구입해주는 사람을 공인이라고 해요. 이들을 위해 과일 등의 특별한 작물만 재배하거나 특산물을 만드는 사람들이 생겨났어요. 대동법은 조선 후기 수공업과 상업을 크게 발전시키는 계기가 되었어요.

광해군의 중립 외교

명 1368~1644년
청 1616~1912년

임진왜란 1592년(선조 25년)
인조반정 1623년(광해군 15년)

선조 1552~1608년(14대 재위 1567~1608년)
광해군 1575~1641년(15대 재위 1608~1623년)
인조 1595~1649년(16대 재위 1623~1649년)

남양주 광해군묘

청
중국의 마지막 왕조예요. 여진족의 누르하치가 여러 부족을 통일하여 후금을 세우고, 그 아들 태종이 국호를 청으로 고쳤어요.

명
한족이 몽골족이 세운 원나라를 멸망시키고 세운 통일 왕조예요.

조선

광해군은 명나라와 청나라 사이에서 실리적인 중립 외교를 펼쳤어요

광해군이 왕위에 오른 당시는 명나라의 세력이 약해지고, 여진족이 세운 청나라가 등장하여 동북아시아의 질서가 바뀌는 시점이었어요. 많은 대신은 청나라는 오랑캐(두만강 일대에 살던 여진족을 낮잡아 이르던 말이에요)의 나라이니 오랫동안 사대관계를 맺어온 명나라에 대한 의리를 지켜야 한다고 했어요. 광해군은 두 나라 사이에서 줄타기 외교를 하며 나라를 큰 위기에 빠뜨리지 않았어요. 광해군의 실리적인 중립 외교에 양반들은 크게 반발했어요. 나라의 존망보다 대국과의 의리를 중요시하는 그들은 조선이 무조건 명나라의 편이 되어야 한다고 했죠.

🌼 10대 임금 연산군과 15대 임금 광해군에게는 '조'나 '종'의 묘호가 없어요

고려와 조선에서는 왕이 죽으면 다음 왕이 선왕을 종묘에 신위를 모실 때 붙이는 호칭인 묘호를 정했어요. 묘호는 대개 조祖나 종宗으로 끝나요. 나라를 세우거나 새로운 정통을 창조하거나 국난을 극복하는 등의 공이 있는 왕에게는 조를 붙이고, 정통을 계승하거나 덕이 있는 왕에게는 종을 붙여요. 하지만 10대 임금 연산군과 15대 임금 광해군에게는 묘호가 없어요. 나라에 죄를 지어 종묘에 들어갈 수 없는 왕은 묘호를 받지 못했죠. 연산군은 지독한 폭정 탓에 폐위되어 왕으로 인정받지 못했죠. 광해군 역시 인조와 서인 세력에 의해 폐위되었어요. 광해군도 연산군처럼 정치를 그르친 왕이었을까요?

🌼 광해군은 임진왜란으로 황폐해진 나라의 왕권을 세우고 민심을 수습했어요

선조의 둘째 아들인 광해군은 임진왜란 당시 제대로 된 절차도 거치지 못한 채 급하게 세자로 책봉되었어요. 광해군은 선조가 피난하고 떠난 궁을 지키면서 백성을 안정시키고 의병을 모집하는 등 왕세자의 역할을 톡톡히 했어요. 민심은 신의주로 도망친 선조보다 광해군을 더 따랐죠. 선조는 이런 아들을 기특하게 여기기는커녕 오히려 경계하고 견제했어요.

광해군은 왕이 된 뒤 전쟁으로 황폐해진 나라와 왕권을 다시 세우는 데 주력했어요. 먼저 임진왜란 때 불에 탄 한양의 궁궐들을 다시 짓고, 쌀로 조세를 내도록 하는 대동법을 시행했어요. 대동법을 시행한 덕에 백성은 공납의 부담에서 벗어날 수 있게 되었고, 조정은 안정적으로 재정을 확보할 수 있었죠. 반면 큰 토지를 가지고 있던 양반은 대동법을 시행하는 데 불만을 품었죠.

🌼 인조반정과 광해군의 쓸쓸한 최후

왕위에 오를 때 광해군은 자신의 즉위를 반대하는 세력을 숙청하는 과정에서 친형인 임해군을 죽였어요. 또한 선조의 계비인 인목왕후를 폐위했으며, 그 아들인 영창대군도 8세 어린 나이에 죽임에 빠뜨렸어요. 비록 친어머니가 아니고 배 다른 동생이라 할지라도 서인들은 광해군이 폐모살제(어머니를 폐위하고 동생을 죽임)를 했다며 폐륜의 군주로 몰고 갔어요.

광해군의 반대파인 서인 세력은 1623년 인조를 내세워 광해군을 강제로 폐위했어요. 인조는 선조의 다섯째 아들인 정원군의 맏아들이에요. 광해군은 강화도를 거쳐 제주도로 유배를 갔고, 그 곳에서 쓸쓸히 생을 마감했어요.

병자호란과 남한산성

정묘호란 1627년(인조 5년)　　**인조** 1595~1649년(16대 재위 1623~1649년)
병자호란 1636년(인조 14년)　**김상헌** 1570~1652년
삼전도의 굴욕 1637년(인조 15년)　**최명길** 1586~1647년

남한산성

③ 삼전도의 굴욕

1637년 2월 24일 남한산성을 나온 인조는 경기도 삼전도(지금의 서울 송파구)에서 청나라 황제 홍타이지 앞에 삼배구고두례를 하며 항복을 선언했어요. 삼배구고두례는 세 번 절하고, 절할 때마다 세 번 머리를 땅에 받는 것을 말해요. 총 9번 절했던 항복 의식이에요.
병자호란이 끝난 뒤 청나라의 황제는 자신의 공덕을 새긴 기념비를 세우도록 조선에 강요했어요. 그 결과 삼전도비가 세워졌어요.

서울 삼전도비

① 한양의 동남쪽을 지키는 남한산성

서울의 동남쪽에 있는 경기도 광주시에는 한양의 동쪽을 지키기 위한 산성이 세워져 있어요. 바로 남한산성이죠. 지형에 따라 3~7미터 높이의 성곽이 약 8킬로미터나 둘러 있죠. 한양의 북쪽에 북한산성이 있다면 동남쪽에는 남한산성이 있어, 위급할 때 한양을 방어하거나 국왕이 피신하는 용도로 활용되었어요. 남한산성은 안타깝게도 우리 역사에서 가장 가슴 아픈 역사를 담고 있는 곳이기도 해요. 바로 조선의 16대 임금 인조가 청나라 군대에 몰려 저항하고 항복한 곳이기 때문이에요.

여진족의 성장과 청의 등장

임진왜란이 일어난 즈음부터 명나라의 국력은 급격히 쇠퇴했어요. 이와 동시에 만주 지역에 있던 여진족의 세력이 강성해졌죠. 여진족의 한 부족 출신인 누르하치는 수십 개로 분열된 여진족을 통합하고 후금을 세웠어요. 그리고 1635년 누르하치의 아들 홍타이지(숭덕제)가 나라 이름을 청으로 바꾸고 조선과 명나라를 침략하기 시작했어요.

정묘호란

1627년 정묘년에 3만의 청나라 군사가 조선에 처들어와 11일 만에 황해도까지 내려왔어요. 이것이 정묘호란이에요. 조선의 왕인 인조와 신하들은 강화도로 몸을 피했고, 두 나라는 조약을 맺고 '형제의 나라'가 되기로 했어요.

병자호란과 치욕스러운 역사를 간직한 남한산성

시간이 흘렀지만 조선은 청나라와 했던 약속을 지키지 않았어요. 결국 10년 뒤인 1636년 병자년 겨울에 청나라는 다시 조선의 영역을 침범했어요. 이번에는 10만 대군이 몰려왔죠. 청나라 군대는 10일 만에 한양에 도착했고, 인조는 남한산성으로 대피했어요. 이 난리를 병자호란이라고 해요.

추운 겨울 남한산성으로 대피한 인조와 조정 대신들은 청나라와 싸워야 한다는 김상헌의 '척화파'와 청나라와 강화를 맺어야 한다는 최명길의 '주화파'로 나뉘었어요. 논란과는 관계없이 추위는 심해지고 식량은 떨어져갔어요. 전국 각지에서 의병이 일어나 남한산성에 왔지만 청나라 군대를 어쩌지는 못했어요. 병사들의 사기도 떨어지고 식량도 바닥나 인조마저 죽 한 그릇으로 하루를 버텨야 하는 상황까지 갔어요. 강화도에 피신한 왕족도 모두 붙잡혔다는 소식을 접한 뒤 조정은 항복을 결정했어요.

❷ 남한산성에는 오래전부터 여러 관청이 있었고 사람도 살았어요

남한산성의 서문 쪽에 올라가서 보면 서울 시내가 환히 드러나 보이고, 남문에서는 지금의 성남 일대가 한눈에 담기죠. 성의 주 출입문 역할을 했던 곳은 비교적 낮은 곳에 있는 동문이에요. 성곽 바깥쪽은 경사가 급하고 큰 나무가 우거져 있지만, 성곽 내부는 평탄해요. 그래서 남한산성에는 오래전부터 여러 관청이 있었고 사람도 살았어요. 지금도 성곽 안에 유적지는 물론이고 마을과 학교, 식당 등이 있어 많은 사람이 삶의 터전으로 삼고 있죠. 호젓한 분위기에서 나무와 풀 냄새를 맡으며 산책하기 좋은 곳이에요.

남한산성 수어장대에서 바라본 영춘정

통신사

조선 통신사 일본 파견 1607(선조 39년)~1811년(순조 12년)

황윤길 1536년~미상
김성일 1538~1593년

조선 통신사 여정

🏵 우리나라와 일본은 가까우면서도 먼 사이예요

아주 오래전, 백제 사람들이 일본에 건너가 나라를 세우는 데 큰 역할을 했고, 이후로도 한반도를 통해서 많은 선진 문화가 일본에 전파되었죠. 그런데도 수천 년 동안 서로 다른 언어와 풍습 아래서 각자의 역사를 만들어갔어요.

고려 말과 조선 초까지만 해도 일본의 왜구가 우리나라의 해안 마을과 내륙 지역까지 몰려들어 횡포를 부렸어요. 고려와 조선은 그때그때 왜구를 물리쳤죠. 이와 관계없이 조선과 일본은 교류했어요. 조선은 통신사라는 외교 사절을 보내 일본에 중요한 일이 있을 때 축하해 주거나 왜구에 대한 단속을 요청하기도 했죠.

🏵 1590년에 일본으로 떠난 통신사에게는 중요한 역할이 있었어요

일본을 통일한 도요토미 히데요시라는 인물의 됨됨이를 보고 오는 것이었죠. 이듬해 조선에 돌아온 통신사 중 정사 황윤길과 부사 김성일은 서로 다른 말을 하게 돼요. 이때 일본이 침략하지 않을 것이라는 김성일의 말에 따라 아무런 전쟁 준비를 하지 않은 조선은 임진왜란이라는 시련을 겪고 말죠.

일본에 조선의 문화를 전파한 외교 사절단이에요

임진왜란 이후 조선은 일본과의 국교를 단절했어요. 하지만 도요토미 히데요시 이후 일본의 권력을 차지한 도쿠가와 이에야스는 조선과의 관계를 다시 이으려고 많은 노력을 쏟았죠. 조선은 일본의 상황도 파악하고 임진왜란 때 끌려간 포로들도 돌려받을 겸 일본의 교류 요청을 받아들였어요. 조선은 일본보다 한 단계 높은 위치에서 외교를 맺게 되었어요.

1607년부터 1811년까지 조선은 일본에 통신사를 보냈어요. 통신사란 조선이 일본에 보낸 외교 사절단을 말해요. 1607년의 통신사는 일본 정부와 회담 후에 수천 명의 조선인 포로를 데려 왔죠. 통신사의 역할은 대개 일본의 사정을 파악하거나 일본을 통해 서양 문물을 접하는 것이었어요. 또 조선의 선진 문화를 일본에 전파하는 역할도 있죠.

물론 조선의 사신들도 일본에 들어온 외국 문화와 상업 문화에 크게 놀라기도 했어요. 사신들은 일본을 통해 서양 나라들에 대한 정보를 구하거나 해외 무역의 중요성을 깨닫기도 했어요. 실제로 통신사들의 기록에 일본의 발전상을 칭찬하는 내용이 많이 있다고 해요.

조선은 1811년을 마지막으로 통신사를 보내지 않았어요. 통신사를 파견할 때마다 따르는 엄청난 경제적 부담과 아울러 정치적으로 무척 빠르게 변하는 시기였기 때문이죠.

조선 통신사의 위상

조선 통신사는 대략 500여 명 규모로 이루어져 있고, 한번 떠나면 일본에 여섯 달에서 1년 정도를 머물렀어요. 통신사에는 기본적으로 관리와 통역관이 있었고, 문인이나 악공, 화원 등 다양한 사람들이 포함되었어요. 일본은 통신사를 접대하는 것이 가장 큰 행사였어요. 쓰시마섬을 거쳐 오사카를 지나 에도까지 가는 통신사의 행로는 미리 깨끗하게 닦아놓았고, 사람들이 우르르 몰려나와 구경을 했다고 해요.

통신사가 머무는 동안 일본의 선비들은 자신들이 지은 글과 시를 조선의 문인들에게 보여주며 인정받으려고 했어요. 조선의 관리가 지어준 시문이나 선물한 물건 등은 아무리 사소한 것이라도 가보처럼 귀하게 받기도 했죠. 통신사가 한 번 다녀가면 일본의 유행이 바뀔 정도였다고 해요.

〈조선 통신사 행렬도〉(1655년, 대영 박물관 소장)

역관

홍순언 1530~1598년
변승업 1623~1709년

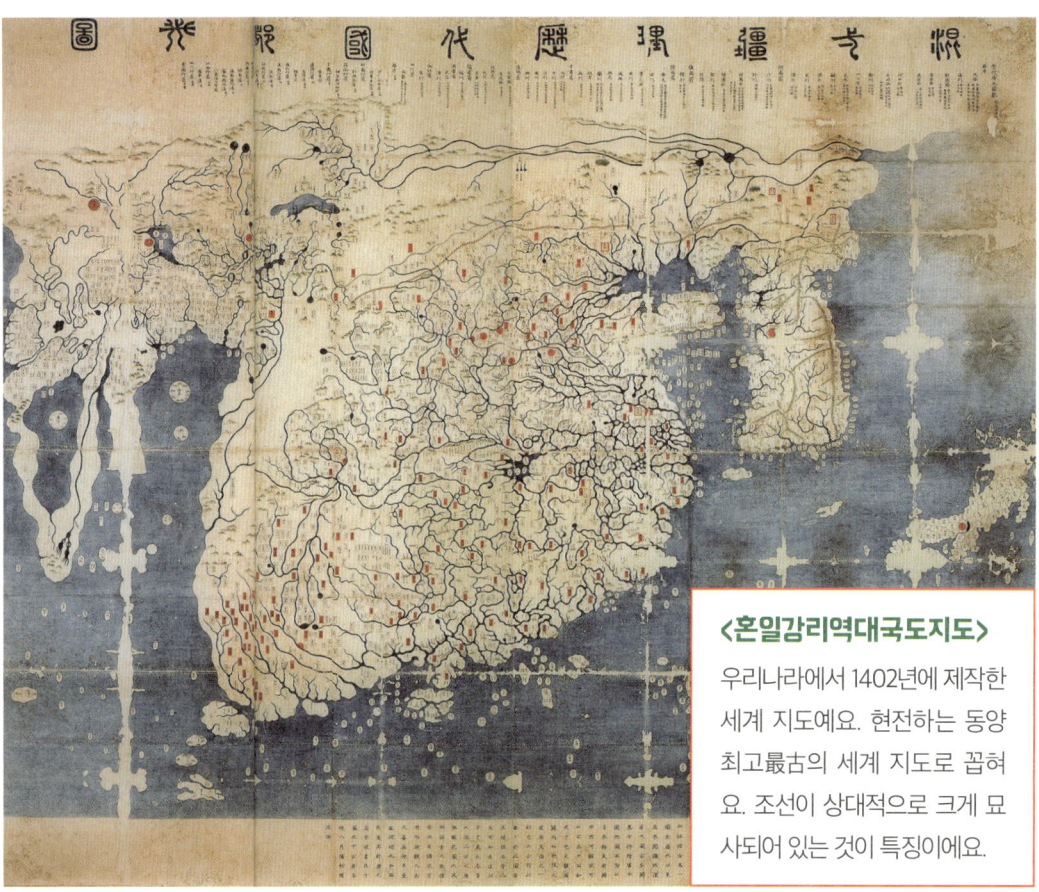

〈혼일강리역대국도지도〉
우리나라에서 1402년에 제작한 세계 지도예요. 현전하는 동양 최고最古의 세계 지도로 꼽혀요. 조선이 상대적으로 크게 묘사되어 있는 것이 특징이에요.

역관은 통역을 전문으로 하는 관리예요

언어는 마음의 거울이자 세계를 비추는 창이에요. 하나의 언어는 그 언어가 자리 잡은 곳의 풍토와 문화를 품고 있어요. 그래서 새로운 언어를 접하고 배운다는 것은 새로운 세계를 접하고 배운다는 것과 같아요. 조선 시대에 다른 나라의 언어를 배우는 것은 특별한 계층만 할 수 있었어요. 바로 역관이죠. 역관은 통역을 전문으로 하는 관리로, 신분상으로는 양반과 평민의 중간인 중인 계층이에요.

지금은 통역사나 의사, 법률가가 상위의 전문직으로 인정받지만, 그때는 각각 역관·의관·율관으로 불리는 중인 계층이었어요. 통역이나 의학, 법률 등도 기술로 받아들였기 때문이죠. 조선 시대의 역관에는 중국어, 만주어, 일본어, 몽골어 역관이 있었어요. 역관이 되려면 우선 사역원이라는 곳에서 공부한 뒤 역과라는 과거 시험을 통과해야 해요. 사역원에서 공부하는 것도 무척 힘든 일이었고, 역과를 통과하는 것도 무척 어려웠어요.

역관은 대를 이었어요

조선 시대의 역관은 단순히 통역을 넘어 외국의 사정을 탐지하는 정보원 역할도 했어요. 역관들은 현지에서 보고 들은 다양한 이야기를 문서로 정리해 보고했죠. 때로는 비공식 사절로서 나라의 중요한 일을 해결하기도 했어요.

역관은 대부분 자식도 역관이 되어 대대로 이어오는 직업이 되었죠. 조선 후기의 역관이자 최고의 부자로 꼽히는 변승업은 9남 1녀를 두었는데, 그중 6명이 역관이 되었죠. 변승업의 가문은 광해군 때부터 280여 년 동안 106명의 역관을 배출하기도 했어요. 이외에도 우봉 김씨 93명, 천령 현씨 99명, 해주 오씨 22명 등 특정 집안이 역관을 가업으로 삼았죠.

조선과 세계의 문화 전달자 역할을 했어요

역관은 정해진 월급이 없었어요. 조정에서는 사신을 따라가는 역관에게 쌀과 천, 종이 등을 지급하고, 인삼을 팔 수 있는 권한을 주었어요. 역관은 인삼을 팔아 중국의 여러 물건을 사들여 조선과 일본에 파는 식으로 재산을 쌓을 수 있었죠. 이렇게 역관이 중심이 되어 이루어진 무역을 사무역이라고 해요. 사무역은 개인 무역의 수준을 넘어섰어요. 사행 행렬이 도착하고 역관들이 모여드는 곳을 중심으로 커다란 무역 시장이 생기기도 했어요.

역관은 비록 중인이기는 하지만 자신의 재능으로 양반 못지않은 재산을 쌓았을 뿐 아니라 조선과 외국의 문물을 교류하는 전달자 역할을 했어요. 이들을 통해 문학과 예술, 학문과 사상이 전달되었어요.

역관 홍순언은 종계변무를 해결한 것으로 유명해요

종계변무란 명나라의 기록에 태조 이성계의 아버지 이름이 잘못 실린 것을 바로잡는 일이었어요. 200년 동안 사신들도 하지 못한 일을 역관 홍순언이 개인적인 친분으로 단번에 해결했죠. 홍순언은 또한 임진왜란 때 명나라의 구원군을 파병하는 데도 결정적인 역할을 했어요.

영조와 정조의 개혁 정치

영조 1694~1776년(21대 재위 1724~1776년)
정조 1752~1800년(22대 재위 1776~1800년)
정약용 1762~1836년

수원화성박물관

수원화성관광

정조의 꿈이 담긴 수원 화성

정조의 정책 중 눈에 띄는 것은 수원 화성을 건설한 것이에요. 정조는 자신의 아버지인 사도세자의 묘를 수원으로 옮기면서 성을 건설했죠. 정조는 그 참에 수원을 자신의 정치적 이상을 실현할 도시로 만들고자 했어요. 수원에 화성을 짓고, 이곳을 상공업 도시로 육성하려 했어요.
수원 화성은 둘레 5.5킬로미터로, 지금의 경기도 수원시 팔달구와 장안구에 걸쳐 있어요. 화성을 지을 때 정약용의 거중기가 활용되었어요. 화성은 군사 기능과 상업 기능을 모두 갖춘 곳이에요.

영조는 인재를 골고루 등용하는 탕평책을 실시했어요

병자호란이라는 커다란 시련을 겪은 뒤 조선은 안타깝게도 내분에 시달렸어요. 임진왜란 때부터 조정의 관리들은 네 편과 내 편으로 갈려 붕당을 이루었고, 시간이 흐를수록 붕당 간의 갈등은 더욱더 깊어졌어요. 이들은 실제 정치 문제보다는 서로의 이익에 집착하면서 당쟁을 거듭했어요.

영조가 왕위에 올랐을 때는 노론과 소론이라는 붕당이 보이지 않는 칼을 휘두르며 싸우고 있었어요. 이대로는 나라의 정치가 더 엉망이 될 거라 생각한 영조는 붕당 정치를 끝내기 위해 탕평책을 실시했어요.

탕평책은 당쟁을 막기 위해 당파 간의 정치세력에 균형을 꾀한 정책이에요. 영조는 재능이 있는 사람이라면 붕당을 가리지 않고 관리로 등용했죠. 영조는 붕당의 근거지였던 서원을 대폭 정리하고, 전국 각지에 탕평비를 세워 탕평책을 알렸어요. 이외에도 영조는 민생을 안정시키고 왕권을 강화하는 정치를 펼쳤어요.

정조는 '개혁 군주'라는 별명답게 다양한 개혁 정책을 펼쳐 왕권을 강화했어요

영조의 탕평책은 붕당 정치를 어느 정도 완화하는 데는 성공했지만, 완전히 끝내지는 못했어요. 이후는 영조의 손자인 정조의 몫이었죠. 정조 역시 영조의 탕평책을 계승했어요. 아울러 정조는 '개혁 군주'라는 별명답게 다양한 개혁 정책을 펼쳤어요. 규장각을 개편해 자신의 정책을 뒷받침하는 정치 기구로 만들었고, 장용영이라는 국왕의 친위 부대를 구성해 군사적 기반을 갖췄어요. 서얼과 노비에 대한 차별을 완화하고, 금난전권(나라에서 허가한 시전 상인 이외의 상인이 하던 불법적인 가게를 규제할 수 있도록 나라로부터 부여받은 특권)을 폐지해 상업과 공업의 발전을 꾀했어요.

조선의 르네상스인 정약용과 거중기

정약용은 조선 후기의 문신으로 《목민심서》(관리 계몽서), 《경세유표》(나라 살림에 관한 모든 제도와 법규의 개혁 원리를 설명한 책), 《흠흠신서》(형벌 일을 맡은 벼슬아치들을 위한 형법 설명서)를 비롯해 정치·경제·과학·문학 등 수많은 분야에 책을 남겼어요. 정약용은 수원 화성을 지을 때 거중기라는 기계를 만들었어요. 거중기는 도르래의 원리를 이용해 적은 힘으로 무거운 물건을 들어 올리는 기계예요.

수원 화성 만들 때 쓴 거중기(수원화성박물관)

제주 여인의 금강산 여행과 홍어 장수의 표류

문순득 일행 표류~귀환 1802(순조 3년)~1805년(순조 6년)

김만덕 1739~1812년
정조 1752~1800년(22대 재위 1776~1800년)
정약전 1758~1816년
문순득 1777~1847년

김만덕기념관

금강산을 여행한 제주 여인, 김만덕

1796년 제주도에 출도금지령이 내려진 상황에서도 제주도를 떠나 궁궐에서 왕(정조)을 알현하고, 금강산 여행을 한 여인이 있었어요. 바로 제주의 거상 김만덕이죠.

1794년 태풍이 불어 닥쳐 제주의 농토가 엉망이 되었어요. 식량이 없어 조정에서 구휼미를 보냈는데 이것을 실은 배도 풍랑에 침몰하고 말았죠. 수천 명의 제주 사람이 굶어죽을 상황에서 김만덕은 자신의 재산으로 육지에서 쌀 500섬을 사와 제주 사람들에게 나누어주었어요. 김만덕의 선행 덕에 제주 사람들은 굶주림에서 벗어날 수 있었어요.

김만덕의 선행은 당시 제주 목사를 통해 한양의 궁궐에 보고되었어요. 정조 임금은 제주 목사를 통해 김만덕의 청을 하나 들어주겠다고 했어요. 김만덕은 "한양에 가서 왕이 계신 곳을 바라보고, 금강산을 구경한다면 죽어도 여한이 없겠습니다"라고 했죠. 여성은 제주도를 벗어날 수 없는 상황에서 정조는 김만덕의 육지 여행을 특별히 허락했어요. 김만덕은 임시로 의녀반수라는 관직을 얻어 왕을 알현했고, 소원이던 금강산 여행을 하게 되었어요.

여인의 몸으로 제주도 바깥으로 나간 것, 왕을 직접 알현한 것, 대신들과 함께 금강산을 여행한 것 모두 무척 파격적인 일이었어요. 당시 지식인과 관리들은 김만덕에게 관심을 쏟을 수밖에 없었죠. 영의정이었던 채제공은 김만덕의 생애를 담은 《만덕전》을 썼고, 정약용, 김정희, 조수삼 같은 문인들도 글에서 김만덕을 칭송했어요.

우리 역사상 가장 오랜 시간, 가장 긴 거리를 표류한 홍어 장수, 문순득

외국과 왕래가 거의 없던 시절, 바다에 표류한 홍어 장수

1801년 12월 전라남도 앞바다 소흑산도(우이도)에 사는 홍어 장수 문순득은 홍어를 사기 위해 대흑산도로 갔다가 예상치 못한 해외여행을 했답니다. 1802년 1월 문순득 일행은 홍어를 사고 다시 우이도로 향하는 길에 큰바람을 만나 표류하고 말았어요.

① 대흑산도 ⇒ 류큐

돛대마저 부러진 배는 바람에 실려 정처 없이 떠다니다가 열흘 만에 육지에 도착했어요. 하지만 그곳의 사람들은 낯선 옷을 입고 생전 들어본 적 없는 말을 하고 있었죠. 문순득 일행이 도착한 곳은 류큐(지금의 일본 오키나와)였어요. 류큐 왕국은 당시 청나라와 일본 등 아시아 여러 나라와 무역을 하던 곳이어서 종종 조선인이 표류한 곳이기도 해요.

② 류큐 ⇒ 여송국

류큐 관리들은 문순득 일행이 편히 지낼 수 있도록 도와주다 1802년 10월 청나라로 향하는 무역선에 이들을 태워 보냈어요. 이렇게 순탄하게 끝날 줄 알았던 그들의 여행은 또다시 불어 닥친 풍랑으로 꼬여버렸어요. 문순득 일행은 11월경 오키나와에서 더 남쪽에 있는 여송국(필리핀 루손섬)에 표착했어요. 이들은 필리핀에서 여덟 달을 더 지냈어요.

문순득의 표류와 귀국 경로

③ 여송국 ⇒ 마카오 ⇒ 광둥·난징·베이징 ⇒ 조선

1803년 9월에 청나라로 가는 상선을 타고 마카오에 도착했고, 12월 광둥을 거쳐 난징, 베이징을 지나 1805년 1월 드디어 3년 만에 고향에 도착했어요.

문순득의 표류 이야기가 담긴 《표해시말》

문순득은 류큐와 필리핀에 있을 때 보고들은 것을 기억해뒀다 흑산도에 귀양 와 있던 다산 정약용의 형 정약전에게 상세하게 이야기했어요. 정약전은 그의 이야기를 날짜순으로 정리해 《표해시말》이라는 책으로 남겼어요. 여기에는 오키나와와 필리핀의 풍습, 문화뿐 아니라 언어까지 정리되어 있어요. 또한 외국인에게도 차별 없이 대한 필리핀과 마카오 사람들에 비해 배타적인 조선 정부에 대해 안타까움과 부끄러움을 느꼈다는 이야기도 나와요.

4부 조선 후기부터 일제 강점기, 그리고 근대로의 움직임

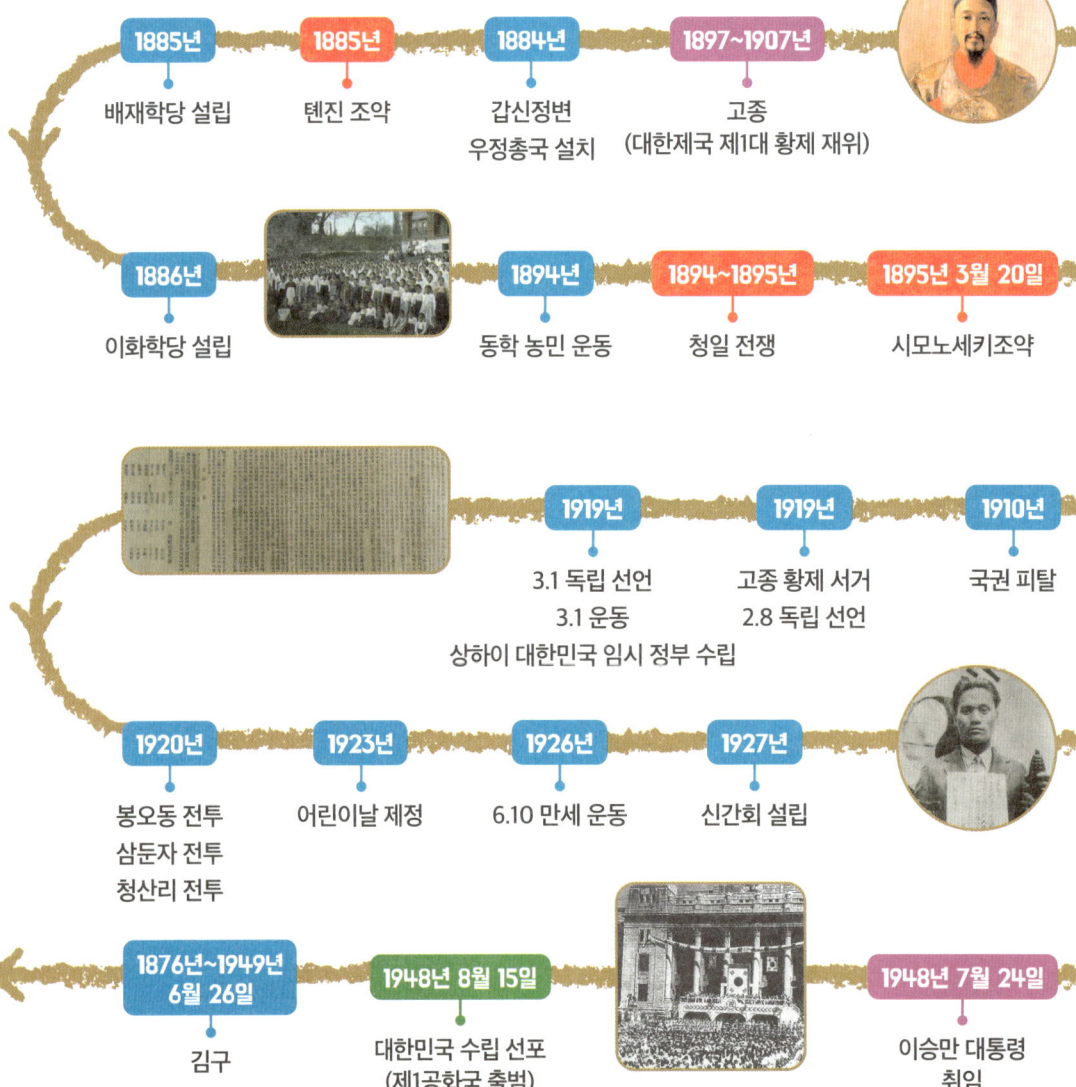

- 1885년 배재학당 설립
- 1885년 톈진 조약
- 1884년 갑신정변 / 우정총국 설치
- 1897~1907년 고종 (대한제국 제1대 황제 재위)
- 1886년 이화학당 설립
- 1894년 동학 농민 운동
- 1894~1895년 청일 전쟁
- 1895년 3월 20일 시모노세키조약
- 1919년 3.1 독립 선언 / 3.1 운동 / 상하이 대한민국 임시 정부 수립
- 1919년 고종 황제 서거 / 2.8 독립 선언
- 1910년 국권 피탈
- 1920년 봉오동 전투 / 삼둔자 전투 / 청산리 전투
- 1923년 어린이날 제정
- 1926년 6.10 만세 운동
- 1927년 신간회 설립
- 1876년~1949년 6월 26일 김구
- 1948년 8월 15일 대한민국 수립 선포 (제1공화국 출범)
- 1948년 7월 24일 이승만 대통령 취임

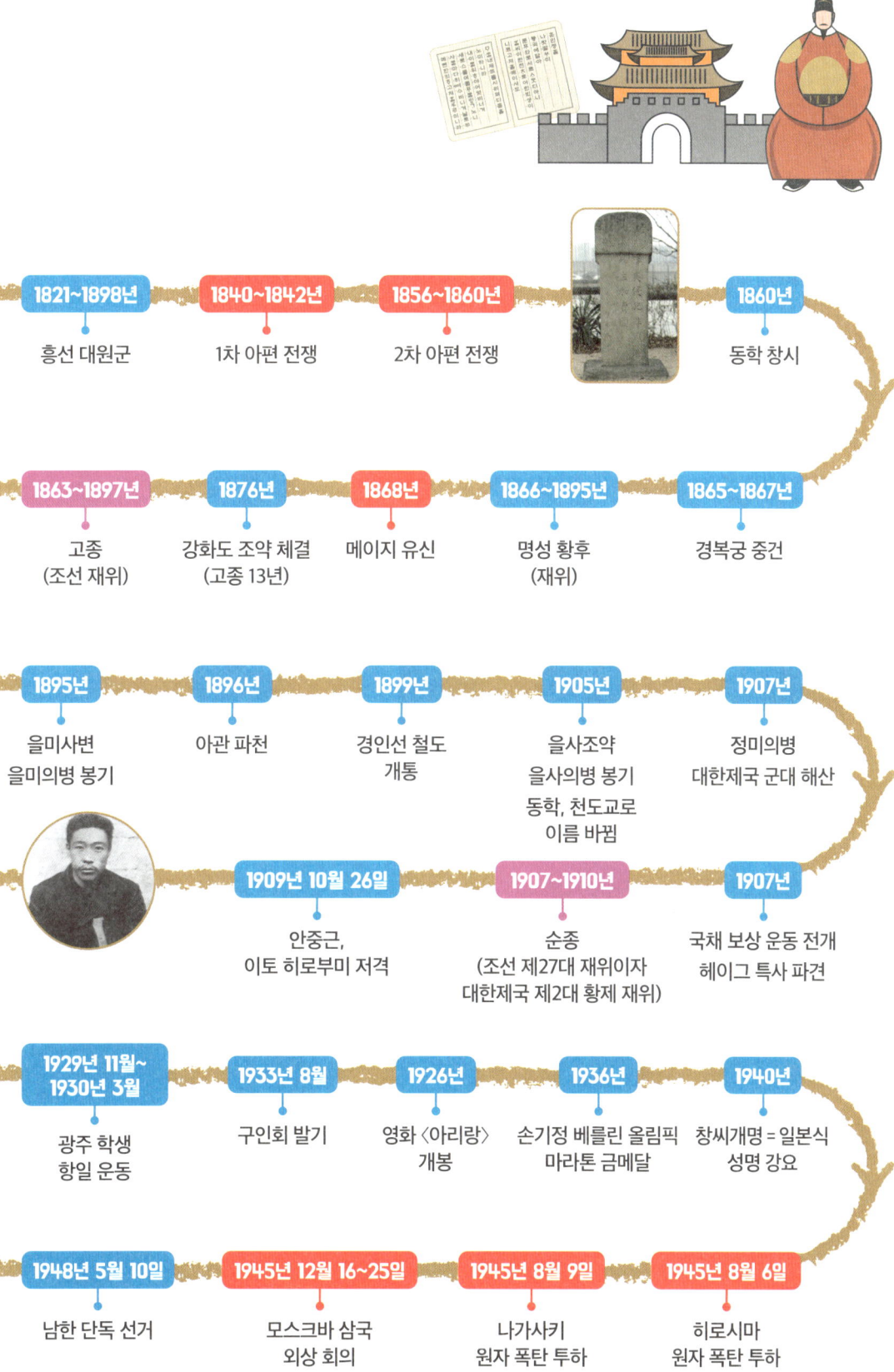

강화도 조약과 조선·일본·중국의 개항

강화도 조약 체결 1876년(고종 13년)
1차 아편 전쟁 1840~1842년
2차 아편 전쟁 1856~1860년
메이지 유신 1868년

강화 초지진

🏵 1875년 이상하게 생긴 배가 강화도에 들어왔어요

이 배는 운요호라는 일본의 군함이었는데, 허락도 없이 강화도에 들어와 해안을 측량했어요. 강화 초지진에 있던 조선 수비대는 이 배에 포격을 가했고, 이를 이유로 일본은 강제로 조선에 개항을 요구했어요. 1876년에 조선은 일본과 개항 조약인 강화도 조약을 불평등하게 맺었어요.

운요호 그림(1875년)

🏵 불평등한 내용이 많은 강화도 조약

일본은 자신들이 서양과 맺은 불평등 조약의 방법을 그대로 조선과의 강화도 조약에 적용했어요. 해안 측량도 허락하고 그곳의 깊고 얕음에 따라 도지를 면제하고, 무역할 때 간섭하고 제한하고 금지할 수 있다는 식의 논리를 폈죠. 조선에 거주하는 일본인과 관계된 소송은 일본 법률에 의해 재판한다는 일본 영사재판권을 인정하라고도 요구했어요.

🏵 신식 군대가 창설되면서 구식 군대는 푸대접을 받았어요

1881년 일본에 의해 조선에도 신식 군대인 별기군이 창설되었어요. 일본을 본보기로 삼아 만든 신식 군대로 약 80명을 뽑았어요. 일본인 교관이 지도하고 신식 무기를 사용했으며 구식 군대보다 급료도 많이 받고 옷도 좋은 것으로 받았다고 해요. 그 당시 구식 군대는 13개월 동안 월급도 못 받았는데, 그나마 뒤늦게 받은 월급인 쌀에는 겨와 모래가 절반이나 섞여 있었어요. 1882년 구식 군대는 그동안의 불만을 터뜨렸어요. 그들은 명성 황후와 민씨 일가를 향해 난을 일으켰지만, 명성 황후가 불러들인 청나라 군사에 의해 진압되었어요.

🏵 우리나라는 흥선 대원군이 쇄국 정책을 강력하게 단행했어요

흥선 대원군은 1873년에 탄핵을 당했어요. 하지만 권력의 꿈을 포기하지 않았죠. 흥선 대원군은 자신의 복귀를 계획하면서 군대의 불만을 이용했어요. 구식 군대의 반란에도 흥선 대원군의 영향력이 있었어요. 구식 군대의 반란은 진압되었고, 이를 조종한 흥선 대원군은 청나라에 의해 톈진에 갇히는 신세가 돼요.

아편 전쟁과 중국의 개항

19세기 중반, 중국은 두 차례의 아편 전쟁(1차 1840~1842년, 2차 1856~1860년)으로 서양 열강에게 완전히 패배하고 말았어요. 영국은 중국의 차를 수입하느라 은이 부족해졌어요. 결국 중국에 마약의 일종인 아편을 수출해서 무역 적자를 해소하려고 했죠. 중국은 사람들이 아편에 중독되자 마약 상인들을 홍콩으로 쫓아냈어요. 영국은 무역항을 확대하라고 요구하면서 전쟁을 일으켰어요. 그리고 강제로 중국을 개항시켰죠. 이것을 아편 전쟁이라고 해요.

메이지 유신과 일본의 개항

일본에도 서구 열강의 개항 물결은 매우 거세게 불어 닥쳤어요. 1853년 미국의 페리 제독은 일본에 개국을 요구했고, 일본도 어쩔 수 없이 개항을 하였죠. 일본은 국왕을 중심으로 강력한 나라를 만들면서, 근대화 운동인 메이지 유신을 단행해요. 이를 통해 아시아에서 가장 먼저 서구화되었어요.

흥선 대원군

경복궁 중건 1865~1867년
흥선 대원군 1820~1898년
고종 1852~1919년(조선 재위 1863~1897년, 대한제국 재위 1897~1907년)
명성 황후 1851~1895년

절두산 척화비

경복궁

쇄국 정책의 상징, 척화비

흥선 대원군은 외국 세력을 배척하는 쇄국 정책을 강조하기 위해 종로를 비롯해 전국의 교통 요지 200곳에 척화비라는 비석을 세웠어요. 이 비석에는 서양 세력에 맞서지 않으면 화해하는 것이고, 화해하는 것은 나라를 파는 것이라는 내용이 새겨져 있었어요.

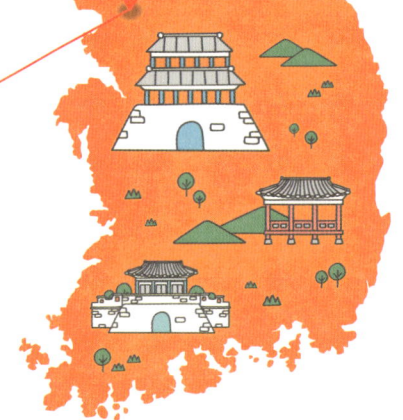

나라의 문을 걸어 잠근 흥선 대원군

흥선 대원군은 조선 왕조의 후손으로 고종의 아버지예요. 본인은 왕이 아니었지만, 어린 고종이 왕이 되자 정치의 전면에 등장해서 1873년까지 10년 동안 국정을 다스리고 관여했어요.

흥선 대원군이 왕을 대신해서 한 일은 매우 많지만 두 가지는 중요해요. 첫째, 나라의 문호를 외국에 절대로 열지 않는다는 '쇄국 정책'이에요. 외국의 물건은 물론이고 정신도 받아들여선 안 된다며 선교사를 박해했어요. 둘째, 임진왜란 때 타버린 경복궁을 중건(절이나

흥선 대원군 초상

명성 황후 생가 ⓒ문화재청

왕궁 따위를 보수하거나 고쳐 지음)했어요. 왕권을 강화하고 과시하기 위함이었어요. 하지만 이때 공사를 너무 무리하게 해서 백성의 원성이 높아지고 국력이 쇠약해지는 등의 부작용이 따랐어요.

아버지 흥선 대원군으로부터 독립하고자 한 고종

고종에게는 두 가지의 이름이 붙어 다녀요. 하나는 1863년부터 1897년까지 재위한 조선의 마지막이자 26대 왕이고, 또 하나는 1897년부터 1907년까지 재위한 대한제국의 첫 황제예요. 고종은 청·일본·러시아 사이에서 국권을 지키기 위해 많은 노력을 했어요. 아버지 흥선 대원군과는 다르게 서양을 이용하려고 노력했어요.

고종은 1907년에 헤이그에 특사를 파견해서 일본이 체결한 조약의 부당함을 세계에 알리고자 하였어요. 결국 이것 때문에 황제 자리에서 쫓겨나 덕수궁에 유폐되었다가 1919년 1월 죽게 되지요. 고종이 독살당한 것이라는 소문이 퍼지면서, 그해 1919년 3월 나라 안에서는 3.1 운동이 일어납니다.

시아버지 흥선 대원군과 적이 된 명성 황후

명성 황후는 몰락한 집안의 딸이었어요. 부모도 없고 형제자매도 없다는 점이 시아버지 흥선 대원군 마음에 오히려 쏙 들었어요. 외척이 없으니 왕권을 위협하지 않을 것이라고 생각했던 것이지요. 하지만 명성 황후와 흥선 대원군은 서로 대립하는 관계가 돼요.

시대의 변화에 민감한 명성 황후는 여러 정치적인 측면에서 시아버지와 충돌했어요. 명성 황후는 무조건 외국을 거부하기보다는 외교력을 이용하려고 했어요. 청일 전쟁 때에는 일본이 승리하자 일본을 견제하기 위해 러시아를 끌어들이려고 했죠. 결국 일본은 1895년 낭인들을 시켜 경복궁을 습격하여 명성 황후를 시해했어요. 이것이 을미사변이에요.

갑신정변

갑신정변 1884년
우정총국 설치 1884년
톈진 조약 1885년

김옥균 1851~1894년
홍영식 1855~1884년

우정총국 ⓒ문화재청

고종과 우정총국

조선 시대에 편지를 담당하던 사람들을 기발군이라고 했어요. 기발군은 말을 타고 하루에 300리를 갈 정도로 빨랐다고 해요. 그러나 철도가 세워지고 우정총국이 생기면서 차츰 사라져갔어요. 고종은 1884년에 영의정 홍순목의 아들 홍영식에게 우편총국을 만들라고 명령했어요. 홍영식은 일본과 미국에서 우체국이 하는 일을 조사하면서 우리에게 맞는 우편총국을 준비했어요. 직원도 뽑고, 우편 사업 규칙도 만들고, 우정총국을 알리는 깃발도 만들어요.

개화파에게 눈살을 찌푸린 명성 황후

나라의 문을 열어 서양을 적극적으로 받아들이자는 사람들을 개화파라고 해요. 김옥균, 박영효, 서광범, 서재필, 홍영식 등이 대표적인 사람들이에요. 개화파는 일본의 근대화를 매우 높게 평가했어요. 개화파는 얼른 서양을 배워 정치, 산업, 학교, 군대 등을 서양식으로 바꾸고 싶어 했어요. 이들은 〈한성순보〉라는 신문을 만들어 자기들의 생각을 펴내기 시작했어요. 하지만, 명성 황후와 그 친척들은 자신들을 비판하는 개화파들이 눈에 거슬렸어요. 명성 황후는 청나라를 끌어들여 개화파의 일을 방해했어요.

김옥균

홍영식

갑신정변은 3일 만에 실패했어요

1884년 12월 4일, 여러 나라의 외교관과 조선의 관리들이 우정총국에 모였어요. 우정총국 개국 축하 파티가 열리고 있는데 갑자기 불이 나고 총성이 들렸어요. 축제장은 아수라장이 되어버렸죠. 고종은 개화파가 이끄는 대로 경우궁(순조의 어머니인 수빈 박씨의 위패를 모신 사당)으로 몸을 숨겼어요. 개화파들은 고종을 궁으로 데려가 일본군들로 에워싸게 하고 개혁안을 발표했어요. 이것을 갑신정변이라고 해요.

갑신정변 개혁안

청나라 조공을 없앤다. 신분제를 철폐하고, 능력 있는 사람을 관리로 뽑는다. 똑똑한 젊은이를 교육한다. 양반 중심 사회를 버린다. 탐관오리를 처벌한다. 이 밖에 치안과 재정, 국가 운영에 관한 80여 개 항목으로 알려졌지만, 현재는 14개 개혁 항목만 전해져요.

개화파가 주도한 갑신정변은 3일 만에 실패하고 말았어요. 1885년 청나라와 일본은 멋대로 톈진 조약을 맺고 동시에 조선을 떠났어요. 조약에는 조선을 동시에 떠날 것과 후에 조선에 군대를 보낼 일이 있으면 서로에게 알릴 것이라는 내용이 들어 있어요.

배재학당과 이화학당

배재학당 설립 1885년
이화학당 설립 1886년

헨리 아펜젤러 1858~1902년
윌리엄 스크랜턴 1856~1922년
메리 스크랜턴 1832~1909년
호머 헐버트 1863~1949년
김점동(에스더 박) 1876~1910년

배재학당 역사박물관

양화진 외국인선교사묘원

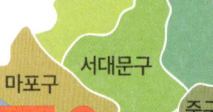

배제학당 역사박물관

배제학당의 체육시간(1908~1922년)

이화학당의 저학년생들 (1910년대)

"나는 웨스트민스터 성당보다 한국 땅에 묻히기를 원하노라"

1895년 명성 황후가 시해된 을미사변을 겪은 헐버트는 독립운동에 적극적으로 가담했어요. 일본의 부당성을 서양에 알리는 데 앞장서기도 했고, 고종의 특사를 자청해 시어도어 루스벨트 대통령을 만나려고 했어요. 후에 헤이그 특사로 만국평화회의에 참여해 조선 독립을 호소했고, 미국에서 독립운동을 지원하기도 했어요. 서울 양화진 외국인 선교사 묘원에 있는 그의 묘비명에는 우리나라에 대한 애정이 나타나 있어요. "나는 웨스트민스터 성당보다 한국 땅에 묻히기를 원하노라."

호머 헐버트(1907년)

호머 헐버트의 묘비

172 우리나라 구석구석 지도 위 한국사

우리나라 최초의 근대식 중등교육 기관인 배재학당을 함께 다닌 주시경과 이승만

헨리 아펜젤러는 대학을 졸업하고 27세의 나이로 1885년 조선에 들어온 미국 선교사예요. 당시 조선에서 서양 기독교 선교는 허락되지 않았어요. 하지만, 1882년 맺은 '조미수호통상조약'에 따라 선교사들은 학교와 병원을 세우면서 선교를 시작했어요. 아펜젤러는 1885년 고종으로부터 배재학당이라는 이름을 받고 서울에 학교를 세웠어요.

1894년 과거 제도가 완전히 폐지되면서 점점 많은 사람이 과거 공부 대신 영어 공부를 시작했어요. 외국 배가 들어오고 외국인이 많아지면서 조선에서 영어가 점점 더 필요해졌던 것이지요. 이때 초대 대통령 이승만과 최초의 국어학자 주시경이 배재학당을 함께 다녔어요. 주시경은 아름다운 우리말을 연구하는 데 몰두했는데, 이승만은 토론 모임에 적극적으로 참여해 정치적 말하기 능력을 키웠다고 해요.

조미수호통상조약

1882년 조선이 서구권 국가와 맺은 최초의 조약이에요. 조약條約은 나라들 사이에 권리와 의무를 법적으로 구속받도록 정해놓은 협약이나 행위를 말해요. 통상通商은 나라들 사이에 서로 물품을 사고팔 수 있는 것을 말해요.

우리나라 최초의 여학교인 이화학당

의료 선교사 윌리엄 스크랜턴은 어머니 메리 스크랜턴과 함께 1885년 조선에 들어왔어요. 윌리엄은 이듬해 정동병원을 열어 의료선교를 시작했고, 메리는 1886년 여성만을 위한 학교인 이화학당을 세웠어요. 당시 조선의 여자들은 공부는커녕 바깥나들이도 거의 하지 못하던 시절이었어요.

스크랜턴 여사는 집집이 방문하면서 아이를 학교에 보내주기를 부탁했지만 푸른 눈의 서양 도깨비에게 잡아먹힌다는 이야기가 떠돌고 있었어요. 부모들은 아이들을 숨기고 문을 잠가버리곤 했어요. 그래서 스크랜턴 여사는 가난한 집의 아이들과 아픈 아이들을 데려와 치료해주고 공부를 시키기 시작했어요. 그중 김점동이라는 학생이 있었어요. 김점동은 결혼 후 박에스더라는 이름으로 유학을 가서 한국 최초의 여의사가 되어 돌아왔어요. 최초의 양의사는 《독립신문》을 발간한 서재필이에요.

우리나라를 사랑한 호머 헐버트

1886년 고종은 미국에 영어 교사 3명을 요청했고, 미국의 호머 헐버트가 다른 2명과 함께 조선에 왔어요. 당시 조선에는 육영공원이라는 최초의 근대식 영어 학교가 있었어요. 헐버트는 1886년부터 1891년까지 5년 동안 육영공원에서 영어를 가르쳤어요. 그는 동시에 한글을 열심히 배우기 시작해서 3년 만에 한글 책을 내기도 했어요. 우리가 한글 띄어쓰기를 하게 된 것도 헐버트의 노력 덕분이기도 해요.

동학과 천도교

동학 창시 1860년
동학, 천도교로 이름 바뀜 1905년
어린이날 제정 1923년

최제우 1824~1864년
최시형 1827~1898년
손병희 1861~1922년
방정환 1899~1931년

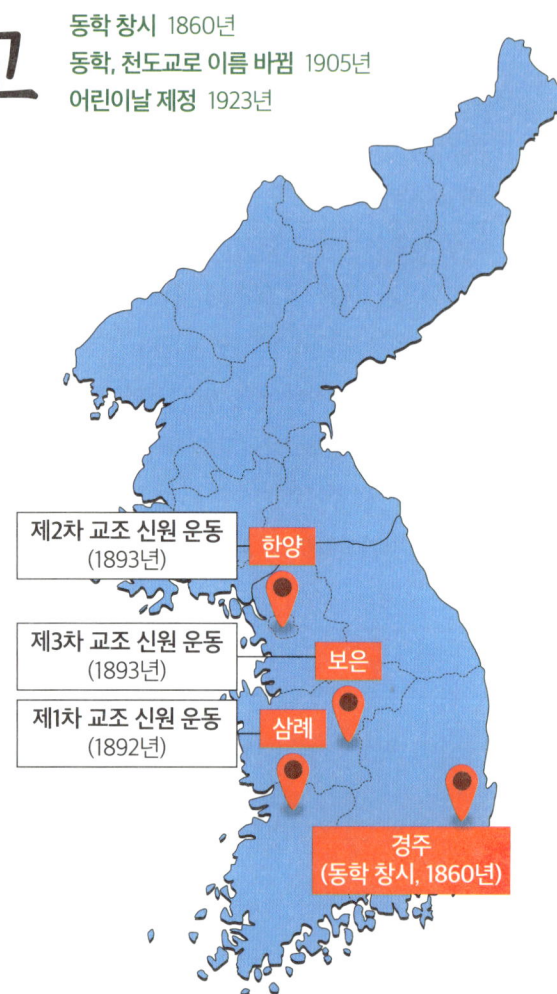

제2차 교조 신원 운동 (1893년) — 한양
제3차 교조 신원 운동 (1893년) — 보은
제1차 교조 신원 운동 (1892년) — 삼례
경주 (동학 창시, 1860년)

동학을 창시한 교조, 최제우

최제우는 경주에서 태어났어요. 그의 아버지는 퇴계 학파에 속한 유명한 학자였지만 관직에는 오르지 못했지요. 최제우도 문과 시험을 볼 수 없었어요. 어머니가 재가해서 최제우를 낳았기 때문이에요. 아버지에게서 학문을 배운 최제우는 전국 각지를 돌아다니면서 장사를 했어요. 그는 나라 사정에 밝았기 때문에 나라에 새로운 가르침과 새로운 문화가 필요하다고 생각했어요. "다시 개벽"이라는 말이 그래서 만들어졌어요.

최제우는 자신이 깨닫고 정리한 종교를 서학에 맞서서 동학이라고 불렀어요. '나의 마음이 너의 마음이다'라는 깨달음과 '사람이 하늘'이라는 가르침을 통해 최제우는 동학사상을 널리 펼쳐나갔어요. 특히 최제우는 신분 철폐와 여성 존중을 외쳤는데, 집에 데리고 있던 두 하녀를 한 명은 며느리로, 한 명은 수양딸로 받아들였어요.

교조 신원 운동

1892~1893년 사이에 일어난 동학교도들의 운동이에요. 이름 그대로 1864년에 처형된 동학 교조 최제우의 억울함을 풀고(신원伸寃), 자유롭게 믿고 퍼뜨릴 수 있도록 동학을 종교로 인정해달라고 요구했어요. 삼례, 한양, 보은 등에서 집회가 있었어요.

2대 동학 교주, 최시형

최시형은 어려서 부모를 잃고 고아로 자라면서 종이를 만드는 제지소에서 일했어요. 우연히 최제우의 사상을 접하면서 동학에 심취했죠. 1864년 최제우가 사형을 당하자 그의 뒤를 이어 동학을 맡았어요. 사람들이 입에서 입으로 전하는 동학의 교리를 책으로 묶어 《동경대전》과 《용담유사》를 펴냈어요. 한문을 아는 사람은 《동경대전》을 읽고, 어린이와 아녀자들은 한글로 된 《용담유사》를 읽었어요.

동학은 사람이 곧 하늘이라는 사상과 평등사상이 주를 이루어서 불평등한 세상을 살아가는 사람들에게 엄청난 힘이 되었어요. 최시형은 아이도 하늘님이고 베틀 짜는 아녀자도 하늘님이라고 했어요. 전봉준이 동학 운동을 펼칠 때 처음에는 반대했지만, 나중에는 나가서 싸우는 것에 찬성했어요. 결국 최시형은 1898년 원주에서 잡혀 죽음을 맞이해요.

교조와 교주

교조敎祖는 어떤 종교나 종파를 처음 세운 사람을 말해요. 동학에서는 최제우가 교조예요. 교주敎主는 종교 단체의 우두머리를 말해요. 동학의 2대 교주는 최시형, 동학의 3대 교주는 손병희예요.

동요 작곡가 정순철과 소파 방정환

"엄마 앞에서 짝짜꿍, 아빠 앞에서 짝짜꿍" 하는 동요는 정순철이 만들었어요. 이외에도 수많은 동요를 작곡한 정순철은 최시형의 외손자였어요.

방정환은 손병희의 사위예요. 5월 5일 어린이날을 갖게 된 것도 바로 이분 덕분이지요. 어린이날을 창시한 소파 방정환은 손병희와 함께 천도교의 소년회로 활동하면서 〈어린이〉를 창간하는 등 많은 아동문화 운동을 했어요.

동학의 이름을 천도교로 바꾼 3대 동학 교주, 손병희

동학군이었던 손병희는 청일 전쟁 이후 동학 운동이 탄압을 받자 일본으로 건너갔어요. 일본에서 장사로 돈을 번 손병희는 1905년 조선으로 건너왔어요. 그는 동학의 이름을 천도교로 바꾸고 보성 전문학교와 동덕 여학교를 인수해서 교육 사업에 전념하였어요.

손병희는 교육뿐 아니라 출판 사업에도 공을 들였어요. 〈개벽〉, 〈어린이〉, 〈신여성〉 등과 같이 유명한 잡지를 발간했어요.

동학 교조, 수운 최제우
ⓒ 국립중앙박물관

동학 2대 교주, 해월 최시형

손병희 동상 (서울 종로 탑골 공원)

동학 농민 운동

동학 농민 운동 1894년

조병갑 1844~1911년
전봉준 1855~1895년

동학농민혁명
기념관

공주시 문화관광

동학 농민 운동의 성지, 우금치

우금치는 워낙 깊은 산속에 있는 골짜기였어요. 소를 끌고 그 고개를 넘으면 꼭 도둑이 나타난다고 했죠. 그래서 소를 끌고 그 고개를 넘어선 안 된다는 뜻으로 우금치牛禁峙라고 불렀어요.

우금치

공주

고부

순창

공주 우금치 전적지
ⓒ 문화재청

1894년 12월 체포되어 한성부로 압송되는 전봉준
(교자에 포박되어 앉아있는 이)

176 우리나라 구석구석 지도 위 한국사

전라도 고부에서 민란이 일어났어요

전라도 고부 지역에 있던 조병갑이라는 군수는 부정부패가 매우 심했어요. 가난한 농민들을 강제로 동원하여 저수지를 짓게 하고, 논에 받는 물에 세금을 매기는 수세를 징수했어요. 또 자기 어머니 장례식 때 부조금 2000냥을 내지 않았다면서 전봉준의 아버지 전창혁을 곤장으로 때려죽이기까지 했어요. 몰락한 양반 집안의 전봉준은 훈장과 한약방을 하면서 평범하게 살아가고 있었어요. 하지만 조병갑의 횡포를 그냥 지켜볼 수만은 없었어요. 그의 횡포로 아버지까지 잃었기 때문이지요.

청일 전쟁의 계기가 되었어요

전봉준은 당시 동학의 교조인 최제우의 억울함을 풀고 탄압을 중지해달라는 동학교도들의 신원 운동에 참여하고 있었어요. 전봉준이 이끄는 농민군은 전주성까지 진출하는 데 성공했어요. 정부에서는 청나라 군대를 요청해서 동학군을 진압하려고 했죠. 이를 안 일본군이 텐진 조약을 핑계로 동시에 조선에 들어왔어요.

동학군은 정부의 조정안을 받아들이고 집강소를 통해 개혁을 계속하려고 했어요. 그리고 정부는 청나라와 일본에게 다시 돌아갈 것을 요구했어요. 하지만 일본은 돌아가기는커녕 김홍집을 내세운 친일 내각을 구성하고, 청나라를 공격하기 시작했어요. 청일 전쟁이 시작된 것이지요.

우금치 싸움에서 크게 패했어요

동학 농민군의 처음 목표는 교조 최제우를 구원하고 탐관오리를 처벌하는 것이었어요. 하지만, 일본의 야욕을 알고 나서는 동학 농민 운동도 항일 투쟁으로 변하게 되지요. 충청남도 공주시 금학동에는 우금치 고개라는 곳이 있어요. 이곳은 전봉준을 비롯한 동학 농민 운동가들이 마지막까지 치열하게 투쟁을 벌였던 곳이에요.

동학 농민군은 철수를 거부한 일본을 타도하기 위해 1894년 11월 우금치에서 장렬한 전투를 펼쳐요. 하지만 재래식 무기밖에 없는 동학군은 신식 무기로 무장한 일본군에 크게 패했어요. 전봉준은 순창으로 피신했다가 동료의 밀고로 체포되어 교수형을 당했고, 다른 지도자들 역시 모두 처형당했어요.

을미사변

청일 전쟁 1894~1895년
시모노세키조약 1895년
을미사변 1895년

명성 황후 1851~1895년

경복궁

서울 · 경복궁

경복궁 건청궁 곤녕합과 누마루인 옥호루
(명성 황후가 시해된 곳) ⓒ 문화재청

시모노세키시

일본과 청국의
시모노세키 조약 조인식 장면

조선을 차지하기 위한 청일 간의 다툼

　　명성 황후는 갑신정변 때 개화파를 지원한 일본이 몹시 싫었어요. 그래서 나라의 일이 있을 때마다 청나라 군대를 불러들였어요. 그러자 일본 역시 톈진 조약을 핑계로 조선에 군대를 보냈어요. 결국 우리나라 땅에서 청나라와 일본이 전쟁을 일으켰고, 이것을 청일 전쟁 혹은 황해 해전이라고 해요.

거대한 청나라와 신흥 제국주의 일본은 호시탐탐 조선이라는 작은 나라를 차지하고 싶었어요. 중국은 당시 서양의 겉모습을 받아들이고 정신을 지킨다는 양무운동을 펼치고 있었고, 일본은 메이지 유신으로 서양의 근대화를 빠르게 받아들이면서 제국주의 국가의 반열에 오르기 위해 혈안이 되어 있었지요.

시모노세키 조약과 말뿐인 조선의 독립국 선언

청일 전쟁은 일본의 승리로 끝나고 청나라의 요청으로 두 나라 간의 조약이 체결되었어요. 일본의 이토 히로부미와 청나라의 이홍장이 야마구치현 시모노세키시에서 맺은 조약이어서 시모노세키 조약이라고 해요. 주요 내용은 청나라의 조선 간섭을 없애는 것이에요.

"청국은 조선으로부터 종주권을 영구히 포기하고, 조선의 완전한 해방을 승인한다." 그 조약의 첫째 조항이에요. 얼핏 조선을 자유롭게 하자는 것으로 보이지만, 사실은 일본이 조선을 독차지하기 위한 장치였어요. 또 청나라는 일본에게 배상금 2억 냥을 지불해야 했죠. 그러나 모든 것이 일본 뜻대로 되지는 않았어요. 러시아가 독일과 프랑스를 끌어들여 삼국간섭을 통해 저지하고 말아요. 조선의 명성 황후는 이 관계를 이용해 러시아와 친하게 지내려고 했어요. 일본을 견제하기 위해 청나라 대신 러시아를 선택한 것이죠.

명성 황후가 살해된 을미사변이 일어나요

명성 황후는 일본을 견제하기 위해 청나라와 가깝게 지냈다가 청일 전쟁 이후로는 다시 러시아와 가깝게 지냈어요. 일본으로선 청일 전쟁으로 간신히 조선의 지배권을 독차지했는데, 또다시 막강한 상대인 러시아를 상대해야 했었던 것이지요.

이때 조선에 들어온 일본 외교관인 미우라 고로는 무서운 음모를 꾸미기 시작했어요. 바로 명성 황후를 암살하는 것이었어요. 1895년 10월 어느 날 새벽 미우라는 일본 낭인들을 경복궁에 침입시켜 조선의 국모 명성 황후를 참혹하게 살해하고 말아요. 1895년 을미년에 일어난 이 사건을 을미사변이라고 해요.

명성 황후

아관 파천

아관 파천 1896년

구 러시아 공사관 터
(2009년 보수공사 후) ⓒ문화재청

러시아 공사관(1900년대)

고종의 길
아관 파천 당시 고종이 러시아 공사관으로 거처를 옮길 때 지났던 길이에요. 덕수궁 돌담길에서 정동공원과 러시아 공사관까지 이어지는 총 120미터의 길이랍니다.

환구단

🏵 러시아 공사관에 피신한 고종

1895년 일본의 낭인들은 경복궁에 침입해 궁을 난도질하며 끝내 명성 황후를 칼로 여러 차례 찔러 살해했어요. 이후 궁궐마저 안심할 수 없었던 고종은 아들과 함께 러시아 공사관으로 피신하여 1896년부터 1897년까지 살게 되는데, 이를 아관 파천이라고 해요.

러시아는 고종을 머물게 해주는 대가로 우리나라에서 나무도 가져가고, 광산도 개발하고, 고래도 마음대로 잡아갔어요. 러시아뿐 아니라, 미국은 경인선 철도 사업권을 가지고, 프랑스는 경의선 철도 사업권을 챙겼어요.

> **아관 파천 뜻**
>
> '아관俄館'은 러시아 공사관을 뜻하고, '파천播遷'은 하늘을 버린다는 뜻이에요. 즉 아관 파천은 고종이 조선의 하늘을 버리고 러시아 공사관으로 들어간다는 것을 의미해요.

🏵 황제의 나라로 거듭난 대한제국

백성은 왕이 러시아 공사관에 있는 것이 못마땅했어요. 특히 독립협회는 앞장서서 환궁을 주장했어요. 왕이 다른 나라의 보호를 받으면 다른 나라가 우리를 우습게 본다는 것을 아뢰었지요. 왕은 1년 만인 1897년 궁궐로 돌아와서 이제 조선이 황제의 나라임을 선포했어요. 고종은 환구단을 쌓아 황색 곤룡포를 입고 황제 즉위식을 거행했어요. 왕은 환구단(천자가 하늘에 제사를 드리는 곳)에 올라 우리나라가 '대한제국'임을 선포했어요. 근대화를 향한 제도를 발표하고 태극기도 사용했어요.

그러나 강대국들은 각자의 이익 챙기기에 바쁘고, 특히 러시아는 고종을 도와주었다는 것을 내세우면서 자기 나라 군대가 머물 수 있는 땅을 요구하기까지 했어요.

> **황색 곤룡포**
>
> 동아시아에서 황색 곤룡포는 중국 황제가 입을 수 있는 색이에요. 조선의 왕들은 대대로 황색 옷을 입을 수 없었어요. 고종 황제가 처음으로 황색 곤룡포를 입은 것이지요.

황제의 황룡포를 입은 고종

우리글과
우리 역사 지킴이

주시경 1876~1914년
신채호 1880~1936년
최남선 1890~1957년

〈근역강산 맹호기상도〉(20세기 초, 작자 미상)
ⓒ 고려대학교 박물관

한반도는 토끼 모양일까요, 호랑이 모양일까요?

일본은 조선의 정치와 제도, 군사 뿐 아니라 문화와 역사와 지리와 신화까지도 모두 무장해서 한반도를 식민지로 삼겠다는 야욕을 가지고 있었어요. 일본의 지질학자 고토 분지로는 우리나라의 땅덩어리가 겁먹은 토끼를 닮았다고 했어요.
최남선은 1908년 한국으로 돌아와서 최초의 잡지 〈소년〉을 만들었어요. 창간호에 '봉길이 지리 공부'라는 장을 만들어 한반도가 포효하는 호랑이의 모습이라고 주장했어요.

단재 신채호

◉ '한글'이라는 말은 한글학자 주시경이 '큰 글'이라는 뜻에서 처음 사용한 말이에요

황해도 평산군에서 태어난 주시경은 큰아버지의 양자가 되면서 서울에서 살게 돼요. 주시경은 1896년 배재학당에 들어가서 독립협회의 일을 하기도 했고, 국어문법을 정리하기도 했어요. 배재학당을 세운 아펜젤러 목사에게 세례를 받기도 했죠.

주시경은 한국에 온 외국인에게도 한글을 가르쳤고, 많은 학교를 돌아다니면서 한글을 가르쳤어요. 그래서 별명이 '주보따리'였지요. 주시경은 우리나라는 말과 글을 연구해서 바로잡고 장려하는 것이 가장 시급하다며 국어의 중요성을 강조했어요.

◉ 신채호는 우리 민족의 정신을 찾기 위하여 역사를 알아야 한다고 생각했어요

역사학자 신채호는 1898년 성균관에 들어가 한학을 공부했어요. 1905년 성균관의 박사가 되었지만, 이튿날 바로 그만두고 계몽운동을 시작해요. 을사조약이 있었을 때 장지연이 〈황성신문〉에 "오늘 목 놓아 우노라"라는 글을 쓰도록 도왔고, 장지연이 투옥되자 〈황성신문〉을 이끌었지요.

신채호는 상고사, 그러니까 아주 오래전의 역사를 알아야 한다고 생각했어요. 고구려의 고적을 답사하면서 고구려의 정신을 특히 더 강조했어요. 신채호가 쓴 《조선상고사》(1948년)는 단군조선시대부터 삼국시대까지의 역사를 기록하고 있어요.

신채호는 이완용은 나라를 팔아먹었지만 이승만은 없는 나라를 팔아먹으려고 한다고 비판하면서 임시정부를 박차고 나왔어요. 그러고는 무장 독립운동에 가담했지요. 그는 국사 연구에 남다른 소명을 가지고 나라의 정신을 되찾는 운동을 계속 했어요.

◉ 최남선은 최초의 잡지 〈소년〉을 만들었어요

1906년 육당 최남선은 일본으로 유학을 가 와세다 대학 지리역사과에 입학했어요. 당시 우리나라 사람은 바다를 건너간 적도 별로 없고, 바다 밖에서 우리나라를 객관적으로 바라본 적도 그다지 많지 않았어요.

최남선은 일본이 임진왜란 때 강탈해 자기네 황실도서관에 보관해둔 우리의 《삼국유사》를 다시 들여왔어요. 1927년 〈계명〉이라는 잡지에 《삼국유사》 전문을 싣고 해석을 덧붙여 발표하기도 했어요.

3.1 운동 때는 민족대표로 참여하고 감옥에도 갔죠. 하지만 1927년 조선총독부의 회유와 협박에 못 이겨 조선총독부의 어용 단체인 '조선사 편수위원회' 활동을 한 이후부터 친일 활동을 했다고 해요.

우리나라 최초의 철도·전기·전차

경인선 철도 개통 1899년

경의선 1906년 (경성-신의주)
경원선 1914년 (경성-원산)
경인선 1899년 (경성-인천)
경부선 1905년 (경성-부산)
호남선 1914년 (대전-목포)

우리나라 최초의 철도는 서울과 인천을 잇는 경인선이에요

100여 년 전 처음으로 서울과 인천을 잇는 경인선 철도가 생겼을 때 사람들은 너무 신기해서 쇠로 만든 송아지'라고도, '검은 괴물'이라고도 생각했어요. 심지어 축지법을 쓰는 '쇠바퀴'라고 부르기도 하고, 철로 만든 말이라는 의미로 '철마'라고 부르기도 했어요. 당시에는 철도 광고에서 기차를 타는 것을 무지개를 타는 것으로 표현하기도 했어요.

경인선 건설은 1897년 미국인 사업가가 시작했어요. 이듬해 일본의 방해로 자금난에 시달리다가 중지되었지만 1899년 일본이 완성했어요. 일제 강점기에 이 철도를 가장 많이 이용한 나라가 일본이니, 식민지 지배를 위한 발판인 셈이죠.

우리나라에서 전등불을 제일 먼저 달았던 곳은 건천궁이에요

우리나라에서 전등불을 제일 먼저 달았던 곳은 경복궁 안의 건천궁이에요. 건천궁은 고종 황제가 지냈지만 명성 황후가 시해된 곳이기도 해요. 1887년 미국의 에디슨 전기회사에 전등을 주문했다고 해요.

전등을 보면서 당시 사람들은 '물불'이라고 했어요. 증기로 발전기를 돌려 불이 들어왔기 때문이죠. 전기에 붙여진 재미있는 이름도 있어요. 바로 '건달불'인데요, 비싼 증기 발전기가 자주 고장이 나서 그런 말이 붙여진 것이지요. 전등이 돈만 먹고 해야 할 일을 하지 않았다고 생각했던 것 같아요.

철도가 생기고 전기가 들어오고 전차가 다니기 시작했어요

도심에 전차가 다니기 시작한 것은 1899년의 일이니, 경인선 개통과 같은 해에 일어난 일이죠. 사람들은 검은 괴물이 번갯불을 잡아타고 달린다고 생각했어요.

1899년은 가뭄이 매우 심했어요. 일본의 경제적 침략이 시작되는 가운데, 백성은 점점 살기가 어려워졌어요. 그 와중에 경인선이 뚫리고 전기가 들어오고 전차까지 다니기 시작하면서 물가는 폭등하고 백성들의 생활은 더욱 궁핍했어요. 극심한 가뭄으로 기우제를 지냈지만 그다지 효과가 없자 백성의 사회적 불만은 커져갔어요. 이때 사람들은 전차가 달릴 때 생기는 번갯불 때문에 하늘의 구름이 바싹 말라버려서 가뭄이 더욱 심해진 것이라고 생각했어요. 당시 전차 폭동이 일어났어요.

경인선 개통 당시의 객차(1899년)

일제 강점기 때 보신각 앞을 지나가는 서울 전차

을사조약

을사조약 1905년

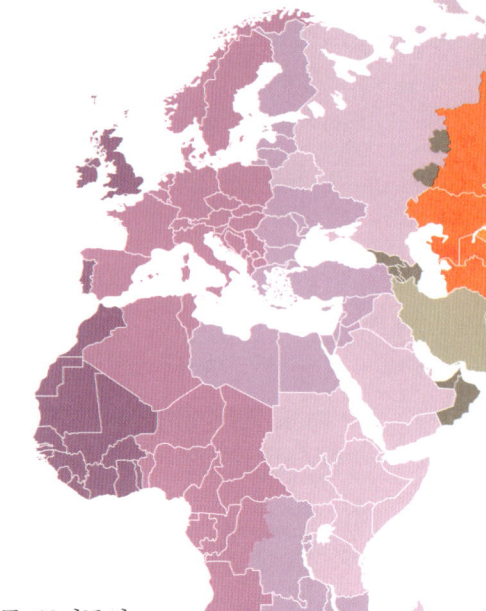

🟢 러일 전쟁에서 승리한 일본

일본이 청일 전쟁에서 승리한 후에 다시 명성 황후가 러시아를 끌어들였고 급기야 고종 황제가 러시아 공사관으로 피신하는 일이 벌어졌어요. 결국 일본과 러시아는 1904년부터 1905년에 걸쳐 한반도를 차지하기 위해 전쟁을 벌였어요. 일본은 러시아를 견제하는 영국과 1902년에 동맹을 맺었어요. 영국이 인도를 지배하는 것을 인정하기로 하는 대신 영국의 힘을 등에 업은 일본은 러일 전쟁에서 승리했어요.

🟢 일본과 을사오적의 만행으로 외교 자주권이 사라진 우리나라

청일 전쟁과 러일 전쟁에서 승리한 일본은 1905년 을사조약을 맺자며 고종 황제를 재촉하기 시작했어요. 그것을 주도한 이토 히로부미는 고종 황제뿐 아니라 대신들에게도 협박에 가까운 협상 제안서를 내밀었어요. 이때 이토 히로부미를 도와 을사조약에 찬성하고 일본인의 앞잡이가 된 다섯 명을 을사오적이라고 해요. 이완용, 이근택, 이지용, 박제순, 권중현이에요.

을사조약에서 가장 중요한 내용은 대한민국의 외교를 일본이 대신하고, 이를 관리감독하기 위

이완용

이근택

이지용

박제순

권중현

도쿄
러일 전쟁에서 승리한 후 일본은 미국과 가쓰라-태프트 밀약을 맺었어요. 일본은 조선을 차지하고, 미국이 필리핀을 차지하는 것을 서로 인정해주는 내용이었어요.

포츠머스
포츠머스 조약을 맺는 러시아와 일본 대표들

러일 전쟁에서 승리한 일본은 러시아와 포츠머스 조약을 맺어 한반도에서 모든 독점권을 가진다고 발표했어요.

을사조약 = 을사늑약
늑약은 억지로 맺은 조약이라는 뜻이에요. 을사조약은 불평등한 조약이기 때문에 을사늑약이라고 부르기도 해요.

해 통감을 파견한다는 것이었어요. 즉 대한제국은 일본 정부를 통해야만 다른 나라와 조약을 맺을 수 있다는 황당한 내용이었죠. 일본은 동아시아의 평화를 위해 자신들이 전쟁까지 불사하면서 우리나라를 위해 노력한 것이라고 치켜세우기까지 했어요.

을사조약의 무효를 외치는 목소리들

고종 황제를 비롯한 대신들은 을사조약의 부당함을 발표했어요. 고종 황제는 조약에 쓰인 도장이 왕의 옥새가 아니니 무효라고 했어요. 내부대신이었던 민영환은 을사조약에 반대하여 목숨을 끊기까지 했어요. 그는 국민과 고종 황제, 그리고 당시 우리나라에 머물었던 외국 사절들에게 세 통의 글을 남겼어요. 장지연이 〈황성신문〉에 발표한 '시일야방성대곡'이라는 글은 '오늘 하루 목 놓아 우노라'라는 뜻으로, 을사조약의 부당함을 알리고 이토 히로부미와 을사오적을 규탄하는 내용을 담고 있어요.

민영환

의병운동과
애국 계몽운동

을미의병 봉기 1895년
을사의병 봉기 1905년

이승훈 1864~1930년
신돌석 1878~1908년
안창호 1878~1938년

도산안창호기념관

경북나드리

영동관광 포털

도산공원

서울

신돌석 장군 생가지

영덕

ⓒ 문화재청

도산공원은 서울 강남구 신사동에 있어요. 도산 안창호의 애국심과 교육 정신을 기념하기 위해서 만든 공원이지요.

일본 제국주의에 맞선 을미의병과 을사의병

　　1895년 을미사변이 일어나자 전국 각지에서 의병 활동이 일어났어요. 이를 을미의병이라고 해요. 1905년 을사년에 조선의 외교권을 빼앗아간 조약을 을사조약이라고 해요. 양반에서부터 천민에 이르기까지 전 백성이 나라의 외교권을 잃은 것에 분노를 터트렸어요. 여기저기서 의병이 일어났지요. 이는 을사의병이라고 해요. 의병을 이끈 의병장 중에는 최익현과 같은 양반이 있는가 하면, 천민 출신의 안규홍도 있었어요.

최익현
ⓒ 문화재청

일본 제국주의에 맞서
무장한 의병(1907년)

안창호
(1910년대)

신돌석은 경북 영덕에서 의병 활동을 시작해 경상도와 강원도 의병을 이끌었고 별명은 태백산 호랑이였어요. 주로 소백산과 태백산을 활동 무대로 활약했어요. 의병들은 을사늑약의 파기와 일본 정부 관료들의 퇴거를 주장했어요.

정주에 세운 이승훈의 오산 학교

"영변에 약산/진달래꽃/아름 따다 가실 길에 뿌리우리다." 이런 노래를 들어본 적이 있나요. 김소월 시인이 쓴 〈진달래꽃〉이라는 시예요. 약산은 어디에 있을까요? 약산은 평안북도의 영변이라는 지역이에요.

김소월은 그 시절 평안북도 정주에 문을 연 오산 학교에 다니고 있었어요. 이곳에서 김소월의 스승인 김억, 최초의 근대 소설 《무정》을 쓴 이광수, 〈표본실의 청개구리〉라는 단편소설을 쓴 염상섭이 교사를 지냈어요. 오산 학교는 놋그릇 장사로 많은 돈을 번 이승훈이 세웠어요. 그는 학교를 세워 젊은이들을 교육해야 나라를 구할 수 있다고 생각했어요.

평양에 세운 안창호의 대성 학교

안창호는 민족개조론을 주장하면서 실력을 키워 스스로 독립을 쟁취해야 한다고 주장했어요. 안창호는 웅변을 매우 잘했다고 해요. 많은 젊은이가 그의 연설을 듣고 독립운동을 결심했어요. 1907년 오산 학교를 세운 이승훈도 안창호의 연설을 듣고 감동을 하여 오산 학교를 세웠어요.

1908년 안창호는 평양에 대성 학교를 세웠어요. 안창호는 학생들에게 정직하고 성실한 자세로 옳은 일을 해야 한다는 무실역행을 강조했어요. 이 당시 조선에는 많은 학회가 만들어지고 교육에도 많은 힘을 쏟았어요. 일본은 이를 가만히 두고 보지는 않았죠. '사립학교령'이라는 법령을 만들어 우리나라의 교육 활동을 막고자 했어요. 그럴수록 학회 회원들은 더 적극적으로 독립운동을 했어요.

파란만장한 1907년, 국채 보상 운동·헤이그 특사 파견·대한제국 군대 해산

정미의병 1907년
국채 보상 운동 전개 1907년
헤이그 특사 파견 1907년
대한제국 군대 해산 1907년 7월 31일

순종 1874~1926년(2대 재위 1907~1910년)
어니스트 베델 1872~1909년
이준 1859~1907년
이상설 1870~1917년
이위종 1884~1924년

헤이그 특사 이동경로

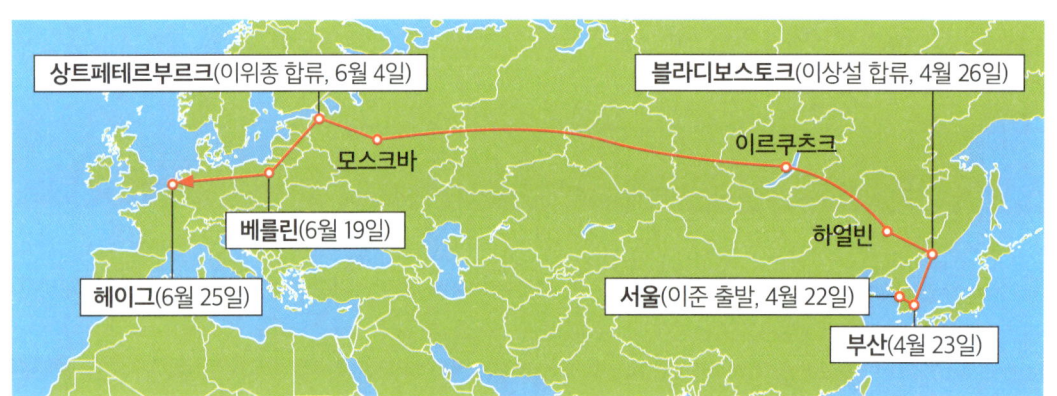

상트페테르부르크(이위종 합류, 6월 4일)
블라디보스토크(이상설 합류, 4월 26일)
모스크바
이르쿠츠크
베를린(6월 19일)
하얼빈
헤이그(6월 25일)
서울(이준 출발, 4월 22일)
부산(4월 23일)

〈대한매일신보〉와 국채 보상 운동

1907년 2월 경상도 대구 광문사에 몇 사람이 모였어요. 이들은 나라의 빚을 갚자며 목소리를 높였죠. 1905년 을사조약 이후 일본은 강제로 조선에게 자꾸 돈을 빌려가게 했고, 그 돈으로 조선을 개발한다고 선전했어요. 철도를 놓고, 전기를 들이고, 전차를 놓느라 빚은 점점 불어나서 1300만 원이나 되었죠. 당시 1300만 원은 지금 돈으로 대략 3300억 원이나 된다고 해요.

이 돈을 갚기 위해 많은 사람이 금가락지와 금비녀를 내놓고, 담배를 끊었다고 해요. 고종 황제도 담배를 끊어 나랏빚을 갚는 데 동참했어요. 이때 영국인 어니스트 베델이 사장이었던 〈대한매일신보〉라는 신문사는 국채 보상 운동을 널리 홍보하고 적극적으로 운동을 전개했어요.

헤이그 특사와 고종 황제 강제 폐위

1907년 7월 고종 황제는 1905년 을사조약의 부당함을 세계에 알려야 한다고 생각했어요. 그러나 우리에게는 외교권이 없어서 국제적으로 공식적인 발언을 할 수 없었죠. 고종 황제는 네덜란드 헤이그에서 만국평화회의가 열린다는 이야기를 듣고 이준, 이상설, 이위종 등을 헤이그 특사로 파견했어요. 이위종은 당시 23세였는데, 외교관의 아들로 영어와 프랑스어, 러시아어에 능통했다고 해요.

호머 헐버트가 헤이그 특사 파견을 적극적으로 도왔고, 미국에도 을사조약의 부당성을 알리고자 했어요. 고종 황제는 을사조약의 부당함을 알리는 친서를 주었지만 네덜란드 헤이그까지 갈 돈은 주지 못했어요. 헐버트를 비롯한 선교사들이 모금을 통해 그 돈을 마련해줬어요. 세 특사는 천신만고 끝에 헤이그에 갔지만 일본과 영국의 방해와 서구 세력들의 무관심 때문에 만국평화회의에 참석하지 못했어요. 이에 울분을 참지 못한 이준 열사는 스스로 목숨을 끊기까지 했어요.

군대 해산과 독립 운동군 결성

1907년 7월 31일 밤이었어요. 고종 황제에 이어 대한제국의 황제가 된 순종은 조선의 군대를 해산한다는 명령을 내렸어요. 사실상 군대 해산을 직접 지시한 사람은 일본인 이토 히로부미와 매국노 이완용이었어요. 군대 해산은 고종 황제의 네덜란드 헤이그 특사 파견에 대한 보복 행위였다고 해요.

군인들에게는 노고를 위로한다면서 1년 이상 근무한 병사에게는 50원을 주고, 1년 미만 근무한 병사에게는 25원을 지급했어요. 당시 해산된 군인들은 당연히 울분을 참지 못했고 많은 사람이 의병에 가담했어요. 자발적인 의병 부대가 탄생한 것이었어요. 이때 활동한 의병을 정미년에 일어났기 때문에 정미의병이라고 해요. 이후 의병 활동은 더 전문적으로 활동의 폭을 넓혔고, 독립운동군이 되는 계기가 되었어요.

헤이그 특사. 이준, 이상설, 이위종(왼쪽부터)

군대 해산 당시 일본군에게 무기와 군복을 빼앗기는 대한제국 군인들의 모습

안중근

이토 히로부미 저격 1909년 10월 26일

안중근 1879~1910년

안중근 의사는 1910년 3월 26일에 중국의 뤼순 감옥에서 사형을 당했어요. 그는 시신을 고국에 안장해 달라는 유언을 남겼지만, 아쉽게도 아직 유해를 찾지 못하고 있어요.

안중근은 1879년 황해도 해주에서 태어났어요.

🏵 황해도 해주의 명사수 소년

　안중근은 김유신처럼 신기하게도 태어날 때 등에 검은 점 7개가 있었어요. 그래서 북두칠성의 기운으로 태어났다고 생각하고 이름도 '응칠應七'이라고 지었어요. 안중근의 아버지 안태훈은 안중근이 어린 시절 김구를 집으로 오게 해서 함께 공부하게 했다고 해요.

　안중근은 공부보다는 사냥하고 총 쏘는 것을 좋아했기 때문에 그의 아버지는 무겁고 신중하게 행동하라는 의미에서 '중근重根'이라는 새로운 이름을 지어주었어요. 안중근은 일찍이 천주교를 믿어서 '도마'라는 세례명도 있어요.

동지 11명과 독립의 염원을 담아 단지동맹을 한 의병

안중근은 1904년 러일 전쟁이 일어났을 때만 해도 일본을 지지했어요. 서양에 맞서서 동양이 함께 힘을 합쳐야 한다고 생각했기 때문이죠. 그런데 일본은 우리나라의 외교권을 빼앗고, 군대를 해산했어요. 안중근은 일본의 시커먼 속내를 알아차리고 의병에 가담해 일본군과 싸우게 되었어요. 안중근은 의병 활동을 하던 중 블라디보스토크로 건너갔어요. 이때 만난 동지 11명과 손가락을 자르는 단지동맹을 하게 되지요.

단지동맹 직후의 안중근
(왼쪽 손의 약손가락 마지막 마디가 잘려 있음)

하얼빈에서 이토 히로부미를 저격한 독립운동가

안중근은 드디어 반가운 소식을 듣게 되지요. 일본 총리인 이토 히로부미가 러시아 재무장관과 회담하기 위해 1909년 10월 26일에 만주 하얼빈에 온다는 것이었어요. 우덕순과 조도선은 차이자거우역에서 대기하고, 안중근은 하얼빈역에서 대기하면서 이토 히로부미를 저격할 계획을 세웠어요.

하얼빈에서 회의를 마치고 열차를 타려는 이토 히로부미를 안중근은 놓치지 않았어요. 어린 시절부터 명사수로 소문난 솜씨였거든요. "탕, 탕, 탕." 세 방의 총알이 모두 이토 히로부미를 관통했어요. 안중근은 큰소리로 외쳤어요. "코레아 우라(대한민국 만세)!"

일생을 적고 생각을 정리한 책 두 권, 《안응칠역사》와 《동양평화론》

러시아 공안에 체포된 안중근은 국제법에 따라 처벌해주기를 당당하게 요구했어요. 그는 이토를 죽인 15가지 이유를 전 세계에 당당하게 공표했어요. 거기에는 한국의 명성 황후를 시해한 것, 고종 황제를 폐위한 것, 동양 평화를 깨뜨린 죄 등이 들어 있었어요.

안중군은 뤼순 감옥에 있는 동안 태어나면서부터 의병 활동까지 자신의 일생을 적은 자서전《안응칠 역사》를 완성했어요. 또 자신이 이토 히로부미를 쏜 시대적 상황과 거국적 이유를 이론적으로 정리하고자 했던《동양평화론》을 쓰다가 안타깝게도 완성하지 못한 채 죽음을 맞았지요.

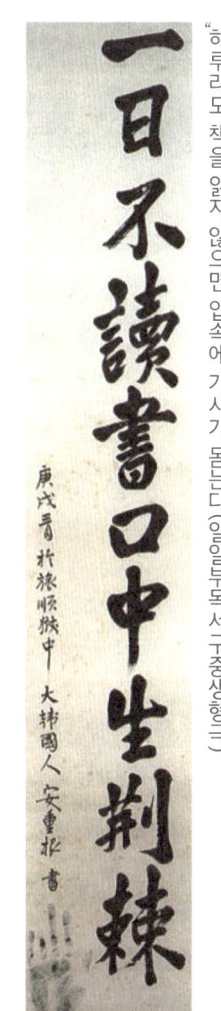

안중근 의사가 옥중에서 남긴 친필 유묵

"하루라도 책을 읽지 않으면 입속에 가시가 돋는다(일일부독서 구중생형극)"

대한제국의 수도 한성, 조선의 경성부로 바뀌다

국권 피탈 1910년

용산구 문화체육관광 / 종로 문화역사관광 / 중구 문화관광

> **국권피탈 = 경술국치 = 일제 강점 = 일제 병탄**
> 1910년 일제의 침략으로 한일합병조약에 따라 국권을 상실한 일

일본은 1910년 국권 피탈 후 대한제국의 수도 한성을 일본의 식민지 조선의 경성부로 바꿨어요

경성부는 지금의 서울특별시와 경기도를 포함하고 있었어요. 일본의 이주 인구는 점점 많아지고 있었어요. 일본은 도시를 확장한다는 이유로 서울의 성벽을 허물기 시작했어요. 1947년까지 경성이라는 이름으로 도시가 개발되었어요.

경성京城은 고려와 조선에서도 쓰이던 말이에요. 수도라는 뜻이죠. 당시 일본인이 많이 들어와 살았기 때문에 하수도 시설을 설치하는 일도 많았어요. 수도 시설은 대부분 일본인이 누리는 혜택이었어요. 한국인은 비위생적이라는 비하 발언을 간혹 듣기도 했어요. 많은 조선인이 도시의 빈민층이 되어갔어요.

경성부

일본 군대뿐 아니라 일본인들도 교통의 요지 용산에 살기 시작했어요

조선에 주둔한 일본 군사들은 용산 효창원 일대에 머물렀어요. 일본 군사들은 훈련하는 동안 위협하면서 사람들을 무섭게 했어요. 3.1 운동 때에는 독립운동가를 잡아들이는 데 혈안이 되었죠. 용산 후암동에는 일본인들이 살았던 적산가옥이 여기저기 많이 보여요.

일제 강점기의 용산역(1910~1945년)

일본인들은 서울 남산 아래 남촌에 모여 살기 시작했어요

남촌에는 상점과 음식점이 즐비하게 생기면서 번화가를 이루었어요. 반대로 북촌에는 주로 한국인들이 살았는데, 밤이 면 깜깜해서 다니기가 어렵고, 진흙 길이 많았어요. 남촌 거리가 아스팔트와 가로수로 깨끗한 것과는 대조적이었어요.
북촌에 일본 관공서가 들어서면서 북촌으로 이사 오는 일본인이 많이 생겼어요. 또 북촌과 가까운 종로에는 상점이 생기고 음식점도 생기기 시작했어요. 그때부터 종로가 서울의 중심으로 변하기 시작했어요.

숭례문(1915~1935년)

흥인지문(1904년)
ⓒ 국립중앙박물관

현재 무너지지 않고 서울 한복판에 있는 남대문과 흥인지문은 어처구니없게도 한 일본인 덕분이에요

조선을 세운 태조 이성계는 서울을 둘러싸고 있는 북악산, 인왕산, 남산, 낙산에 4개의 성을 빙 둘렀어요. 그런데 일본은 도로를 내고 도시를 넓힌다는 명분으로 가차 없이 성을 허물어버리려고 했어요.
야나기 무네요시라는 일본인 사상가는 숭례문(남대문)과 흥인지문(동대문)이 무너지는 것을 반대했어요. 임진왜란 때 그들의 장군들이 남대문을 통과하고 흥인지문을 통과해서 조선에 들어왔기 때문이라고 했어요. 또한 그는 한국의 민화나 민중 예술품을 좋아했어요. 일본이 광화문을 파괴하려 할 때나 석굴암을 파괴하려 할 때도 적극적으로 반대해서 우리의 문화재가 살아남을 수 있었어요.

대한 독립 만세 운동

고종 황제 서거 1919년
3.1 운동 1919년

유관순 1902년~1920년

독립기념관

아우내 3.1 운동 독립 사적지
(유관순 열사 기념관)

아우내 3.1 운동 독립 사적지

아우내 3.1 운동 독립 사적지
추모각 내 유관순 초상화

국권 피탈로 나라를 완전히 잃다

1910년 8월 조선은 일본의 식민지가 되었어요. 경술년에 일어났기 때문에 경술국치라고도 해요. 조선의 황제는 일본의 황제에게 일체 통치권을 넘긴다는 조항으로 시작해요.

안중근이 1909년 이토 히로부미를 저격한 후에 국권 침탈로 곧바로 이어졌어요. 국권 침탈이 이루어진 직후 일본은 우리나라를 완전히 식민지로 삼았지만 사실 그전부터 하나씩 우리의 권리를 빼앗아가고 있었어요. 많은 조선 지식인은 극렬하게 반대하면서 자결하기도 했어요.

고종 황제의 서거와 독립운동

조선의 마지막 왕인 고종은 1897년 대한제국의 첫 황제이기도 해요. 아버지 흥선 대원군의 둘째 아들로 어린 나이에 왕이 되었지만, 아버지의 섭정으로 10여 년은 제대로 왕 역할을 하지 못했어요. 그 후에는 부인 명성 황후와 민씨 일가의 집권과 부패에 시달렸어요. 1907년 을사조약의 부당함을 알리기 위해 헤이그 특사를 파견한 일 때문에 폐위되어 덕수궁에 갇혀 있다시피 지냈어요. 1919년 1월 21일 사망했는데, 세간에는 일본에 의한 독살설이 퍼지고 있었어요.

고종 장례식 모습

일본의 번영과 평화를 위해 조선을 수탈했던 동양척식주식회사의 만행

1908년 일본에서는 동양척식주식회사가 만들어졌어요. 영국이 인도를 식민지화하면서 만든 동인도회사를 본떠 만든 것이라고 해요. 식민지의 토지와 금융을 장악할 목표로 세워진 회사로 현재 부산·대전·목포에 동양척식주식회사의 지점 건물이 남아 있어요. 이 회사는 일본인들에게 한국 이민을 권장했고, 일본인 촌락을 만들어가는 데 앞장섰어요. 이 회사는 조선인들에게 높은 소작료를 요구하거나 춘궁기에 양곡을 빌려주고 높은 이자를 요구했어요. 그러니까 1000원을 빌리면 200원이 넘는 이자를 내야 했죠. 우리나라 민중의 삶은 날로 궁핍해졌어요.

만세 운동의 횃불, 유관순 열사

당시 유관순은 17세의 이화학당 학생이었어요. 유관순은 3.1 운동 때 고향인 천안으로 내려와 3.1 운동을 주도했어요. 아우내 장터라는 곳에서 만세 운동을 이끌다 잡혀가서 감옥에 수감되었어요. 만세 운동에 참여했던 유관순의 아버지와 어머니도 이날 일제의 총검에 목숨을 잃었어요.

유관순은 감옥 안에서도 만세를 그치지 않았어요. 그때마다 탄압을 받았고 구타를 당했지요. 1920년 3.1 운동 1주년을 기념하여 수감 중인 동지들과 만세 운동을 벌였던 유관순은 무자비한 고문을 당한 후에 병을 얻어 18세 꽃다운 나이에 세상을 뜨고 말았어요.

상하이에 대한민국 임시 정부를 세우다

2.8 독립 선언 1919년
3.1 독립 선언 1919년
상하이 대한민국 임시 정부 수립 1919년

상하이 대한민국 임시 정부

1919년, 상하이에 대한민국 임시 정부를 세웠어요

3.1 운동은 비록 독립을 이루지는 못했지만 민족의식을 고취하는 데는 성공했어요. 그해 9월 중국 상하이에 많은 사람이 모여들었고, 드디어 망명 정부인 대한민국 임시 정부가 생겼어요. 임시 정부는 태극기를 만들고, 나라의 도장을 만들었어요. 그리고 대한제국의 영토를 계승하고 황실을 존중한다고 발표했지요.
대한민국 임시 정부의 초대 대통령은 이승만인데, 외교를 중요하게 생각했어요. 김구는 경무국장을 맡았어요. 당시 상하이에는 외국 조계지가 많이 있어서 외국에 도움을 청하기도 쉬웠어요. 대한민국 임시 정부는 〈독립신문〉도 발행하고 독립 자금을 모으기도 했어요.

상하이 대한민국 임시 정부 (2010년)

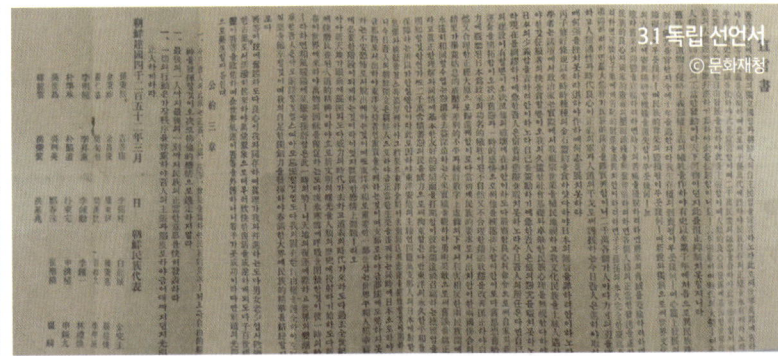

3.1 독립 선언서
ⓒ 문화재청

상하이 대한민국 임시 정부 내부(2010년)

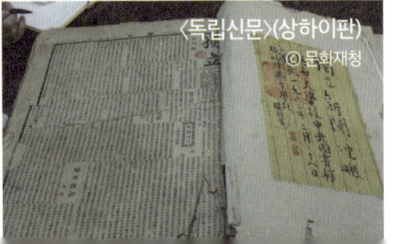

〈독립신문〉(상하이판)
ⓒ 문화재청

민족자결주의의 영향을 받은 2.8 독립 선언

'자기 나라의 운명은 자기 나라가 책임진다.' 1918년 제1차 세계대전 후 미국의 윌슨 대통령이 발표한 민족자결주의의 표어예요. 우리나라의 민족 지도자들은 이 선언에 매우 힘을 얻었어요. 그래서 1919년 2월 8일, 일본 도쿄에서 유학생을 중심으로 '2.8 독립 선언서'를 발표했어요. 2.8 독립 선언서는 춘원 이광수가 작성했어요.

3.1 독립 선언과 민족대표 33인

그 당시 민족대표 33인은 서울 종로에 있는 태화관에 모여 '3.1 독립 선언서(기미 독립 선언서)'를 낭독하고, 한국의 독립을 선언했어요. '3.1 독립 선언서'는 '우리는 조선이 독립국이고 자주민임을 선언하노라'라고 시작해요. 원래는 서울 종로 탑골공원에서 낭독하기로 했어요. 그러나 일본의 방해로 유혈 전투가 있을 것이라는 염려 때문에 장소를 옮겼어요.

밖에서 선언식을 기다리던 학생과 시민들은 탑골공원에 나타나지 않은 민족대표들을 마냥 기다리지는 않았어요. 민족대표들은 태화관이라는 음식점에서 독립 선언서를 낭독했고, 탑골공원에서는 학생들이 대신 독립 선언서를 낭독했어요. 그리고 만세 운동이 불길처럼 일어나기 시작했어요. 골목골목마다 만세 소리로 가득했어요.

조계지

19세기 후반에 영국·미국·일본 등 8개국이 중국을 침략하는 근거지로 삼았던 개항 도시에서 외국인 거주지를 말해요. 조계지에서 외국인은 그 나라의 법에 적용 받지 않았고 자유롭게 거주했어요.

민족대표 33인은 주로 종교 지도자들이에요

기독교는 이승훈 등 16명, 천도교는 손병희 등 15명, 불교는 한용운 등 2명으로 모두 33명이죠. 손병희는 동학 3대 교주로 민족대표 33인의 총 대표로 추대되었어요. '기미 독립 선언서'는 문화 운동가이자 작가인 최남선이 작성했어요. 민족대표 48인은 3.1 운동을 계획하고 선언서를 함께 만들고 배포하고, 만세 시위에 가담한 인물들을 추가한 것이에요.

1920년 7월 2일자 〈동아일보〉 1면에 실린 기사.
3.1 운동 민족대표 48인 공판을 다룬 기사

김구

김구 1876~1949년
이봉창 1900~1932년
윤봉길 1908~1932년

백범김구기념관 / 매헌 윤봉길의사 기념사업회

마곡사麻谷寺는 불도를 들으려는 사람들이 삼나무처럼 많아서 붙여진 이름이래요.

도쿄 이봉창 사건 이후 상하이 훙커우 시장에서 채소를 파는 윤봉길이 백범을 찾아왔어요

자기도 이봉창처럼 귀한 일을 하겠다고 했어요. 1932년 4월 29일, 훙커우 공원에서 일본 천황의 생일과 전쟁 승리를 기념하는 행사가 있었어요. 일본인으로 변장한 윤봉길은 단상을 향해 물병 폭탄을 던졌어요. 이때 일본의 주요 군 관계자가 죽거나 다쳤어요. 윤봉길은 12월 19일 총살형으로 생을 마감해요.

왼손에 폭탄, 오른손에 권총을 들고 태극기 앞에서 절명사를 가슴에 붙인 채 촬영한 윤봉길(1932년)

동학에 심취하여 우두머리로 활동한 김구

김구는 1876년 황해도에서 가난한 평민의 자식으로 태어났어요. 아버지를 졸라 서당에서 공부하고 과거 시험을 보았지만, 당시 부정부패로 시험에 이유 없이 계속 떨어졌어요. 아버지의 권유로 김구는 관상학과 풍수지리를 공부했지만 자기 얼굴 어디에서도 복을 찾아볼 수 없고 못생겼다는 생각에 더 좌절했어요. 그러나 김구는 노력한 끝에 결국 마음공부가 얼굴보다 더 중요하다는 사실을 깨닫게 되었어요.

김구는 모든 사람이 평등하다는 동학에 가입하게 되었고, 황해도 동학의 '애기 접주'로 매우 용감하게 활동했어요. 그러나 동학군은

김구는 독립운동에 큰 뜻을 품고 찾아온 이봉창을 만나게 돼요

김구와 이봉창은 자금을 지원받아 폭탄을 터뜨려 일본 천황을 죽이려는 큰일을 계획했어요. 1932년 1월, 이봉창은 도쿄에서 일본 천황을 향해 수류탄을 던졌지만, 실패하고 말았죠. 그리고 그해 10월 사형에 처했어요.

체포되는 이봉창
(1932년 1월 8일)

도쿄

일본에 패배하고 말았어요. 그 후 김구는 독립운동가 안중근의 아버지 도움으로 그 집에서 지내며, 인생의 스승 고능선을 만나 참된 공부를 하게 돼요.

살인 사건 후에 공주 마곡사에 머문 김구

1894년 일본은 청일 전쟁에서 승리하여 그 기세가 하늘을 찌를 정도였고, 급기야 조선의 국모인 명성 황후를 시해하는 만행까지 저지르고 말았어요. 그리고 단발령을 내려 강제로 상투를 자르도록 했어요. 당시 우리 백성은 만행을 저지르는 일본에 대한 분노를 금하지 못할 상황이었지요. 슬픔과 분노를 억지로 다스리던 김구는 어느 날 황해남도 치하포(치애포)에서 만난 일본인 스치다를 살해하여 자신의 항일 감정을 만천하에 알렸지요. 김구의 자서전 《백범일지》에서 김구는 그 일본인을 명성 황후를 죽인 낭인으로 판단했다는 내용이 나와요. 이때 김구 나이는 스무 살이었어요.

이 사건으로 감옥에 간 김구는 다행히 고종 황제의 사형 집행 금지로 목숨을 구하게 돼요. 그리고 탈옥하여 공주 마곡사에 머물러요.

완전한 자주 국가를 꿈꾸는 상하이 임시 정부의 행복한 문지기

김구는 모든 것을 잊고 마곡사에서 중이 되려고 했지만, 나라의 앞날이 매우 걱정되어 그대로 있을 수 없었어요. 김구는 나라의 가장 낮은 일을 하면서 평생을 살겠다는 각오를 다졌죠. 1919년 3.1 운동이 일어난 뒤 김구는 상하이로 건너가 임시 정부의 문지기를 자청했어요.

김구가 원하는 나라는 조각난 반쪽짜리 나라가 아니라 단결된 하나의 완전한 자주 국가였어요. 그는 《백범일지》에 자신이 가장 바라는 나라는 인류의 가장 크고 높은 문화를 가지는 나라라고 썼어요.

김구

《백범일지》(상권, 1929년)
ⓒ 문화재청

청산리 대첩

봉오동 전투 1920년 6월
삼둔자 전투 1920년 6월
청산리 전투 1920년 10월

홍범도 1868~1943년
김좌진 1889~1930년

백야 김좌진 장군 기념사업회

청산리 대첩

국권 피탈 후 일본의 감시와 탄압이 심해지자 독립운동은 간도와 연해주 지방을 중심으로 근거지를 옮길 수밖에 없었어요. 독립운동가와 교민들은 독립운동단체를 결성하고 독립군 기지를 설치해 항일 운동도 펼치고 독립군도 양성했어요.

1919년 3.1 운동을 계기로 독립군 부대는 더욱 활발하게 활동하며 일본에 타격을 입히고 있었어요. 일본은 삼둔자 전투와 봉오동 전투 등에서 독립군에게 크게 패하자 독립군을 토벌한다며 간도에 대규모로 일본군을 보내요. 1920년 10월 김좌진과 이범석 등이 지휘하는 북로군정서군과 홍범도가 이끄는 대한독립군 등이 주축이 된 독립군 부대는 청산리 일대에서 10여 회의 전투 끝에 일본군을 크게 무찔렀어요.

청산리 대첩 승리 기념사진

우편엽서 하단에는 쌀이 조선의 중요한 물산으로 1년에 약 1500만 석이 생산되어 그중 상당량이 군산항을 통해 수출된다는 내용이 일한문 혼용으로 인쇄되어 있어요.

군산 항구(우편엽서, 조선총독부 발행)

산미 증식 계획으로 조선 사람들은 만주나 간도로 밀려났어요

1920년대 일본에서 많은 사람이 도시로 몰려들었어요. 일본의 시골은 점점 사람이 줄어들어서 급기야 농사를 짓는 사람들이 급격히 줄어들었어요. 일본에서는 쌀이 부족해졌죠. 일본에서 쌀이 부족해지자 조선에서 쌀을 많이 생산해야 한다는 계획을 내놓았어요. 이를 산미 증식 계획이라고 해요. 일본이 조선을 식량 식민지로 삼은 거예요.

조선 사람들은 쌀을 많이 생산하기 위해 농사 도구를 사야 했고, 점점 빚이 많아지기 시작했어요. 조선의 쌀이 늘어났지만, 일본이 요구하는 쌀의 양은 점점 더 많아졌어요. 조선 사람들은 점점 땅을 잃고 만주나 간도로 밀려날 수밖에 없었어요. 일부 사람들은 너무나 살기 힘이 들어 화전민이 되기도 했어요.

대한독립군을 이끈 홍범도

홍범도(1921년)

평안북도 출신의 사냥꾼이었던 홍범도는 엄청나게 총을 잘 쏘았다고 해요. 그런데 1895년 명성 황후가 시해된 을미사변 후 일어난 을미의병 때문에 일반인의 총 소지가 불가능해졌어요. 그때 홍범도는 의병의 길에 들어섰어요. 군대 해산 후 의병운동이 다시 일어날 때 홍범도는 '날아다니는 홍범도'로 불렸어요.

홍범도는 만주 대한독립군이라는 광복군을 이끌었어요. 1920년 6월 봉오동 전투에서는 독립군 최대의 성과를 거두었어요. 홍범도의 부대는 마치 축지법을 쓰는 것처럼 매우 빨랐다고 해요. 산의 지형에 밝았기 때문이겠지요.

북로군정서군을 이끈 김좌진

김좌진

김좌진 장군은 일찍이 집안의 노비에게도 땅을 주어 신분을 해방시켜주었어요. 민족이 살기 위해서는 군사력도 중요하지만 교육이 중요하다고 생각해서 평생 교육 사업에 힘을 쏟았어요. 그는 민족의 지도자였던 안창호·김구와 자주 교류하면서 독립운동에도 힘썼어요. 임시 정부의 주역이자 독립군의 장군으로서 몸을 아끼지 않았어요.

1920년대 김좌진이 이끄는 북로군정서군은 여러 독립군과 연합하여 청산리 전투에서 일본군을 크게 격파했어요. 이를 청산리 대첩이라고 하지요.

6.10 만세 운동과 광주 학생 항일 운동

6.10 만세 운동 1926년
신간회 설립 1927년
광주 학생 항일 운동 1929년 11월~1930년 3월

열차에서 시작된 학생 항일 운동

광주는 대도시였어요. 인근 지역의 일본과 조선 학생들이 기차를 타고 광주에 통학하고 있었지요. 1929년 10월 30일, 광주에서 나주로 향하는 통학 열차에서 일본 학생들이 조선 여학생들의 댕기 머리를 잡아당기며 희롱했어요. 이를 본 조선 남학생들이 불의에 항거하면서 싸움이 일어났어요. 일본 경찰도 일방적으로 조선 학생들에게만 죄를 묻고 구타했어요. 11월 3일 광주고보 학생들은 광주에서 거리 시위를 벌이면서 항거했어요. 이런 사실이 알려지면서 전국적인 항일 운동으로 확산되었어요.

광주 학생 항일 운동은 3.1 운동 이후 가장 큰 규모로 벌어진 항일 운동이었고, 학교 단위로 전개된 최초의 학생 항일 운동이에요. 일본의 자료에 의하면 그 당시 전체 학생의 60퍼센트 정도가 광주 학생 항일 운동에 참여했다고 해요.

6.10 만세 운동. 일본 경찰이 만세 시위를 벌이려는 군중을 진압하고 있는 모습

순종의 장례식 모습

신간회 창립 모습 (1927년 2월 14일) ⓒ 조선일보

순종의 장례식과 6.10 만세 운동

1926년 6월 10일은 조선의 두 번째 황제이자 마지막 황제였던 순종의 장례식이 열린 날이에요. 당시 경성에서는 3.1 운동에 성공하지 못한 민족대표들이 실패한 운동을 거울삼아 더 철저한 만세 운동을 준비하기로 했어요. 만세 운동의 구호도 더욱 정교해졌죠. '일본 제국주의 타도,' '토지는 농민에게,' '8시간 노동제 채택,' '우리들 교육은 우리들 손에.' 이런 내용을 담은 전단을 10만 장이나 준비하고 있었어요. 사람들에게 널리 알려야 할 글을 담은 격문 인쇄는 천도교에서 책임을 지고 있었어요. 3.1 운동 때 혼쭐이 난 일본군 역시 7000명의 군대를 배치하고 있었어요. 일본의 철저한 방해로 6.10 만세 운동은 성공을 거두지는 못했지만, 민족의 정신을 되새기는 소중한 기회가 되었어요.

신간회 설립과 광주 학생 항일 운동

6.10 만세 운동은 성공적으로 뜻을 이루지는 못한 미완성의 운동이었지만 1927년 독립운동 단체인 신간회의 탄생에 기여했어요. 이 단체는 사회주의와 민족주의가 협력한 전국적인 조직이었어요. 남한과 북한의 서로 다른 생각들이 함께한 셈이었어요. 서로 사상은 달랐지만, 나라의 독립을 이루고자 하는 마음은 같았어요.

신간회가 가장 활발히 활동한 것은 1929년에 일어났던 광주 학생 항일 운동이었어요. 이들은 이 운동을 전국적인 항일 운동으로 확산시키기 위해 역할을 나누고 소식을 전하며 조직적으로 시위를 기획했어요. 11월 12일에 광주 시내에서 열린 대규모 시위에는 광주 지역 학생들이 많이 참여했어요. 이 시위는 1929년 11월 말부터 1930년 3월까지 벌어진 전국적인 학생 독립운동으로 퍼지는 계기가 되었지요. 여기에 신간회의 역할이 매우 컸다고 해요.

구인회와 《상록수》

구인회 발족 1933년 8월

셔우드 홀 1893~1991년
이상 1910~1937년
김유정 1908~1937년
박태원 1909~1986년
심훈 1901~1936년

소설가 김유정은 자신의 고향 춘천의 실레마을에 금병의숙이라는 야학을 세워 농촌 계몽 운동을 펼쳤어요.

필경사
충남 당진에는 심훈 기념관이 있고, 심훈이 살았던 집은 필경사라고 불려요.
ⓒ 문화재청

김유정 문학촌 / 심훈 기념관

🏛 1930년대에 결핵이 많이 늘었어요

우리나라에 온 선교사들도 이 결핵을 퇴치하기 위해 많이 노력했어요. 그중에서 의료 선교사 셔우드 홀은 1932년 황해도 해주에서 결핵을 퇴치하기 위해 크리스마스실을 발행했어요. 처음 만든 크리스마스실에는 이순신의 거북선을 넣기로 했어요. 그런데 일본의 감시 때문에 결국 남대문이 실렸다고 해요. 크리스마스실은 1940년에 일본의 방해로 불행히도 발행이 강제로 중단되고 말아요. 1940년 그림에 백두산이 그려져 있었는데, 그것을 문제 삼았다고 해요. 결국 셔우드 홀은 간첩으로 체포되어 추방되었어요.

이상과 하융은 같은 사람이에요

1934년 7월 24일부터 8월 8일까지 〈조선중앙일보〉에는 이상한 시가 실렸어요. 〈오감도〉라는 시였는데, 그 내용이 무엇을 말하는지 알 수 없었죠. 이상한 숫자와 기호가 나와 있는 이 시를 두고 사람들은 신문사에 항의했어요.

이 신문에는 8월 1일부터 9월 19일까지 다시 이상한 소설이 실렸어요. 바로 박태원이라는 작가의 〈소설가 구보씨의 일일〉이었어요. 이 소설에는 하융이라는 작가의 이상한 그림들과 함께 실린 하루 동안의 일이 끝도 없이 이어지고 있었죠. 하융은 바로 시 〈오감도〉를 쓴 작가 이상이에요.

크리스마스실

크리스마스실Christmas Seal은 1904년 덴마크의 우체국 직원 아이날 홀벨이 최초로 시작했어요. 우편물을 보낼 때 우표 옆에 붙여 보내는 실을 발행해 그 수익금으로 결핵에 걸린 어린이를 돕는 것이 시작이었죠. 지금도 전 세계에서 개성 있고 예쁜 크리스마스실이 발행되고 있어요.

브나로드 운동

브나로드는 '민중 속으로'라는 뜻이에요. 1870년대 러시아에서 청년 귀족과 학생들이 농민을 교육하여 사회 개혁을 이루고자 일으킨 계몽 운동이지요. 우리나라에서는 1930년대에 동아일보사가 일제의 식민 통치에 저항하기 위해 시작했어요.

구인회

구인회는 순수 문학과 서정을 중요하게 생각하는 문학 단체예요. 언제나 인원수가 9명이었지요. 1933년 8월에 만들어졌어요. 〈메밀꽃 필 무렵〉의 이효석, 극작가로 활동한 유치진, 〈해방전후〉 등 단편소설로 유명한 이태준, 현대시의 바탕을 마련한 정지용, 우리 농촌과 토속적인 정서가 잘 묻어난 단편 〈동백꽃〉과 〈봄봄〉 등으로 알려진 김유정, 〈날개〉로 유명한 이상 등이 활동했어요. 이상과 김유정은 1937년 결핵으로 젊은 나이에 죽음을 맞이했어요.

《상록수》와 농촌 계몽 운동

심훈은 기자 출신이기도 하고 영화감독 출신이기도 해요. 1930년대 〈동아일보〉는 브나로드 운동으로 농촌과 어촌 배경 소설을 공모했어요. 당시 심훈은 충남 당진에 머물면서 야학 운동을 하고 있었어요. 그는 야학 운동과 공동 경작을 다룬 《상록수》(1935년)라는 소설을 썼어요. 이 소설은 학생들이 농민들을 위해 야학을 하고 민중 계몽을 하는 이야기와 젊은이들의 사랑을 담고 있어요.

민족 말살 정책

영화 〈아리랑〉 개봉 1926년
손기정 베를린 올림픽 마라톤 금메달 1936년
창씨개명 = 일본식 이름 강요 1940~1945년

나운규 1902~1937년
손기정 1912~2002년

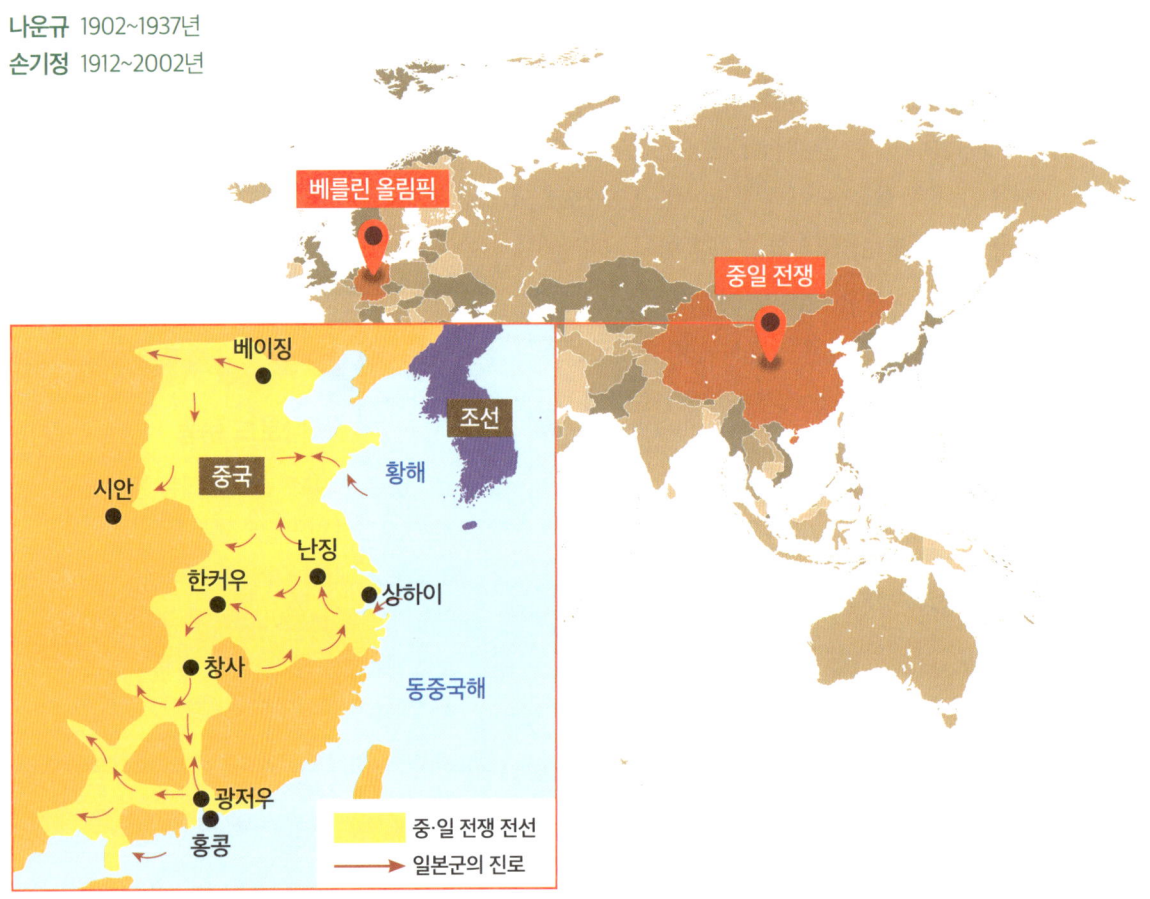

중일전쟁과 우리 민족의 강제 징용

1937년 일본은 중국을 침략하기 시작했어요. 이 전쟁은 우리나라가 광복되는 날까지, 그러니까 제2차 세계대전이 끝날 때까지 계속되었어요. 중국에서도 우리나라와 마찬가지로 일본을 물리치려는 운동이 계속 일어나고 있었어요. 일본은 중국의 만주까지 강제로 점령하고 있었죠. 1933년 국제연맹은 일본의 만주 지역 점령이 잘못된 행동이라고 일본이 철수해야 한다고 결정했어요. 일본은 반성은커녕 국제연맹을 탈퇴해버리고 말아요.

일본은 중국을 침략하기 위해 조선 청년을 군인으로 강제로 끌고 갔어요. 이렇게 강제로 사람을 끌고 가 군대에 보내거나 일을 시키는 것을 '징용'이라고 해요.

창씨개명과 신사 참배

일본은 조선 사람들을 일본 사람으로 개조하기로 마음먹었어요. 일본은 1940년부터 조선 사람의 이름을 일본식으로 바꾸게 하는 창씨개명을 강요했어요. 창씨개명이란 일본식으로 성을 새롭게 만들고 이름을 바꾸는 것을 말해요.

한국의 종교 문화도 무시하고 일본의 전통 신앙인 신도를 믿게 했어요. 한국 곳곳에 신사(일본에서 왕실의 조상이나 고유의 신앙 대상인 신 또는 국가에 공로가 큰 사람을 신으로 모신 사당)를 만들어 신사를 참배하도록 강요했어요. 기독교인도 불교 신자도 모두 신사 참배를 해야만 했죠. 이를 수행하지 않으면 괴롭힘을 받았어요. 이는 일본 천황을 신격화하고, 우리 고유의 정신을 파괴하고 바꾸려는 의도예요.

조선인을 일본인으로 만드는 내선일체

조선 사람의 이름과 정신, 풍습을 모두 일본 사람과 똑같이 만들려는 것을 '내선일체'라고 불렀어요. 내內는 일본을 말하고, 선鮮은 조선을 뜻해요. 이 둘을 하나로(일체) 만든다는 것이에요.

'아리랑'을 정리한 호머 헐버트

1896년 선교사 호머 헐버트는 구전으로 내려오던 아리랑을 처음으로 채록했어요. 외국인이 보기에도 아리랑은 우리 민족의 소중한 가락이었던 것 같아요.

나운규의 영화 〈아리랑〉과 베를린 올림픽 마라톤에서 우승한 손기정

일제 강점기 내내 학교에서는 공식적으로 우리말을 사용할 수 없었어요. 일본은 우리 이름도, 말도, 종교도 모두 빼앗아버릴 작정이었어요. 민족 말살 정책이 점점 심해지고 있었죠.

그 당시 조선인들도 우리의 것을 지키려고 노력을 쏟았어요. 영화감독이자 배우인 나운규는 영화 〈아리랑〉에서 친일파를 죽이고 일본 경찰에 잡혀가는 이야기를 만들어냈어요. 이 영화는 일제 강점기 내내 전국을 돌며 상영되었다고 해요.

1936년 독일 베를린, 조선인 손기정은 올림픽 마라톤에 나가서 금메달을 땄어요. 그러나 손기정의 옷에는 태극기가 아닌 일장기가 걸려 있었어요. 손기정은 우승 기념으로 받은 월계수 묘목으로 일장기를 가렸지만 시상식 때는 일장기가 올라가는 것을 볼 수밖에 없었어요. 손기정 선수는 고개를 숙인 채 눈물을 흘리고 말았죠. 일장기를 가린 것 때문에 손기정은 귀국 후 일본의 감시를 받았어요.

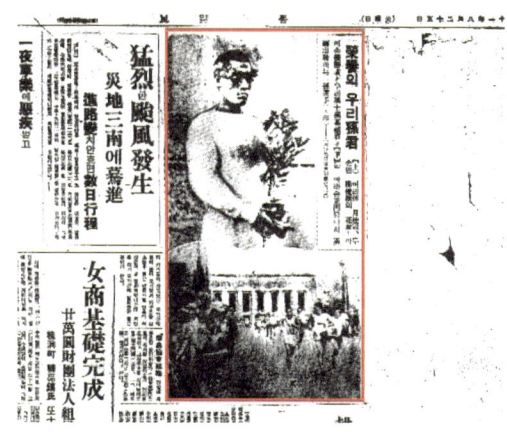

1936년 8월 25일자 동아일보 2면지에 실린 '일장기 말소 사건'

8.15 광복과 모스크바 삼국 외상 회의

히로시마 원자 폭탄 투하 1945년 8월 6일
나가사키 원자 폭탄 투하 1945년 8월 9일
모스크바 삼국 외상 회의 1945년 12월 16~25일

일본의 전초 기지가 된 제주도

일본은 제주도 전체를 기지로 만들려고 오름과 해안가에 굴을 파고 무기를 숨겼어요. 지금도 대정읍 송악산에는 바닷가 절벽에 동굴 진지가 남아 있고, 알뜨르 비행장 부근에는 전투기 격납고 등이 남아 있어요.

알뜨르 비행장

일본의 비밀 기지가 된 제주도

1941년 12월 8일 〈매일신보〉에 일본이 미국을 공격해서 제2차 세계대전이 일어났다는 기사가 실렸어요. 일본은 이 전쟁을 태평양 전쟁이라고 불렀어요. 자기네가 벌인 이 전쟁에 아시아 전체를 끌어들이기 위해서였어요. 결국 아시아의 많은 나라가 일본의 야욕과 침략으로 많은 고통을 겪어야만 했어요. 당시 조선은 황국신민화 교육이 극에 달하고 있었어요. 우리말도 쓰지 못하고 우리 역사도 배우지 못하는 참담한 상황이었죠.

전쟁에서 불리해지자 일본의 군대는 제주도로 모여들기 시작했어요. 일본은 제주도 동굴에 일본군의 무기와 비행기를 숨길 생각이었어요. 제주도를 방패 삼아 일본으로 미군이 직접 들어가는 것을 막자는 나쁜 속셈이었어요.

일본에 원자 폭탄을 투하한 미국과 김구의 한숨

1945년 일본의 히로시마와 나가사키에 원자 폭탄이 떨어졌어요. 이 원자 폭탄의 위력은 비교할 수 없을 정도로 강력하고 파괴적이었어요. 수많은 사람이 그 자리에서 죽었어요. 핵폭탄의 위력은 상상 그 이상이었어요. 히로시마에서 죽은 사람이 9만에서 16만 명이고, 나가사키에서는 6만에서 8만 명이 된다고 추정하고 있어요.

일본은 1945년 8월 15일에 항복했고, 한반도는 꿈에 그리던 해방을 맞이했어요. 그러나 우리 국민은 이 소식을 마냥 기쁘게 받아들일 수는 없었어요. 군사를 훈련해 한반도에 들어올 준비를 하고 있던 대한민국 임시 정부와 김구는 이 소식에 안타까움을 숨기지 못했어요. 남의 손에 의해 해방을 맞이하면, 결국 또 남의 말을 들어야 하기 때문이지요.

모스크바 삼국 외상 회의는 우리나라가 둘로 나뉘는 계기가 되었어요

1945년 12월 추운 겨울이었어요. 미국·소련·영국의 대표가 러시아 모스크바에 모여 모스크바 삼국 외상 회의를 열었어요. 이들이 관심 있는 것은 누가 한반도를 통치하냐는 것이었어요. 그들은 미국·소련·영국·중국이 공동으로 5년간 한반도를 다스린다는 계획을 내놓았어요. 이 소식을 들은 조선인들은 크게 낙담하여 강력히 저항했어요. 일본이 떠난 자리에 다른 나라가 들어온다는 것은 온당치 않다고 생각했어요.

모스크바 삼국 외상 회의 이후 우리나라는 강대국의 신탁 통치를 찬성하는 쪽과 반대하는 쪽으로 나뉘어 크게 대립했어요. 다른 나라에게 우리나라의 정치를 맡기는 것을 신탁 통치라고 해요. 갈등이 심해지자 한반도 문제는 결국 국제연합(United Nation, UN)으로 넘겨졌어요.

UN은 지금도 국제 분쟁이 있을 때 이를 조정하는 기구예요. 우리나라의 반기문이 UN 사무총장을 지내기도 했어요.

신탁 통치 반대 운동 집회 모습
(1945년 12월)

남북 분단과 대한민국 수립

남한 단독 선거 1948년 5월 10일
이승만 대통령 취임 1948년 7월 24일
대한민국 수립 선포(제1공화국 출범) 1948년 8월 15일

이승만 1875~1965년
김구 1876~1949년 6월 26일

인천 상륙 작전(1950년 9월 15일)

삼팔선
인천

백범김구기념관

🏵 일제로부터 해방된 직후 UN은 한반도에 선거를 통해 정부 수립을 권장했어요

북한 쪽은 선거를 거부했어요. 선거는 인구가 많은 쪽이 유리하기 때문에 인구가 더 많은 남쪽이 유리한 쪽으로 선거가 흘러갈 가능성이 크다고 판단했기 때문이었어요. 1948년 5월 10일 남한에서는 단독으로 선거를 치르기로 했어요. 김구를 비롯한 민족 지도자들은 남한의 단독 선거를 반대했어요. 김구는 북한에도 다녀왔어요. 김구의 노력은 허사가 되어버리고 남한에서는 역사상 최초로 단독 선거가 치러졌어요. 이승만이 남한 초대 대통령이 되었어요.

소련 공산주의와 미국 민주주의의 충돌

조선 말기에 러시아는 일본과의 마찰을 피하기 위해 한반도의 절반인 위도 38도 북쪽을 완충국으로 두어야 한다고 주장했어요. 자기네 나라와 일본이 충돌하는 것을 피하기 위해 우리나라의 절반이 완충국이 되어야 한다는 이상한 논리였죠.

1950년 6월 25일 북한이 남침하여 한반도에 6.25 전쟁이 일어났어요

남한 정부는 대전을 거쳐 부산까지 밀려났어요. 그 후 미국의 맥아더 장군이 인천 상륙 작전을 펴면서 다시 삼팔선을 회복했죠. 전쟁은 잠시 중지되고 삼팔선을 경계로 휴전선이 만들어졌어요. 지금까지 한반도는 전 세계에서 유일한 휴전국이에요.

민족의 스승, 백범 김구의 최후

광복이 되었지만, 김구는 여전히 민족의 지도자로서 많은 일을 하고 있었어요. 김구는 서울 종로구에 있는 경교장에서 여러 일을 처리하면서 민족의 앞날을 걱정하곤 했어요.

1949년 6월 26일 경교장에 육군 장교 안두희가 인사를 한다고 찾아왔어요. 김구의 비서들은 나쁜 기미를 전혀 예감하지 못하고 안두희를 김구에게 안내해주었어요. 김구는 붓글씨를 쓰고 있었어요. 안두희는 먹을 갈아주겠다고 말하더니, 순식간에 권총을 꺼내 김구에게 쏘았어요. 참으로 어처구니없는 일이었어요.

김구와 이승만
(1947년, 덕수궁)

백범을 암살한 안두희

안두희는 법정에서 무기징역을 받았다가 곧 15년 형으로 감형되었어요. 그리고 다음 해 전쟁이 나서 석방되어 승진까지 했어요. 안두희는 강원도 양구에서 잘 살았다고 해요. 그러다 1996년 어느 버스 기사가 휘두른 몽둥이에 맞아 세상을 떠납니다.

대한민국 정부 수립 국민 축하식(1948년 8월 15일)

청산해야 할 역사와 기억해야 할 역사

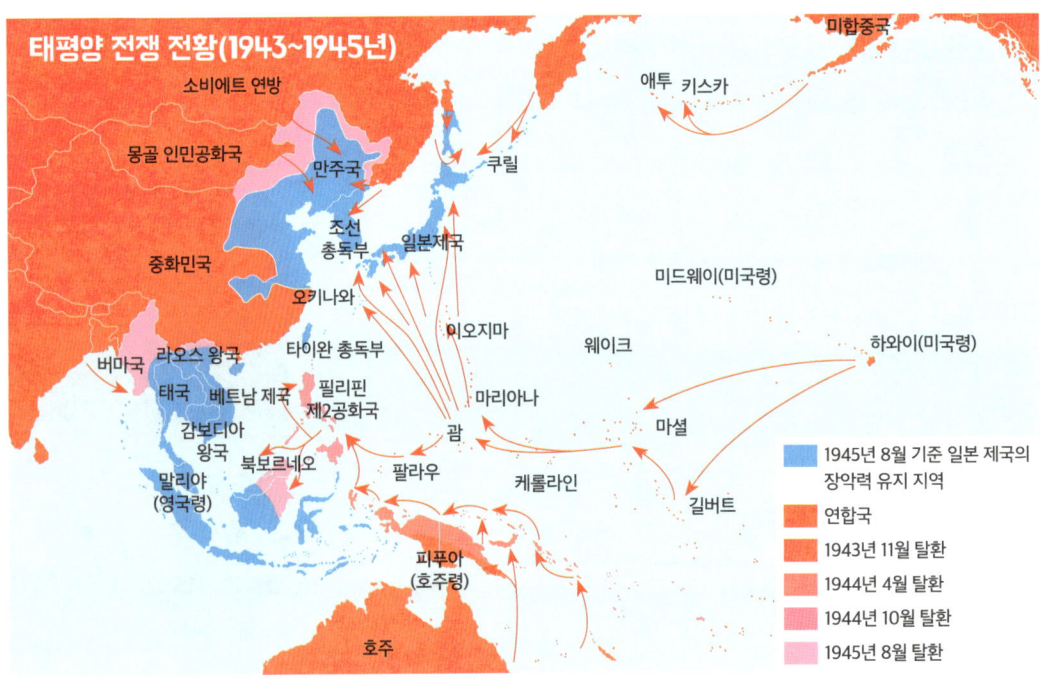

제2차 세계대전의 패전국, 독일의 반성과 일본의 발뺌

제2차 세계대전을 일으켰던 두 나라 독일과 일본은 전 세계 사람들에게 씻을 수 없는 상처를 남겼어요. 독일은 홀로코스트라는 유대인 학살을 자행했고, 일본은 한국을 비롯한 동아시아 여러 나라 사람을 학살하는 만행을 저질렀어요.

독일은 해마다 수상이 아우슈비츠 수용소를 찾아 과거의 나치 만행에 대해 용서를 구해요. 자신들의 선조가 한 잘못을 두고 후세들이 주변국에 진심 어린 용서를 구하고 사죄하는 겸허한 모습을 보여주고 있어요.

일본의 모습은 사뭇 달라요. 일본의 총리와 고위 간부는 전쟁 범죄자(전범) 14명의 위패가 있는 야스쿠니 신사를 계속해서 참배하고 있어

요. 일제 강점기 때 수많은 한국인이 죽임을 당했고, 중국 난징 대학살(1937년 중일 전쟁)에서는 살인과 방화, 강간으로 많은 중국인이 학살을 당했어요. 주변국에 씻지 못할 잘못을 저질렀던 사람들을 추모한다는 것은 이웃 나라에 전혀 사죄의 뜻이 없음을 보여주는 것이에요.
잘못은 나쁜 것이에요. 잘못을 인정하지 않는 것은 더 나쁜 행동이고요. 전쟁은 전 인류를 위해서 다시 반복되면 안 되는 잘못이기 때문에 현재와 미래 세대에게 두고두고 사죄하고, 함께 기억하고 반성하는 게 중요해요.

반민특위와 청산하지 못한 친일파 문제

1945년 일본의 패망으로 우리나라는 해방을 맞이했어요. 상해에서 김구와 민족 열사들이 자주적 독립을 준비했지만 안타깝게도 우리나라는 남의 손에 의해 해방을 맞이하게 된 것이지요. 해방 후 반민족행위특별조사위원회(反民族行爲特別調査委員會)(약칭 반민특위)는 일제 강점기 때 일본 제국에 협조한 반민족적 사람들을 조사하기 위해 만들어졌어요. 1948년에는 일본 제국의 국권 강탈에 적극적으로 협력한 사람과 독립운동가나 그 가족을 악의로 살상하고 박해한 사람들을 처벌하는 목적으로 반민족행위처벌법이 만들어졌어요. 그러나 해방 후 초대 대통령인 이승만은 친일파를 대거 기용했었어요. 결국 1949년 반민특위는 기능이 상실되고 해산되고 말아요. 역사의 잘못을 제대로 짚고 가지 못한 것은 우리 현대사에서 늘 아쉬움으로 남아요.

위안부 할머니와 일본의 역사 왜곡

1992년부터 현재까지 28년째 수요일마다 일본 대사관 앞에서 위안부 수요집회가 열리고 있어요. 위안부란 제2차 세계대전 동안 일본이 일본군의 성적 욕구를 해소하기 위해 강제적으로 납치당하고 매수당해서 성노예로 살았던 여성을 말해요. 위안부에는 한국인 여성만 있는 것이 아니었어요. 중국인, 필리핀, 태국, 베트남, 말레이시아, 인도네시아 등 동아시아 인근 나라의 여성이 포함되어요. 그런데 일본은 자신들의 잘못을 공식적으로 인정하기는커녕 역사 왜곡까지 서슴지 않고 있어요.
수요집회는 일본의 잘못을 만천하에 알리는 역할을 했어요. 이제는 한국뿐만 아니라 일본, 미국, 영국, 독일, 프랑스, 호주 등 23개국 60여 개 도시에서 수만 명이 참여하고 있어요. 수요집회에서 위안부 할머니들은 일본에게 일곱 가지를 요구하고 있어요. 전쟁 범죄 인정, 진상 규명, 공식 사죄, 법적 배상, 역사교과서 기록, 추모비 건립 등이에요.
위안부 할머니들을 기억하기 위한 평화의 소녀상이 여기 저기 건립되고 있어요. 소녀들의 짓밟힌 꿈이 더 이상 역사 속에서 묻혀 있는 일은 없어야겠어요.

평화의 소녀상

우리나라 구석구석
지도 위 한국사

ⓒ 정일웅 표정옥 2019

1판 1쇄 | 2019년 5월 1일
1판 3쇄 | 2021년 11월 11일

지은이 | 정일웅 표정옥
펴낸이 | 정미화 **기획편집** | 정미화 정일웅 이수경 **디자인** | 조수정

펴낸곳 | (주)이케이북 **출판등록** | 제2013-000020호 **주소** | 서울시 관악구 신원로 35, 913호
전화 | 02-2038-3419 **팩스** | 0505-320-1010 **홈페이지** | ekbook.co.kr **전자우편** | ekbooks@naver.com

ISBN 979-11-86222-23-2 73910
ISBN 979-11-86222-33-1 (세트)

* 이 도서의 국립중앙도서관 출판예정도서목록(CIP)은 서지정보유통지원시스템 홈페이지(http://seoji.nl.go.kr)와 국가자료공동목록시스템
  (http://www.nl.go.kr/kolisnet)에서 이용하실 수 있습니다.(CIP제어번호: CIP2019015061)
* 이 책은 저작권법에 따라 보호받는 저작물이므로 무단 전재와 복제를 금합니다.
* 이 책의 일부 또는 전부를 이용하려면 저작권자와 (주)이케이북의 동의를 받아야 합니다.
* 저작권자를 찾지 못한 일부 실사에 대해서는 확인이 되는 대로 동의 절차를 밟겠습니다.
* 잘못된 책은 구입하신 곳에서 바꾸어드립니다.